A Path I
Conair

G000154059

A Path Home
Conair Siar

41 Zen Koans in English and Irish

Garry Bannister

NEW ISLAND

A Path Home / Conair Siar
First published in 2018 by
New Island Books
16 Priory Hall Office Park
Stillorgan
County Dublin
Republic of Ireland

www.newisland.ie

The poem 'Nuacht' from the collection Bláth an Fhéir has been reprinted with the kind permission of Seán Ó Leocháin and Cló Iar-Chonnacht. A section from the preface of Seán Ó Ríordáin's collection Eireaball Spideoige has been reproduced with thanks to Sáirséal agus Dill.

Copyright © Garry Bannister, 2018
Foreword © Alan Titley, 2018
Illustrations © Tania Stokes, 2018

Print ISBN: 978-1-84840-693-3
Epub ISBN: 978-1-84840-683-4
Mobi ISBN: 978-1-84840-684-1

British Library Cataloguing Data.

A CIP catalogue record for this book is available from the British Library.

Typeset by JVR Creative India
Cover design by Tania Stokes and Karen Vaughan
Printed by TJ International Ltd, Padstow, Cornwall

New Island Books is a member of Publishing Ireland.

When you're feeling sad and blue,
Remember I am here for you,
To make you laugh and make you see,
That life is like a cup of tea.

Nuair a bhíonn tú faoi bheann,
Le cabhrú leat, beidh mise ann,
Go bhfeice tú, le gáire glé,
Go bhfuil an saol mar chupán tae
— Sandra Bent

Do m'iníon dhil
Sandra

Contents

Clár

Foreword by Alan Titley

Amongst the many categories of literature there is a genre generally known as 'wisdom literature'. This may seem like a strange appellation as all literature contains some wisdom, or so we would like to think. Certainly, the ways of our kind have traditionally set out in stories and in poems events of pith and years with the added notion that we may learn something from them. The great epics of our cultures, the *Mahābhārata*, the *Odyssey*, *War and Peace*, do not dictate what we think, but they do show us people, both ordinary and extraordinary, in our cultural dilemmas and seem to point to the never-ending paradoxes of what we should or should not do. Story always gives us a context, brings us into the wood of the world, but does not always show the way out.

In the blooming buzzing confusion of today's social media we hardly read long stories or epics anymore. The idea that wisdom or knowledge might be embedded in the practice of the everyday is an alien one. We are bombarded with 'stuff', most of it without context, even more floating on the air of the here and now. There is no time to stop and think, never mind to stop and stare. The imperialism of the ever-present crushes all.

In our previous eretime, if you could not listen to an epic or indulge yourself in the folds of a long story, you had at hand the pithy wisdom of a wise saying. A saw, or a proverb, or a *seanfhocal*. They did not pretend to be definitive, or even not to be contradictory. So too many cooks spoil the broth, but many hands make light work. Thus, all things come to him who waits, but a stitch in time saves nine. The point is that all of these may well be true, but that they are without context. A story or a tale provides the human surrounding that helps us to judge the appositeness of this or that or the other. In this our time and age, when we do not have the luxury of epics and when proverbs are seen as smart refutable statements, it might just be that what we need are stories that contain the wisdom of the ages with just enough circumambient air to let the meaning breathe

1

through. But, tales, nonetheless, that hit us in the solar plexus and take our breath up short.

The practice of koan is one of these. As with all great art, we have no idea about its origin. The backstory of all art is human, and that is enough. There are Chinese, Korean and Japanese antecedents but the basic impulse is Buddhist. It revels in paradox, complication, irresolution, all that seems to be against the grain of our modern western philosophy hewn out of the so-called enlightenment with its imperialist and dogmatic baggage. Because the koan strives to banish the preconceived from our minds and to return to an unwashed brain, it is fit and proper that not much should be said about these tales and this poetry apart from an urging to read them.

Any kind of academic setting would be anathema to what the koan sets out to do. Like all genres, it has a history, but there is a powerful sense in which that history is entirely irrelevant. There is a very proper appropriateness, then, that Garry Bannister should present his own versions of these timeless tales and poems without clutter, devoid of baggage. There is also a kind of justice in presenting them in two languages, in both prose and verse. This in itself is a reminder that these are not definitive versions, and the door that we encounter has many knockers. The invitation is to read them in several versions, or maybe just in one, or a bit of both, but it is always an invitation to open our minds and our sensibilities, which just may be the same thing anyway.

This is, of course, a book to be read slowly. Wisdom cannot be forced or stuffed or crammed. In fact, I would recommend that it be read entirely in its own spirit. Start anywhere, turn back, take a poem, then a different story, jump forward, land where you like, taste some of the meditations, go for a walk, put the book away, dig the garden, open again at random, try to think of a different interpretation, argue with the author, answer back, give in, think and think again, but also forget and let go. If you meet the Buddha on the road and kill him, even if you bury him under tons of the concrete of our times, dig him up again and listen to some of what he has to say.

Garry Bannister's readings are ingenious, provocative, particular and always insightful. But they are entirely his own. There were times when I said to myself 'No! That's not what this story is about at all! It is about this other …' And then I would go on to give my own different, maybe perverse reading. Maybe this is entirely the point. We swim in 'a subtle flow of concepts' but why we dip into this pool or that of the flow might well be outside our control. I always thought that 'The Woman in the White Kimono' (koan 6) was always about people rabbitting on and on and on and on after a cause or argument or issue had been flogged to death, but maybe this only suits my own narrow view of the sense of a lovely story. And, of course, 'The Flower' (koan 31) could deliver a Heideggerian onslaught of interpretation, or open for any aesthetic philosopher a Qomolangma of words.

We are constantly led to be shown that understanding is beyond words; and yet words alone are what we have to show what we don't have. I once coined the word 'supplusions' for all we have to go on. These koans do not close on anything, they open and bloom. They are little punctures of colour in the grey world of consecutive argument, small plants that delay the gunge of clunking philosophy, tiny unexpected unnamed growths that sprout in our ordered gardens. It is therefore all the more helpful that Garry Bannister delivers them using many angles and approaches.

The very fact of doing them in Irish as well as in English is itself a statement of difference, of tolerance, of listening again. It is often difficult to tell which is the original, if there is one. The versions are similar but subtly different. It took a certain amount of courage to do them both in verse without making them either clumsy or twee. The idea of verse was often associated with remembering, an easy way to retain a memorable story or event. He chose a most felicitous verse form in order to do this, that of a loose kind of rhyming couplet which already exists in both languages. Some of these are readily memorisable and should help in fixing them in the imagination.

Similarly, the meditations take us beyond the stories and the verses themselves and bring us the thoughts of the famous, not so famous, and even infamous. They are a statement that the main body of the text is only a beginning, and you better shape up, because there is much more to be said. What is wondrous is that they are plucked from everywhere, from the bright, the best, and maybe even the foolish and unwise, those who can throw out a thought of 'crazy wisdom' with the best. Ah yes, we might expect Spinoza or Wittgenstein or Aesop, and Dostoyevski and Lao Tzu and Bach, but Marilyn Monroe and Angelina Jolie and Billy Joel take us up short, which they are meant to do. Even an old windbag like Christopher Hitchens finds a place here, but just because he says it, it doesn't mean that it is necessarily foolish.

Garry Bannister is one of those special scholar-writers who never tramples the well-trodden paths. His wide reading across many kinds of literature means he is not likely to fall into the easy come-hither of Fashionism. This is all the more remarkable as much of his reading is done in the original languages. This facility helps him not only to see around corners but to get a sense and a feel of what is lurking there. One is tempted to make a link between his broad knowledge of the Irish tradition and his passion for wisdom literature. And yes, of course, a great deal of Irish literature contains poems of a pithy and aphoristic nature, especially from its early period when monks had to think for themselves without the noise of their own modernity. And yes, even more, there are short Irish folk tales in the great sump of béaloideas that invite us to think for ourselves, no matter the evidence to the contrary.

But he is beholden to none of these. As a citizen of the world he can choose and pick from wherever and whenever. More importantly, he doesn't have to. Any writer or editor sifts what he can according to his own lights and wonders, and we get a real sense in these stories and poems, commentaries and reflections of a person who has engaged with the world as he feels it. Thus, there is a personal delivery behind the range of subject matter that is widely available for those who seek it out. It could not have been otherwise. Even the greatest of Zen masters speak in a personal voice, no matter how much they wish to mute it.

This then, is a book of the ages for the ages. It does not harangue or persuade or blast the message home. It is not a primer of debate which sets us up with 'yea' or 'nay'. It calls not for easy answers nor for a vote for this cliché or its opposite. In this age when educationalists call for 'critical thinking', by which they usually mean a dousing of Western philosophy, they might open their occidental minds to those other millions who see things differently.

This is a book which does just that. Don't just read it. Think on what you read.

Réamhrá ag Alan Titley

I measc a bhfuil de *genr*íocha litríochta go ginearálta ann, aithnítear go minic go bhfuil a leithéid d'earra agus 'litríocht feasa' air. Ráineodh gurb ait le rá é a leithéid de rangú a chur os ard, óir, ba chóir go gcuirfeadh gach cineál litríochta lenár gcuid feasa agus go ndoimhneodh sé ár gcuid gaoise. Go deimhin, is chuige ár gcuid scéalaíochta agus ár gcuid seanchais ar fad ní hamháin ar son caitheamh aimsire agus fóillíochta, ach d'fhonn is go bhfoghaimeoimis rud éigin astu. Eipicí móra ár gcuid litríochta, an Maharabhata, Agallamh na Seanórach, An Choiméide Dhiaga ní méara ar eolas go cruinndíreach iad, teagasc ar féidir é a phiocadh go deas réamhdhéanta as bosca, seachas go léiríonn siad dúinn daoine i ngleic le cora an tsaoil agus a ndéanann siad faoi na toscaí seo nó na dálaí siúd faoi seach. Bronnann an scéal comhthéacs de shaghas éigin orainn i gcónaí, tugann ar láimh linn isteach i scrobarnach na coille, ach níor ghá go nochtfadh aon bhóthar díreach amháin as.

De thoisc a bhfuil d'ábhar ag gabháil steallaidh orainn inniu ar na meáin shóisialta maguaird gan stad, ar éigean go dtugtar aird ar bith ar na scéalta fada ná ar na heipicí filíochta níos mó. Tuairim bhaoth, dar le daoine, go bhfuil an ghaois nó an treoir neadaithe sa ghnáthshaol. Tá 'ábhar' agus 'stuif' ag teacht ina dtulcaí tolgacha tréana anuas orainn ina slaoda, an chuid is mó de gan cheangal, gan chomhthéacs, ag snámh ar bhruscar an lae ar nós cleití gé a scaipfí gan choinne. Níl d'uain againn seasamh siar agus an fhairsinge a mheas. Is é bró impiriúlachas na móiminte seo atá dár meilt.

Sa chás is nach raibh cothrom agat fadó dul chun cónaithe sa scéal fada nó scíth a ligean ag seoladh leat i gclupaidí na heipice, bhí ar fáil duit gontacht i gcnó an tseanfhocail istigh. D'fhuascail nathannacht an rá ghairid fadhbanna an lae. Ní raibh aon éileamh acu ar an bhfocal deireanach, ná clabhsúr a chur ar mhachnamh. Is mó sin seanfhocal nár réitigh lena chompánach: 'Duine nach eol dó labhairt, ní heol dó éisteacht', seachas, 'Is binn béal ina thost.' B'fhéidir gur fíor gach ceann díobh ar a urlár féin, ach scaoiltear chugainn iad gan aeráid, gan timpeallacht. Is é an scéal nó an seanchas a chuireann an aeráid agus an timpeallacht sin ar fáil ina ndálaí daonna, agus is iad a ligeann dúinn dul amach orthu ina lánsaibhreas. Ar thalamh lom na haoise seo nuair nach bhfuil saoirse na heipice againn agus amhras ar chaiteacht an tseanfhocail, ráineodh gurb é an scéal an áis iompair is fearr d'fhonn an duine agus a bhfuil ag gabháil dó a chiallú dúinn. Is fearrde an scéal a bhaineann an cloigeann dínn, áfach, má tá cead agam casadh a bhaint as friotail Sheosaimh Mhic Grianna.

Scéal den tsaghas sin is ea an cóán. Ar chuma gach aon rud tábhachtach eile sa tsaol táimid dall ar fad ar a bhunús. Is den daonnacht foinse gach ealaíne, agus is leor linn sin. Tá réamhtheachtaí againn a thagann anoir chugainn ón tSín, ón gCoiré agus ón tSeapáin, ach is comáint de chuid an Bhúdachais atá laistiar de ar deireadh. Is iad an paradacsa, an aimpléis, an ghuagacht ghnáith a bhranar dúchais, ciútaí machnaimh a ghabhann i gcoinne stuif fhealsúnacht choiteann an Iarthair, fealsúnacht a iompraíonn go leor de mhíthuiscintí an inlightinmint lena leathbhróg chinnte agus a leathbhróg choncais. De thoisc go gcuireann an cóán roimhe, mar sin, ár n-intinn a sciúradh is a sciomaradh den dramhaíl agus den scudal atá dár bplúchadh is ceart agus is cóir nár cheart mórán tráchta a dhéanamh mar gheall ar na scéalta agus na duanta seo seachas go díreach iad a léamh.

Ba bhréagach aon trealamh acadúil ná léirmhínithe a chur de bhreis ar a bhfuil á rá iontu mar chóáin. Tá, is fíor, stair agus ginealach acu, ach is róchuma fúthu. Is mó is cuí, mar sin, go soláthródh Garry Bannister é féin a chuid leaganacha féin de na scéalta agus de na duanta seo de cheal aon bhagáiste eile a bheith ina sliobarna astu. Den cheart agus den chóir chéanna iad a thabhairt dúinn faoi chló dhá theanga, idir phrós agus fhilíocht. Meabhrú dúinn an méid sin féin nach leaganacha deifnídeacha críochnaithe siar amach iad seo, ach cosáin éagsúla ar féidir linn siúl orthu. Taibhsítear dúinn gur cuireadh é seo iad a léamh ar iliomad slí, dul chucu le chéile nó ina n-aonar, nó a mhalairt seach má seach, ach is gabh-i-leith i gcónaí iad ár meabhair agus ár n-anam a oscailt is a leathnú is léim gach bruaich a thógáil.

Leabhar é seo nach foláir a léamh go mall. Ní fhónann stuáil ná pulcadh don ghaois. Gluaiseann de réir a cuid solais agus gátair féin. Mholfainn é a léamh leis an spiorad agus leis an sprid sin. Tosnaigh leat pé áit a n-oireann, gabh siar, tabhair léim ruthaig, siúl timpeall arís, blais de dhán agus cuir uait é, téir chun troda leis an údar, easaontaigh agus géill ina n-uainibh féin, beir greim ar smut, déan a chogan, agus scaoil uait arís. Má chasann an Búda leat fan na slí agus má dhéanann tú é a mharú agus a chur faoi chlocha an tsléibhe, déan é a thochailt aníos arís agus tabhair cluas dó, mar ní bheadh a fhios agat riamh.

Tá an léamh a dhéanann Garry Bannister orthu seo istigh íogair, éagsúil, samhlaitheach, uathúil ach léaspairteach gan stad. Is leis féin iad go smúsach. Ó am go chéile, liginn uaill amach á rá liom féin: 'Ní hea in aon chor! Ní hí sin éirim an scéil beag ná mór! Rud eile ar fad a bhí i gceist aige…'Agus b'eo liom ag cromadh ar léamh eile ar fad a dhéanamh, léamh cam níos minice ná a chéile. B'fhéidir gurb é seo is brí leo. Táimid ar fad ag gluaiseacht ar mhuir mhór na tuairimíochta nach ngabhann stad ná staonadh uirthi ach ag síorbhualadh agus ag búiríl ar thrá ár n-intinne, agus n'fheadar aon duine againn cad ina thaobh a gcaitear suas ar an duirling seo ná siúd sinn. Shíleas riamh gur bhain an scéal 'An Bhean sa Chimeonó Bán' (cóán 6) le daoine a leanann orthu ag cabaireacht agus ag clabaireacht agus dár gcrá nuair atá an t-ábhar idir chamáin phléite sniugtha go héag; ach tharlódh nach bhfuil sa mhéid sin ach míniú a oiriúnaíonn dom féin. Agus d'fhéadfadh 'An Bláth' (cóán 31) cnoc mór Mangartúil nó sluaisteáil fhocal Zizekiúil a thál orainn gan chríoch.

Cibé rud is tuiscint ann, ní féidir í a ghabháil go hiomlán le focail; agus ina choinne sin thall 'words alone are certain good,' mar adúirt Yeats, nó ar a laghad is orthu is mó atá ár mbrath. Ní 'conclúidí' is dual dúinn, ach cluiche is cosúla le 'ligimis orainn,' nó 'cuir i gcás,' nó 'abraimis', nó go deimhin 'n'fheadarclúidí' féin. Níl aon chlabhsúr ag na Cóáin seo, is é a ndúchas fás agus craobhú. Pollann siad léithe leamh na hintinne dírí, pléascann siad bulgóidí beaga ar an mbáinté uisce, péacann fiailí áille astu sa cheapóig néata bláth. Is mór mar chúnamh é, mar sin, go scaoileann Garry Bannister chugainn iad le hiliomad cleas agus le hiolra éagsúlachta.

Iad a bheith sa Ghaeilge agus sa Bhéarla astu féin, ráiteas é ar oscailteacht agus ar iléisteacht. Téann dínn a mheas cé acu de na leaganacha an bhuninsint, sa chás is go bhfuil buninsint ann in aon chor. Is dealraitheach lena chéile iad na leaganacha sa dá theanga, dealraitheach ach ag leithriú óna chéile go caolchúiseach. Ba mhisniúil an mhaise gach cóán a thabhairt dúinn faoi chraiceann filíochta faoi dhó gan titim isteach in abar an ghliogair ná i ngaiste na rannaireachta simplí. Ba chuid den fhilíocht riamh í an chuimhne, áis ba ea í d'fhonn breithe ar eachtra nó ar scéal. Roghnaigh sé chuige foirm véarsaíochta ar a shon seo, foirm a bhí réimiúil sa Bhéarla is sa Ghaeilge araon. Is inchuimhnte agus is inmheabhraithe go leor de na ranna seo mar is dual.

Ar an gcuma chéanna seolann gach 'plé' nó 'machnamh' sinn níos sia amach ná na scéalta ná na véarsaí féin. Is iontu atá smaointe agus rinnfheitheamh na saoithe, idir dhaoine aithnidiúla agus amadáin bhaotha agus eile. Is é atá á fhógairt acu ná nach bhfuil sna téacsanna féin, dá fheabhas iad, agus tá siad ar fheabhas, nach bhfuil iontu ach tús an tosaigh. Is é is iontaí ina dtaobh ná gur rogha gach éadóchúlachta iad, go bhfuil an ráiteas tuisceanach soiléir ann ar aon leathanach leis an ngealt a bhfuil gaois na baoise aige.

Sea, is ea leis, tá Wittgenstein na léirstinte againn a raibh cónaí in Éirinn aige, agus Spinoza na bhfuinneoga dalla, agus Aesop na scéalaíochta a cuireadh chun báis, agus Dostoievski nár mharaigh aon duine riamh ach a chruthaigh Raskolnikov, agus Lao Tzu nach bhfeadair aon duine againn pioc ina thaobh, ach is mó is ionadh linn Marilyn Monroe agus Angelina Jolie agus Billy Joel, agus cad ina thaobh nach mbeadh rud éigin le rá acu siúd ach an oiread le haon duine eile? Tá, go fiú, an seanghaotaire péiceallach doighreapach smearachánach caibirlíneach leastaireach sin Christopher Hitchens inár lúba, ach ní leor a áiteamh de thoisc gur uaidh an smaoineamh ó dhuine eile nach bhféadfadh ciall éigin a bheith leis.

Scoláire agus scríbhneoir é Garry Bannister nach siúlann na bealaí a shiúlann gach duine eile. Cosaint is ea an léann atá aige, agus go deimhin a chuid eolais fhairsing ar theangacha éagsúla, cosaint í i gcoinne 'gabh-i-leith' simplí an Fhaiseanachais. Tá de chumas aige féachaint timpeall agus maguaird ar na bobghaistí a leagann machaire méith na gclíchés amach dúinn.

Is é a déarfadh daoine go saonta, b'fhéidir, go bhfuil gaol gairid idir an léamh domhain atá déanta aige ar litríocht na Gaeilge agus an dúil mhallaithe a léiríonn sé i litríocht na gaoise. Ní gá an ceangal sin a dhéanamh. Is fíor, gan amhras anonn, gur litríocht nathannach ghonta ghearrfhoclach is ea cuid mhór de litríocht de litríocht na teanga seo againn, go háirithe ó thréimhse sin na seanGhaeilge nuair a chonacathas moiche na maidne agus an tsolais le soiléire gan cheo. Agus fairis sin ar aghaidh, is fíor chomh maith céanna go bhfuil scéalta gearra gairide béaloidis ann ina gcuirtear d'fhiachaibh orainn machnamh a dhéanamh dúinn féin, ina léirítear dúinn nach dogma aonuamach é an saol.

Ní i dtaobh le haon cheann díobh sin é. Saoránach de chuid an domhain é, agus is leis an domhan sin go léir é, fad a ritheann. Cead aige gaois a phiocadh ar ghruaibhín an bhealaigh bhig, mar a thiteann. Fachtar tuiscintí as an aer, mar a nochtann. Tá comáint phearsanta laistiar de na scéalta is de na duanta seo, agus ní healaí dúinn sin a shéanadh. Na máistrí Zen is mó is ina nguth féin a labhraíonn siad, fág gurbh fhearr leo é a chur ar ceal.

Leabhar é seo, mar sin, ba dhóigh leat nach mbaineann leis an aois seo féin seachas le haois ar bith eile. Ní bhuailtear aon teagasc abhaile ann. Ní gá dúinn seasamh ar an droichead dé-náireach a éilíonn 'sea 'nó 'ní hea'. San am marfach ina mairimid agus nuair atá lucht oideachais ag blaidhriúch ar son 'smaoineamh criticiúil' b'fhéidir nárbh fhearr mar théacs é an leabhar áirithe seo, seachas aon cheann eile a raibh aon rud chomh gránna le 'conclúid' luaite leis.

Preface

Fold the paper, put the pen away,
Hapless un-annunciate.
The little thing too huge to say;
Mumble thanks and slink outside.[1]

The words of the Irish poet and dharma teacher, James Norton, who perhaps sees his artistic creations as ephemeral moments of inspiration or poetic *sand-mandalas* that, once created, should be left to fade into the silence from which they appeared. And indeed, it's many the time while I was committing to paper commentaries on the forty-one koans in this book, that I too have wanted 'to put the pen away … mumble thanks and slink outside'.

But I have never agreed with the philosopher Ludwig Wittgenstein's much-vaunted assertion that 'about what one cannot speak, one must remain silent'. If this were true, then surely this self-enforced silence would mute all forms of art, music, poetry and all tracts on spirituality. The exact opposite, however, seems to be the case; the most worthwhile conversations and meaningful discussions of all are precisely those concerning what is unsayable, unseeable, and ungraspable.

When I was fifteen and in a boarding school on the north side of Dublin city, I used to look forward to going into town on a Wednesday afternoon with my best pal, Johan. We both loved Bewley's Mary-cakes and the bookshops, of which there were many intriguing and exciting small privately owned premises at the time. Some of these stores offered exotic titles from weird small unknown publishers. Others provided for specialised interests, like *The Modern Language Bookshop* on Westland Row. For book-lovers, the mid-sixties were indeed an exciting time!

---

1   James Norton, 'Mute Celestial', *The Fragrance of Dust: Haiku Stories Poems*, Alba, Uxbridge, 2012.

One afternoon, after coffee and Mary-cakes, Johan and myself moseyed up Dawson Street and into the APCK.[2] After spending some time wandering around and using the shop more as a public library than a bookstore, we left, and I noticed that Johan had purchased for himself a small Penguin paperback entitled *Zen Koans*.

Standing outside the Mansion House, Johan read out one of the koans from his new book which I still remember today. It was about two young monks who were arguing as to whether the world in which they lived merely appeared within their minds, or whether it was an objective reality located entirely outside in a physical world. A Zen Master who was passing by overheard their discussion and turned to address one of the monks:

'Here is a large rock. Do you consider it to be inside or outside your mind?'

'According to the Buddhist viewpoint, everything is an objectification of mind, and so in my opinion, that stone is inside my own mind,' replied one of the monks.

'Alas, your mind must feel very heavy if you have to carry around a rock like that inside your head all day,' smiled the Zen Master.

That was the very first Zen koan I had ever heard and my very first introduction to Zen Buddhism. It was the humour, the playfulness and the brevity of the koan that most appealed to me as a young boy.

A little further down from where we were, closer to Nassau Street, was an Irish-language bookshop that had just recently been opened: *The Celtic Bookshop*. This was a place where you could purchase the works of a new generation of young Irish poets such as Gabriel Rosenstock, Michael Davitt and Nuala Ní Dhomhnaill. These poets and others like them were writing poems about philosophy, social issues, sexuality and intimacy, and were celebrating life in the modern-day Ireland of that time, especially

---

2   Association for the Promotion of Christian Knowledge.

the lives of younger people living in the larger cities such as Dublin, Cork and Galway.

Amongst these poets there was one that I particularly liked, perhaps because his poetry was sharp and crisp like that of the koan I had just heard read out to me. This poet was Seán Ó Leocháin.

Only a week earlier I had bought a copy of his first (as far as I am aware) published collection of poems, with an intriguing black and white cover and the catchy title *Bláth an Fhéir* (*The Blossom of Grass*). It cost ten shillings at the time which was a whole week's pocket-money, but was worth every penny! Amongst the many beautiful poems in that book, I found one particular verse with the title *'Nuacht'* (*'News'*) that told a tale of a man who carved the name of a girl (presumably his girlfriend) into the bark of a tree. Suddenly, to his horror, he sees blood on his knife and the tree itself bleeding profusely. In the final verse, the tree starts screaming and chases after the man holding the knife.

> In a different place
> in the wood,
> there was a man with a knife
> cutting
> her name into the tree.
>
> He got startled,
> because there was blood
> on the knife
> and blood
> all over the tree.
>
> There was a scream,
> Then a weeping voice.
> The man fled,
> the bloodied oak
> hunting him down. [3]

---

3   Seán Ó Leocháin, 'Nuacht', *Bláth an Fhéir*, An Clóchomhar TTA, Dublin, 1968, p.19. (translation).

I remember thinking at the time that the Zen koan and the poem by Ó Leocháin were both referring to something fairly similar. Was the world something inside our minds – something subjective – or was it an objective reality outside of ourselves, something that was there whether or not we, the observers, were in the frame? Were we all somehow one and the same being?

In Ó Leocháin's poem, the tree and the man seem somehow to be intertwined. The 'knife-man' is horrified when he sees the tree bleeding, because like us, he is used to seeing daily life as a differentiated reality. We all divide our experience up between the world of 'I' and 'not-I', but what if the differentiated world is all made from the one same thing: the big stone and the experience of it by the two young monks, the tree, the blood, and the man with the knife? What if all the diversity that we see around us is only an alternative aspect of one single essence? In other words, what if 'the other' is an appearance that arises like a wave amidst other waves on a great measureless sea consisting of one substance?

In a strange way, there is a link between that fine summer's day outside the Mansion House when Johan read the koan about the fundamental question of 'I' and 'not-I' and the central issue to which so many of the koans refer – nondualism or *Advaita*.[4] The koans do not attempt to describe a truth that defies description – that would be foolish. This profound truth is a realisation that can only arise from each individual's personal journey, because it is a profoundly subjective experience. All any koan can possibly do, and indeed does very well, is inspire its audience to take that inward journey upon themselves. The Dalai Lama enunciated this very precisely when he spoke about the science of consciousness in a recent issue of the Buddhist Journal *Lion's Roar:*

> Given that one of the primary characteristics of consciousness is its subjective and experiential nature, any systematic study of it must adopt a method that will give access to the dimensions of subjectivity and experience.[5]

---

4   Cf. see glossary.
5   Dalai Lama, 'Mind & Brain, the two sciences', *Lion's Roar*, January 2018, p.60.

This task of conducting a rigorous empirical introspection is one that the Zen koans do exquisitely well, and indeed a lot more effectively than any phenomenological or epistemological study ever could. Clearly, this kind of realisation or enlightenment can never be achieved by relying exclusively on a third-party perspective. We, ourselves, have to make our own personal journey and acquire an authentic experience of our own. This does not require us having to travel to some far distant land – this elephant is in our own backyard (koan 12).

I said at the beginning of this preface that I strongly disagreed with Ludwig Wittgenstein's premise that 'about what one cannot speak, one must remain silent'. But the fact of the matter is, from a different perspective, Wittgenstein is absolutely right. Didn't the Buddha Shākyamuni, in the Flower Sermon, remain absolutely silent about what couldn't be spoken of, just as Wittgenstein recommends? There are no frozen truths. Everything we know is both true and false, but yet, neither.

This book is an invitation to you, the reader, to make an inward journey, to turn the focus of your attention inwards. Each koan is an opportunity to undertake a beautiful, entertaining and inspiring journey that can be made by any person, at any time, any place or any age. Every journey, of all the infinite number of journeys possible, will always be individual and unique, and for any person who travels the path, it will be an unparalleled, challenging and extraordinary journey of 'Self' discovery. Bon voyage!

Brollach

Fill an páipéar, cuir uait an peann,
Beo bocht ais-tarraing focal.
An frídín beag rómhór le rá;
Mungailt bhuíochais, sleamhnaím as.[6]

Focail an fhile Éireannaigh agus an oide dharma, James Norton, a fheiceann, de réir dealraimh, na saothair ealaíne úd a chruthaíonn sé mar amhairc sciobtha amháin nó nóiméid ghearrshaolacha a imíonn chomh luath is a bhíonn siad críochnaithe aige. Agus i ndáiríre, tuigim an file go maith mar nach iomaí uair is mé ag scríobh faoi na cóáin sa chnuasach seo, gur theastaigh uaim féin an peann a chur uaim, buíochas a mhungailt agus sleamhnú as go ciúin.

Ach níor aontaigh mé riamh le mana an fhealsaimh, Ludwig Wittgenstein, ar a ndéantar athfhriotal go mion minic 'An rud nach féidir labhairt faoi, ní mór dúinn fanacht inár dtost faoi.' Dá mba rud é go raibh a leithéid de dhearbhú fíor, cad a tharlódh le gach cineál de shaothar ealaíne mar sin? Cumtar ceol, scríobhtar filíocht, péinteáiltear pictiúir, múnlaítear dealbha mar teastaíonn ó gach ealaíontóir go díreach an rud nach féidir a rá a chur i bhfocail, i bpíosa ceoil, i bpéint, i gcré, i ndamhsa. Tá an taobh contráilte ar fad den bhata ag Wittgenstein an uair seo mar is iad na rudaí nach féidir linn labhairt fúthu go gcaithfimid i gcónaí bheith á bplé agus á n-iniúchadh go fíneálta.

Nuair a bhí mé cúig bliana déag d'aois agus mé ag freastal ar scoil chónaithe i dtuaisceart Bhaile Átha Cliath, thugtaí cead gach Céadaoin dúinn, ar leathlá scoile, éalú amach chun na cathrach. Chuaigh mise le mo chara is fearr, Johan, le cupán caife agus cúpla Mary cakes a cheannach in Bewleys, agus gan aon amhras, le féachaint ar na siopaí leabhar a bhí bailithe le chéile in aice Coláiste na Tríonóide ar nós ban

---

6   James Norton, 'Mute Celestial' *The Fragrance of Dust*, Alba, Uxbridge, 2012. (aistrithe)

coimhdeachta a bheadh ag freastal ar riachtanais acadúla a n-áil léinn. Agus bhí neart siopaí lán le leabhair shuimiúla ar fáil i mBaile Átha Cliath sna seascaidí, idir shiopaí príobháideacha le teidil andúchasacha ó fhoilsitheoirí anaithnide agus shiopaí le leabhair i gcomhair ábhar spéise faoi leith, amhail *The Modern Languages Bookshop* ar bhóthar Rae an Iarthair agus *The St Anne's Bookshop* ar shráid Dasain.

Tráthnóna amháin, tar éis caife agus Mary cakes a alpadh siar, rinneamar falaireacht mhall réidh suas sráid Dasain go dtí an APCK.[7] Tar éis tamaill fhada shásúil a chaitheamh ag siúl timpeall an tsiopa sin ag léamh leabhar faoi mar a bheimis i leabharlann phoiblí, thángamar amach agus thug mise faoi deara go raibh leabhar beag nua Penguin ceannaithe ag Johan. An t-ainm a bhí ar an leabhar sin ná 'Zen Koans'.

Inár seasamh taobh amuigh de Theach an Ardmhéara agus an ghrian ag spalpadh anuas orainn, léigh Johan ceann de na cóáin amach. Bhí scéal an chóáin mar gheall ar bheirt mhanach óg a bhí ag plé na ceiste an raibh an domhan a chonaic siad timpeall orthu i ndáiríre taobh istigh dá n-intinn, nó an raibh sé ina réaltacht oibiachtúil ar an taobh amuigh. Faoin tráth sin, bhí Máistir Zen ag gabháil na slí agus chuala sé na manaigh ag argóint. Chas an máistir timpeall ina dtreo agus chuir sé caint orthu á rá:

'Féachaigí ar an gcloch mhór os bhur gcomhair amach! An measann sibh go bhfuil sí laistigh nó lasmuigh de bhur n-intinn?' a fhiafraíonn an Seanmháistir Zen.

'De réir dhearcadh an Bhúdachais, is oibiachtú intinne atá i ngach rud. Mar sin i mo thuairimse, tá an chloch sin laistigh de m'intinn féin,' arsa duine de na manaigh leis an Seanmháistir.

'Faraor, ní mór ach go bhfuil d'intinn an-trom ar fad agus tusa ag iompar a leithéid de chloch mhór mar í timpeall leat ar feadh an lae,' arsa an Máistir Hógan le miongháire.

B'in an chéad uair riamh dom cóán ar bith a chloisteáil agus ba é freisin an chéad aithne a chuir mé ar theagasc an Zen-Bhúdachais. Ba iad an deaghiúmar, spraíúlacht, agus an ghontacht na trí rud a chuaigh go mór

---

7   Association for the Promotion of Christian Knowledge.

i bhfeidhm orm den chéad uair sin agus mé i mo ghasúr óg na cianta fada ó shin.

Beagáinín beag níos sia síos an tsráid uainn agus in aice le sráid Nassau, bhí siopa nua oscailte le leabhair Ghaeilge amháin ar díol ann – *The Celtic Bookshop* – áit inar féidir filíocht de ghlúin nua d'fhilí a cheannach, filí óga tréitheacha amhail Gabriel Rosenstock, Michael Davitt agus Nuala Ní Dhomhnaill. Bhí na filí seo agus filí nach iad ag ceiliúradh saoil nua-aoisigh na hÉireann, go háirithe saol aos óg na gcathracha móra. I measc na bhfilí seo, bhí file amháin a thaitin go háirithe liomsa, b'fhéidir mar gur bhreá liom ag an am sin a stíl ghairid ghonta a bhí cosúil leis an gcéad chóán Zen a chuala mé taobh amuigh de Theach an Ardmhéara. Seán Ó Leocháin an t-ainm a bhí ar an bhfile seo.

Seachtain roimhe sin cheannaigh mé sa *Celtic Bookshop* an chéad chnuasach álainn dá chuid filíochta *Bláth an Fhéir* agus ba sa chnuasach sin go bhfuair mé dán dar theideal '*Nuacht*' a d'inis faoi fhear a ghearr ainm mná (ainm a chailín ghrá is dócha) i gcoirt chrainn. Go tobann tagann uafás ar an bhfear scine nuair a fheiceann sé fuil ar a scian agus go bhfuil an crann féin ag cur fola go fras. Sa véarsa deiridh, tosaíonn an crann ag béicíl os ard agus ag rith i ndiaidh an fhir scine.

In áit eile
sa choill,
bhí fear scine
ag gearradh
a hainm san adhmad.

Gheit sé,
mar bhí fuil
ar a scian
agus fuil
ar fud an chrainn.

Scréach,
ansin glór caointeach.

Theith an fear,
an dair
fola ar a thóir.[8]

Is cuimhin liom gur smaoinigh mé ag an am sin faoin gcóán agus faoi dhán Uí Leocháin nár léigh mé ach an oíche roimhe sin. Chonacthas domsa go raibh an dán agus an cóán ag fiosrú na ceiste céanna – an raibh an domhan laistigh dár n-intinn, ina rud suibiachtúil, nó ar rud é a bhí go hoibiachtúil ar an taobh amuigh más ann nó as sinne, na breathnóirí?

I ndán Uí Leocháin, bhí an crann agus an fear scine fite fuaite lena chéile. Bhí uafás ar an bhfear scine nuair a chonaic sé an crann ag cur fola, mar cosúil linn féin, bíonn sé de nós ag an bhfear seo ina ghnáthshaol laethúil idirdhealú a dhéanamh idir é féin agus gach rud eile. Roinnimid an saol suas chun réaltacht inoibrithe a sholáthar dúinn féin, ach más den stuif céanna gach uile rud – an chloch mhór agus eispéireas na manach, an crann, an fhuil agus an fear scine – ní bheadh san ilchineálacht mórthimpeall orainn ach gné eile den aon eisint amháin chéanna: dealramh ansin a bheadh san 'eile' a éiríonn agus a imíonn amhail tonn i measc tonnta eile ar fharraige mhór na haon eisinte.

Ar bhealach ait, tá nasc idir an lá breá samhraidh sin taobh amuigh de Theach an Ardmhéara nuair a léigh Johan an cóán gairid amach faoin cheist bhunúsach mar gheall ar 'mise' agus 'ní mise' agus príomhcheist dá mbíonn cuid mhór de na cóáin uile ag tagairt – i. an neamhdhéachas nó *Advaita*.[9]

Ní dhéanann na cóáin cur síos oibiachtúil ar an bhfírinne seo mar is tuiscint í a éiríonn as eispéireas pearsanta an duine féin é – i. go suibiachtúil. Ní féidir leis na cóáin ach a lucht éisteachta a spreagadh le dea-ghiúmar, le paradacsaí, le héigiall dhealraitheach chun an t-aistear inmheánach seo a thabhairt orthu féin. Leag an Dalai Lama a mhéar go cruinn air seo in eagrán den *Lion's Roar* le déanaí:

---

8   Seán Ó Leocháin, 'Nuacht', *Bláth an Fhéir*, An Clóchomhar TTA, Baile Átha Cliath, 1968, lch.19.

9   Fch. Gluais.

Má ghlactar leis gurb é ceann den na príomhthréithe a bhaineann le nádúr na comhfhiosachta ná a eispéireasachas agus a shuibiachtúlacht, ní mór go nglacfadh aon staidéar córasach modh oibre chuige féin a sholáthródh slí isteach ar dhiminsin na suibiachtúlachta agus ar eispéiris.[10]

Seo tasc a dhéanann na cóáin go taibhseach ar fad agus i bhfad níos fearr agus níos éifeachtaí ná mar a dhéanfaí in aon staidéar feiniméineolaíoch nó eipistéimeolaíoch nó in aon saothar acadúil eile ina ndéanfaí an chesit a phlé go hoibiachtúil sa tríú pearsa.

Dhearbhaigh mé ag tús an bhrollaigh seo nár aontaigh mé in aon chor le mana an fhealsaimh, Ludwig Wittgenstein: 'An rud nach féidir labhairt faoi, ní mór dúinn fanacht inár dtost faoi.' Ach ar an taobh eile den scéal, tá an ceart iomlán ag an bhfealsamh má táthar ag teacht ó pheirspictíocht pas beag níos difriúla. Nár fhan an Búda féin, Seacamúnaí, ina thost nuair a thug sé an teagasc neamhbhriathartha dá lucht leanúna i Seanmóir an Bhlátha (cóán 31), díreach mar a mholann an fealsamh Wittgenstein ina ráiteas dúinn? Lena rá ar chaoi eile, ní féidir aon fhírinní reoite bheith ann sa saol seo. Bíonn gach rud fíor agus bréagach, agus ag an am céanna, gan bheith fíor ná bréagach ach oiread.

Is cuireadh duit atá sa leabhar seo, a léitheoir, dul sa tóir ar do theach taiscí féin. Tairseach is ea gach cóán – tairseach gur féidir a thrasnú le haistear álainn taiscéalaíochta a oscailt romhatsa ar do chonair inmheánach phearsanta féin. Agus beidh gach uile aistear a dhéanfaidh tú, de na haistir uile gan teorainn gur féidir a dhéanamh, ina aistear indibhidiúil úrnua. Go n-éirí bóthar na Zen-chóán leat!

---

10   Dalai Lama, 'Mind & Brain, the two sciences', *Lion's Roar*, eagrán Eanáir 2018, lch.60.

Introduction

It is often said, with some confidence, that the purpose of koans is to 'demolish the walls'[11] of complacent thinking and to encourage the reader 'to make an ally of the unpredictability of the mind'.[12] While this may certainly be true, I feel it also important to not only encourage the reader to make a creative leap, but also to realise an underlying truth whose discovery precedes even the teachings of *Shākyamuni* himself.

The reality that the koans generally point to is primarily addressing the teaching of *Emptiness*. This teaching also appears in some of the earliest Hindu texts and reveals truths that can be derived from our personal experience alone.

Zen koans are the perfect vehicle to help us embark on a personal journey of spiritual realisation and enlightenment. Koans do not require any belief-system, any mystical revelation, or any *zazen* practice, pilgrimages or prostrations. They reveal seeable truths that we simply fail to see, like the proverbial elephant in the room. Koan 24 tells us that the true nature of reality can only be discovered through *'ordinary mind'* and all the koans together lead us to an individual personal experience that awakens us to our true nature.

Along the way, the koans also reflect many other of the key principles of Buddhist practice, such as *Beginner's Mind, Authenticity, Skillful Means, Non-Attachment, Impermanence, Enlightenment (kensho), Nirvana, Compassion, Karma,* and *Meditation* (zazen). Apart from these, there are, of course, many more Buddhist propositions not discussed in this introduction that will most certainly be discovered by those who continually return to these and other koans throughout their lives.

---

11   John Tarrant, *Bring Me The Rhinoceros: And Other Zen Koans That Will Save Your Life*, Shambhala, Boulder, 2008, p.2.

12   Ibid.

Emptiness

'Form is emptiness, emptiness is form' – this quotation from the Heart Sūtra, is one that is very commonly heard in Buddhist circles. What it claims is that the world we see around us – objects, sounds, sensations, feelings, the totality of the world of forms or phenomena – is, in fact, emptiness. Emptiness is not separate from all phenomena. It is all phenomena. But what is this emptiness? In simpler terms, perhaps, the question might be asked: 'What am I?' Am I this person in this waking state who is born, gets old, becomes sick and eventually dies? Am I this physical body that is the 'doer' and interacts with other 'doers' that are in other physical bodies, just like 'mine'? Is it, perhaps, that we tend to see things and people as separate from ourselves? Does the Buddhist understanding of emptiness allude to the inevitable realisation that nothing exists on its own, separate from everything else? Is everything in reality inextricably connected, and is understanding this the true beginning of enlightenment? Koans are probably one of the very best ways to seek out an answer to this question, because they do not answer it. They say the unsayable by not saying it.

It is in *emptiness* that the ungraspable, the unsayable, the inconceivable, and the unknowable is transmitted to Mahākāśyapa by Shākyamuni when the Buddha picks up a small white flower and says absolutely nothing. Only when Mahākāśyapa bursts out laughing and has understood the transmission does Shākyamuni speak, saying:

'What I have said, I have said to you and what cannot be said
I have given to Mahākāśyapa.'

Koans point to the moon, but it is only the reader who can see it (koans 3 & 11). Silence is their voice and yet it is louder than laughter (koan 31), even more still than one hand clapping (koan 8), and more elusive than a shower of flowers (koan 15).

But perhaps 'emptiness' out of which all forms arise, are made manifest, and fade, and to which so many of the koans allude, can be identified in earlier Hindu teachings, prior to those of Shākyamuni. The koans seem to direct the listener or reader cryptically and enigmatically back to the ancient teachings of *Advaita Vedanta,*[13] or non-duality. This is a teaching that goes back to the Upanishads and consistently recurs, to varying degrees, throughout many of the classical koans that are represented in this book.[14]

The teachings on non-duality would appear to be central to any proper understanding of emptiness or the dharma of Shākyamuni. This ancient dharma is embedded in the very fabric of the koans themselves, and it relates directly to fundamental realisations that were celebrated nearly 500 years before the birth of the Buddha Shākyamuni. The later Upanishads may have been composed around the same time as Shākyamuni's teachings but there is, as yet, no definitive opinion amongst scholars about this.[15]

The central revelation in the Upanishads is that only Brahman, (turiya, or universal awareness) exists. All other is form or appearances, that come and go. It is only pure awareness – turiya – that has *'no coming or going'*, as Ikkyu informs Ninakawa in koan 19.

12. Brahman, truly, is this immortal,
Brahman is in front, Brahman is behind,
it is to the right and to the left,
it extends below and above.
The whole world is nothing but Brahman, the supreme.[16]

This Brahman, pure consciousness, this *'I am'* appears in all states of being. When I am awake, it is I who is awake. When I am dreaming, it is I who is dreaming. When I am in deep sleep, again it is I who is in deep sleep. Turiya, or pure awareness, never changes. It is never born and it never dies. It has no colour, no shape or any form. It can never be seen, heard, tasted or known but it is the knower of all things. As Nansen reminds Joshu in koan 24, 'it does not belong to knowledge,

---

13 Cf. See Glossary.
14 There are 10 Upanishads considered to be central to the teachings of *Advaita Vedanta* and they are the following: Isha, Kena, Katha, Prashna, Mundaka, Māndūkya, Taittirīya, Aitareya, Chāndogya and Brihadāranyaka.
15 i.e. the Prasna and the Mandukya.
16 Mundaka Upanishad, Second Khanda, verse 12.

nor does it belong to non-knowledge. All knowledge is illusion and non-knowledge is beyond discrimination'.

Pure awareness or turiya has three qualities: *sat* 'existence', *cit* 'awareness' or 'consciousness' and *ānanda* 'bliss or pure joy'. In other words, our true nature is existence that is never born and never dies, and this existence, this *'I am'*, is pure blissful awareness. This is how the waking state, the dreaming state, the sleeping state and turiya are described in the third, fourth and fifth verses of the Mandukya Upanishad:

3. The waking state (*jāgarita-sthāna*) is outwardly cognitive, has seven limbs and nineteen mouths, and enjoys material objects. This first quarter is common in all beings (*vaishvānarah*).[17]

4. The dreaming state (*svapna-sthāna*) is inwardly cognitive, has seven limbs and nineteen mouths and enjoys refined objects. The second quarter consists of luminosity (*taijasa*).

5. When the sleeper desires no desire and sees no dream, that is deep sleep. The deep sleep state (*sushupta-sthana*) is unified. It is a mass of intelligence only that consists of bliss and enjoys bliss and is the gateway to cognition. This third quarter consists of intelligence (*prāgya*).

7. That which is not inwardly cognitive, not outwardly cognitive, not cognitive both ways, not a mass of intelligence, neither knowledge or non-knowledge, unseen, unrelated to anything, ungraspable, without distinguishing marks, inconceivable, indescribable, the essence of the knowing of the one Self, the state where manifestation ceases, peaceful, benign,

---

17   The *'seven limbs'* refer to verse 18.2 of the Chāndogya Upanishad which provides an in-depth description of the total structure of the human macrocosm in its universal form – in which the *'nineteen mouths'* denote the sense organs: hearing, touch, sight, taste and smell; the organs of action: speech, handling, locomotion, generation, excretion. In addition to these, the mouths also allude to other aspects of the human body, such as breath, mind, the storehouse of thoughts, and the ego.

undivided – that is known as the fourth. That is the Self. That is to be realised.

The fourth element that is mentioned in verse 7 of the Mandukya Upanishad shown above illuminates the first three, namely the waking state which looks outwards, the dream state which looks inwards, and the sleeping state that is the gateway to both the dream and waking states. Turiya, the fourth state of pure awareness, that pervades all three states, is often described as similar to the gold in three pieces of jewellery: a necklace, a bracelet and a tiara. All three items are different, yet if the necklace is melted down and made into a bracelet or a tiara, the gold has not disappeared. It has merely taken on a different form or shape. Turiya, our true essence, is the immortal gold.

This idea is hinted at in koan 20 when the samurai asks Master Hakuin where heaven and hell are to be found. Standing in front of Hakuin, the samurai changes hell into heaven by his own realisation, i.e. both heaven and hell arise within the same awareness. A similar and corresponding idea is also examined in koan 2 where Hakuin does not identify either with 'the greatly respected sage' his neighbours so deeply admire or with 'the fake holy man' who is later castigated and jeered at, by the same people, because Hakuin realises that he is neither the 'sage' nor 'the fake holy man' but 'pure awareness'. This, his true essence, cannot be burnt by fire, made wet by water or slain by a weapon.[18]

In koan 30, when the Hindu *Brahmin* or priest asks Buddha what he is: 'Are you a god?' 'Are you a magician?' Buddha replies that he is none of these and goes even further by asserting that he is not even the human that is being observed. The Buddha's reply to the Brahmin's searching question of 'What are you?' is short and clear: 'I am awake.'

In the opinion of the author of this book, one of the central realisations of the Buddha is that the true essence of all sentient life is

---

18   Nessa Ní Shé, *Tóraíocht Dhiarmada agus Ghráinne* (*The Hunt for Diarmaid and Gráinne*), Iona Print, 1971: Chapter 10, 'Royal Soldiers of the Isle of Wight' arrive with three hounds, lines: 17-20 '… and fire does not burn them, and water does not drown them, and weapons do not wound them …'

Brahman: turiya or pure awareness.[19] However, we who are not aware of our actual nature, and who do not realise that our true essence is pure awareness, find ourselves 'in the sleep of ignorance, making the dream of errors'.[20]

This misunderstanding of our real nature leads inevitably to a misreading of reality, where we see monsters in the shadows of our own ignorance. A common analogy used to illustrate this is seeing a snake that is in fact a rope, or seeing a river and thinking we are not already on the other side (koan 26). However, hopefully one day, similar to Manjusri, when we do finally awake, we shall realise that we are neither inside nor outside the gate (koan 41) or as koan 21 suggests, understand that such appearances only occur within the mind.

Turiya, or pure awareness, never changes, whereas all other states that are luminated by Turiya are impermanent and thus constantly undergoing change. This is uniquely summarised in the 700 verses of The Bhagavad Gita. In order to get a better grasp of what the koans are inferring and alluding to by the impermanence of the world, it may be helpful to also refer briefly to The Bhagavad Gita.

The Bhagavad Gita is an interlude in the much larger *Mahābhārata*[21] in which Arjuna, a renowned archer who is being taken into battle by his charioteer, Lord Krishna, is undergoing a crisis of the heart. Arjuna no longer wants to do battle and fight with those people he knows and loves even if they have behaved wrongly or unjustly. And so, he turns to Lord Krishna for advice. In verse 16 of the second chapter, Krishna reveals the following truth:

'The unreal never exists : the real doesn't ever not exist.'

In this short sentence, we are given the essence of the true nature of absolute reality – the changelessness of pure awareness. Whatever

---

19 Cf. Koan 30.
20 Quotation taken from Swami Sarvapriyananda at the Indian institute of Technology of Kanpur in Northern India during a three-day lecture on *Vedanta*, March 13-15, 2015 (This lecture, in its entirety, can be viewed on YouTube).
21 The Mahābhārata is a Sanskrit epic narrative about the Kuruksetra War.

changes cannot be real, what is real never changes. In other words, everything we see in the *saha world* is impermanent. All forms and phenomena are here for only a while and then they pass away. Our physical bodies are born, they grow old, they become sick and eventually they die. The seasons change. Every emotion we feel has its beginning and its end. But what is it that is changeless? What is the 'the original face you wore before you parents were born?' (koan 39) What is it that is verbalised in the Bhagavad Gita and pointed to in so many Zen koans? Is it the changeless 'Mu' (koan 38) or that immutability to which Bukko of Engaku is referring when he points to the moon's reflection in Chiyona's bucket of water (koan 11)?

Crucially, this realisation is not a belief or an act of faith, because we can discern this truth from our own experience. The *aham* (*'I am'*) is the same when we are a child as when we are a youth or when we finally throw on the garments of senior citizenship.[22] It is the same when we dream or when we are in the sleeping state. That knowing or pure awareness that 'I am', never changes. Over time, the ego changes, our desires change, our skills and knowledge change, but the pure knowing or the pure awareness of being never changes.

Just as it is so pithily described in The Bhagavad Gita, this fundamental truth is consistently delivered in the koans: 'the real doesn't ever *not* exist', it is never born and never dies (koan 39), it cannot be burnt by fire, nor can it be made wet by water.[23][24] It cannot be touched, tasted, heard or seen, yet pure awareness alone is the knower of all things.[25]

---

22 This idea is expressed in Judeo-Christian scripture, even if it is interpreted differently, as can be seen in the story of Moses and the Burning bush in Exodus 3:14 ', 'ehyeh asher ehyeh' (I am that I am) ... This is what you are to say to the Israelites: '"I am" has sent me to you.'

23 The Zen nun, Eshun, who sits in the pyre realises that her true essence can never be touched by the flames that destroy her physical form. (koan 9)

24 The image of the moon in Chyona's bucket of water is not made wet by the water, nor is held prisoner by the bucket. (koan 11)

25 St Francis of Assisi expressed this thought when he said 'What we are looking for is what is looking'. But what is looking cannot be ever seen or found because it is not an object in time-space. The looking is always the subject.

Yes, there is diversity, but all this diversity is of the one awareness. There isn't two, but only one – turiya or pure awareness. This non-duality (*Advaita*) and this, our experience of diversification is perfectly explained by Vernon Katz and Thomas Egenes in the introduction to their rigorous and very accessible translation of the Upanishads:

> The false perception of the world as separate from Brahman is ignorance ... ignorance is not the perception of diversity itself, but the perception of diversity separated from oneself.[26]

This is the non-duality (*Advaita*) to which the koans are alluding, and it should not be confused with Descartes' mind/body problem, which poses the question as to whether the immaterial mind arises from the complex organisation of matter, or whether it is a ghost that inhabits a physical body. Neither is this the non-dualism of solipsism, which is the belief that there is only one mind, be that even the mind of god. Non-duality (*Advaita*) is the realisation that there is only awareness or consciousness and that the world of forms arises within that awareness and is completely and comprehensively of that awareness. Non-duality – as it is understood in Hindu and in many Buddhist traditions – is expressed with some clarity in the Chāndogya Upanishad where it is stated that 'this universe is being (*sat*) alone, one only without a second,' and in Shvetāshvatara Upanishad where it is, yet again, beautifully articulated in the following verse:[27]

3. You are woman. You are man.
You are the youth and the maiden too.
You are the old man hobbling along on a staff.
Once born, you are the face turned in every direction.[28]

---

26   Vernon Katz & Thomas Egenes, *The Upanishads, A New Translation*, Penguin Random House, New York, 2015, p. 22-23.
27   Upanishad Chāndogya, 'Brahman: The Cause of the Universe', chapter 6:1.
28   Shvetāshvatara Upanishad, Fourth Adhyāya, verse 3.

This is what Buddhists are generally referring to when they make such statements as 'we are all one'. The same non-divisible immortal awareness that is the essence of you, of me and of every other sentient being is the immortal and unknowable Self otherwise known as Brahman. Again, this is hinted at in so many of the koans of this particular collection, for example when Ikkyu is sharing some final words of wisdom about the true path with Ninakawa as he lies on his death-bed (koan 19), or in the Zen nun Eshun's remarks as she is about to be consumed by flames (koan 9), or in Chiyona's realisation that the moon can never be imprisoned in a bucket (koan 11).

Beginner's Mind

Seán Ó Ríordáin, the father of modern Irish poetry, wrote in the preface of his first collection of poems, *Eireaball Spideoige* (*A Robin's Tail*), how if a person should see the world freshly like a child, every time as though for the very first time, that person could write poetry or undertake any artistic endeavour. He asks us to imagine a father and child observing a horse:

> The father looks out and says: 'That's Mary's horse going by.' It would appear that the father loses the horse because he remains outside of it…. But the child – he feels the sound of the horse for the sake of the sound itself. He hears the sound getting weaker and weaker until it fades away into silence. And he is amazed by the sound and he is amazed by the silence… And the whole world is filled with the wildness of the horse and its magical trotting. That is experiencing being in a different form. And that, in my opinion, is poetry… When I say the child lives in the form of the horse, these are the things, to my mind, that are involved. The child is so mysteriously submerged in the trotting, in the whinnying, in the mane and in everything else concerning the horse that he is swallowed up… The child, however, tries to be the horse, tries to say the prayer of the horse in the fullness of its loneliness.[29]

---

29 Seán Ó Ríordáin, Preface (translated) from *Eireaball Spideoige* (*A Robin's Tail*), Sáirséal agus Dill, Dublin, 1952.

Ó Ríordáin also uses the word *prayer* to signify the child's ability to see and experience its 'oneness' with whatever it may be observing, in this case, the horse. He uses *sin* to signify the loss of that insight or ability. In many of the koans we are being encouraged to enter into a state of *prayer* with the world – to see the world in a fresh way, free from the karmic wake of our prior experiences. In koan 5, for example, Unsho is so versed in his Shingon tradition, that he cannot accept that there might be an alternative path to the one he has so persistently followed. Ekido fails to perform a simple act of kindness because of the *'sin'* of his rigid compliance with the law (koan 6). And even the professor has to be reminded by *Nan-in* that all his learning might be an impediment to his acquiring the very knowledge he so earnestly seeks (koan 1).

Shunryū Suzuki, who popularised Zen Buddhism in the United States, made the well-known observation that 'in the beginner's mind there are many possibilities, but in the expert's there are few'.[30] It is easy to become so obsessed by our own habitual behaviour, *sin* or karmic wake, that we find we are continuously excluding ourselves from a much wider ocean of possibilities hidden in plain sight all the time, so clearly begging to be seen, much like the foolish man who leaves his elephant at home only to go searching for the elephant in its footprints outside his own house (koan 12), or maybe like *Mazu* who is so sincerely convinced of becoming a buddha if he steadfastly continues to practise *zazen* (koan 25).

Authenticity

When I was working at St Patrick's College in Drumcondra many years ago, I used to bring with me, at the beginning of one particular lecture, two roses – one a natural red rose and the other a very real-looking but artificial rose. Then I would ask the students who amongst them liked roses. Usually many hands would shoot up and so I'd invite one of those students to come down and to choose either one of the two roses. The student invariably chose the natural

---

30 Shunryū Suzuki, *Zen Mind, Beginner's Mind, Informal Talks on Zen Meditation and Practice*, Shambhala, Boulder, 1973.

rose and when I'd inquire why, the answer would always be the same – because it is natural and alive. There was an authenticity about the natural rose totally missing in the other flower, and even if the artificial rose had the appearance of being real, nonetheless, it was still fake and unauthentic – a changeling instead of the real baby.

We are all asked to play different roles throughout our lives. With some of these roles comes a uniform, with others, an insignia or maybe both. Zen continuously reminds us not to forget who we really are. We are not the roles we play. Our true Self transcends all the paraphernalia that can stand between us and our authentic presence in the world. Keichu makes this point clear to his old friend Kitagaki when he refuses to meet with the Governor of Kyoto (koan 13). We all, of course, witness this authentic presence in children and in the natural world. The child is not only immediate and spontaneous in its response to its experience but also open to any ideas or imaginations that surface from within.

A much-loved Irish poem, 'Teilifís' ('Television') by Gabriel Rosenstock, tells how his two and a half year old daughter could not sleep and insisted that they went down stairs to watch TV, in the days when all programmes came to an end at midnight. On the small black and white screen, the two sit and observe the random snow-like interference, yet his daughter is still able to discern with the help of her as yet, unfettered imagination:

sioráf tríd an sneachta,	*a giraffe through the snow,*
Is ulchabhán Artach,	*And an Artic Owl,*
Ag faoileáil,	*Floating,*
Os a cionn[31]	*Over its head*

True authenticity means to be in touch with the life-flow within us and it also allows us to beam sunshine into the world through our eyes, our hearts, our imagination, our words and our actions.

So, what do the koans tell us about this authenticity of being and of practice? Well, firstly, all authenticity is transient in nature. This

---

31 Gabriel Rosenstock, 'Teilifís', *Rogha Dánta / Selected Poems*, Cló Iar-Chonnachta, Conamara, 2005, p.18.

impermanence is like the moon that is being reflected in Chiyona's bucket of water (koan 11), or like the small act of love when Ryokan asks his nephew to help him tie the laces of his sandals (koan 32).

In koan 37, Gasan, who repeats what he hears from Gattan, is admonished by Tekisui because what he speaks is not authentic. Personal experience is also part of being authentic and all that is required to become fully aware and enlightened is that lived-in personal experience of our daily activities through our *ordinary mind*. Each momentary and authentic act has within it the potential to reveal to us our immortal *aham* essence and to precipitate the experiencing of our own awakening or wakefulness (koan 30).

The only real obstacles that stand in the way of living authentically are fear and ignorance, and indeed, when ignorance is removed, any fears quickly dissipate. The thief who comes to steal whatever he can from Ryokan's hut in koan 3 leaves as poor as he arrived, even though Ryokan gives him the clothes from off his own back. Ryokan is unable to give this lost soul the moon which represents the keys to the thief's own limitless inner wealth.

A happier fate awaits the thief in koan 17 who discovers his own *treasure house* when he becomes a disciple of Shichiri Kojun. The thief in this koan is fortunate enough to realise how to travel his own authentic path – a path that will lead eventually to enlightenment and nirvana.

Zen practice also has to be authentic to serve any proper purpose. Will steadfast and rigorous meditation turn us into buddhas, or bring us to enlightenment? And what exactly is *zazen*? The modern Zen Master, Shunryū Suzuki, is very clear on this matter:

> What is true zazen? When you become you! When you are you, then no matter what you do, that is zazen. Even when you are in bed, you may not be you most of the time. Even though you are sitting in the Zendō, I wonder whether you are you in the true sense.[32]

---

32 Shunryū Suzuki, *Zen Mind, Beginner's Mind*, Weatherhill, Boston & London, 2005, p.81.

So, *zazen* is being the authentic you, or living in a state of *'prayer'* as Ó Ríordáin expressed it, in whatever we do – it's simply that. This is one of the many messages that Nanyue is conveying to Mazu when he starts trying to polish the brick into a mirror in koan 25. There being no such thing as 'true' *zazen* – that is true *zazen*.

Sometimes, the *preta* or 'the hungry ghost' arises within us and we imagine that since we are hungry for material possessions, power or pleasure, the more of these things that we acquire the more authentic our happiness will become. But quite the opposite appears to be the case; the more we acquire, the more we require to satisfy our cravings, or *dukkha*. If we continue like this, eventually we shall lose touch with ourselves and become more and more removed from our own natural and innate authenticity. This would, perhaps, be very similar to Ó Ríordáin's idea of living in *sin* or in ignorance. As *Joshu* is told by Nansen in koan 24, authenticity cannot be pursued, because 'the more you pursue it, the more it slips away'. Neither can it 'belong to knowledge or to non-knowledge'. Only by mindfulness and a calming of the mind will it be possible to tune ourselves into our deepest intentions and our innate authenticity.

Skillful Means

One of the most abundant resources that celebrates the implementation of *Upāya* (Skillful Means) is the koan. Whenever the Buddha wanted to explain *dharma,* he would suit his explanation to the level of understanding of his audience. He would reveal only those aspects of the teaching that he knew would not confuse or discourage. What is unique about the Zen koan is that it has within it, as in all great literature, the capacity to be understood at whatever the reader's level may be. And indeed, as with any work of art or expression of profound wisdom, we can spend a life-time reading and re-reading koans only to discover further hidden depths of meaning and truth with each fresh encounter.

In koan 19, the message can be read in numerous ways. It could be understood that Ikkyu is alluding to the great continuity of *dharma* when he refers to the path of 'no-coming and no-going'. The path

might also represent Ninakawa's rigorous adherence to his Zen prac-
tice throughout his life, in which there is 'no-coming and no-going',
or maybe Ikkyu is referring to the Buddhist understanding that 'the
moment you have set your foot on the path, you have traversed it in its
entirety'.[33] This koan can, of course, also be understood as a reference
to the immortal Self – the awareness of being that which is not born,
cannot be known and never dies.

There is only this moment now, and all Buddhist teachings
encourage us to be present in this moment, not to become distracted
by what may have been or what may be about to occur, just like the
man who, on his way to death, plucked the luscious strawberry from
the cliff face (koan 7). The only slot on the time-line where we can
take positive action is now.

In The Bhagavad Gita, Lord Krishna tells Arjuna not to worry
about results, all that matters is 'right resolve' and 'right effort':[34]

'Set thy heart upon thy work, but never on its reward. Work
not for a reward but never cease to do thy work.'[35]

This is exactly the attitude of the Zen Master Hakuin, who is falsely
accused of fathering the child of a local woman. Hakuin, without
question, immediately takes responsibility for the welfare of the child,
because that is what is required of him. He equally, at the end, returns
the child when the true father's identity has been disclosed by the
young mother of the child (koan 2). Hakuin's laconic 'Is that so?'
reveals that his focus is on what needs to be done, with full presence of
mind, and not on any outside approval or applause, or by the thought
of any reward for what he does or has done.

Another element in Upāya or Skillful Means is laughter and
the inner chuckle: Joshu telling the student that he will have

---

33   Steve Hagen, *Buddhism Plain & Simple*, Penguin Books, 1999, p. 69: '...the
      moment you set your foot on the path, you have already traversed it in its
      entirety. Just to be on this path is to complete it. I mean this literally, not sym-
      bolically or metaphorically.'

34   Reference to *The Eightfold Path*, see glossary.

35   The Bhagavad Gita *Chapter 2, verse 47*.

to carry out nothing (koan16), Master Hōgen commiserating with the young monk who seems to want to carry a heavy rock around in his head all day (koan 23), or Yanguan Qian asking his assistant to bring him the rhinoceros (koan 22) – all exhibit the good humour that is central to Buddhist teaching, the koans being no exception.

Laughter is also often widely used as a Skillful Means of sending or receiving a message. As for example, in koan 12 when Baso bursts out laughing at Daiju who has taken upon himself a long and arduous journey in his search for what he already has. Daiju's behaviour is somewhat reminiscent of the famous Polish Children's verse where an elderly gentleman, Pan Hilary, is searching for his spectacles:[36]

Biega, krzyczy pan Hilary:	*Paddy panics as he passes,*
'Gdzie są moje okulary?'	*'Has anybody seen my glasses?'*
Szuka w spodniach i w surducie,	*He searches pockets in his suits,*
W prawym bucie, w lewym bucie.	*In his slippers, in his boots.*
Wszystko w szafach poprzewracał,	*Opens cupboards, every drawer,*
Maca szlafrok, palto maca.	*Throws their contents on the floor.*
'Skandal! – krzyczy –	*'Incredible! – he cries –*
Nie do wiary!	*Some ass has,*
Ktoś mi ukradł okulary!'....	*Come in here and stole my glasses!'...*
Nagle – zerknął do lusterka...	*On the mantelpiece he looks,*
Nie chce wierzyć...znowu zerka.	*He searches in behind some books...*
Znalazł! Są! Okazało się,	*But passing by the mirror shows,*
Że je miał na własnym nosie!	*Why, Goodness me! – They're on his nose!*

---

36 Julian Tuwim, 1894 – 1953. Polish poet, lyricist and celebrated writer of children's rhymes.

Non-Attachment

A saint lived a life of perfect holiness. He kept all the eleven
commandments. When he died he was condemned to hell.
'Why?' he asked, bemusedly, 'Didn't I do all that was asked?'
'O yes, you did and more,' said Peter, 'but didn't you know that
we changed the rules?'[37]

This rather amusing tale captures two very profound Buddhist teach-
ings: 'Non-Attachment' and 'Impermanence'. Again and again in the
koans, listeners are warned against rigidly adhering to any set of hard
and fast rules or unquestioned laws. This is where Unsho (koan 5),
Ekido (koan 6), Ninakawa (koan 19), and even the gifted pupil Suiwo
(koan 10), all failed to avoid the trap of their own attachments and
conferred permanence on the law which is, and always will be, as all
other forms are, subject to change.

Like Titley's saint who ended up in hell, most forms of attachment
to something or to somebody may, at first glance, look 'saintly', and can
often be mistaken for something very positive. Expressions such as 'I
cannot live without you' or 'I don't know what I'd do without my bridge
nights' are not, however, signs of affection but rather, of attachment.

True love for another is wanting the very best for them, not for
ourselves, and the 'bridge nights' might be obstructing the way to
some other much more interesting and creative activities. However,
it is not only things and people that we cling to; we can also, like the
angry student in koan 33, become attached to habits of behaviour, or
to our own habitual ways of perceiving the world, like the rich man's
reading of Sengai's scroll in koan 34.

In koan 25, we see how misled Mazu was in his practice, even
though he was very sincere and committed to his *zazen*. Mazu had
become attached to one aspect of Zen practice. Perhaps 'using no
way as a way, having no limitation as limitation'[38] would be a more

---

37   Alan Titley, *Parabolas, Stories & Tales*, Lagan Press, Belfast, 2005, p.57.
38   Attributed to the film actor/director and master of Martial Arts, Bruce Lee 1940
– 1973.

Zen way of achieving Buddhahood. Nanyue points out to Mazu the futility of attaching oneself solely to one activity, by picking up a brick and starting to polish it. In koan 36, Ikkyu deals with the attachment his teacher has to an antique teacup by drawing his attention to the impermanence of all things in this saha world.

One of the most powerful examples of non-attachment in this selection of koans is the man who observes a delicious-looking strawberry as he is escaping from a fierce tiger and just about to drop from a cliff to his inevitable death (koan 7). This particular koan demonstrates how it is possible to be completely focused and in full presence of mind when all attachments, even to life itself, have been discarded.

However, more often than not, the opposite tends to happen. We are all so inclined to cling tightly to what we already know, and to what has worked for us in the past, that we fail to discover or appreciate other equally promising possibilities of dealing with the limitless number of situations that life can throw at us. In koan 5, for example, Unsho is so attached to his strict Shingon tradition that he fails to appreciate that Tanzan or anyone else might possibly have found something better than the very strict observance of the orthodox and esoteric Buddhist precepts that he maintains in his own practice. In koan 6, Ekido also fails to carry out a simple act of kindness, because he also is too attached to his observance as prescribed by the men of wisdom in the old sacred scrolls.

Chiyona, however, is immediately enlightened when her bucket falls and the reflection of the moon disappears (koan 11). For now she no longer has to carry the unnecessary weight of attachment on her shoulders as she finally arrives on the path of enlightenment.

Impermanence

Another message that the koans teach is the law of impermanence (*anicca*). Impermanence is one of the three marks of human existence in our *saha world,* the other two being dukkha (*suffering*) and anattā (*non-self*). Impermanence is the nature of all phenomena in this world of forms. There are no frozen truths; everything is in a permanent state of flux. The very best we can do is to point to that which is indescribable and unknowable – *Advaita Vedanta,* or pure awareness, which was discussed earlier in this introduction.

If we are loved and admired today, tomorrow we may be castigated and reviled (koan 2). If a person is appointed Governor of Kyoto today, a time will surely arrive when that person will no longer be Governor (koan 13). Zenkai, who killed an official and stole his wife, is eventually the one who builds a tunnel through a mountain, where before travellers had to cross by means of a dangerous mountain-cliff passage. The son of the murdered official also makes a personal journey of his own from vengefulness and anger to compassion and forgiveness (koan 29). In short, the admired become the reviled, the powerful become disempowered, and the murderer becomes a Zen Master.

The impermanence of this saha world is, in a very real sense, a blessing. Like the waves on the shore that leave no trace of yesterday's footprints, everything is renewed and washed away by the flowing rivers of time. Although we all may want to live longer and healthier lives, any endless life, no matter how comfortable and luxurious, would eventually become a torment. It is the impermanence that gives everything its value. It is the fragility of life itself that makes it so precious and so full of hope, as the poet William Blake so beautifully expressed it:

> He who binds to himself a joy,
> Does the winged life destroy,
> But he who kisses joy as it flies,
> Lives in eternity's sunrise.[39]

The fleetingness of this life – its impermanence – is sometimes represented in some Buddhist traditions by sand mandalas. These often intricately detailed mandalas, made from dried coloured sand, embody the very essence of impermanence and, when completed, are ritualistically swept away, again in recognition of the inherent transitory nature of the phenomenal saha world. In koan 35, this is seen in

---

39   William Blake, 'Eternity', *The Complete Poetry and Prose of William Blake* ed. Harold Bloom, University of California Press, Oakland, 1982.

the cutting of the harp strings, and in koan 3 where Ryokan would dearly like to hand the moon to the thief, but realises that the 'moon cannot be stolen'. In essence, that which is free within us all cannot be hoarded away or ever purloined. And also, of course, it is not possible to bestow enlightenment on any other. It is only the thief who can ever possibly catch this particular fish in the net of his own experience.

Enlightenment

Enlightenment (*kensho and satori*) is central to many Zen koans. The word *kensho* in Japanese is made up of two words: *'ken'* which translates as 'seeing', and *'sho'* which means 'nature' or 'essence'. *'Satori'* is also frequently used and means 'comprehension'. However, whether *kensho* or *satori,* this experience in Zen is considered to be a moment of insight which requires further investigation and continued practice.

In the Zen koans, the moment of enlightenment is often described as an instant of comprehensive realisation at the conclusion of some long journey – a moment when the scales of ignorance fall from the eyes of the disciple. While there certainly are moments of monumental revelation of this kind in a person's life, the path to enlightenment is usually a much slower and gradual journey with setbacks and many pitfalls along the way.

Nonetheless, throughout the koans, stories of sudden enlightenment do persist. In this collection, we see it in the famous *'Mu'* koan where the question posed by the monk is clearly evidence of a discriminative mind that fails to see the wholeness of the interrelationship of everything that appears in the saha world (koan 38). By the one word *'Mu'* Master Joshu awakens the deluded monk to the true nature of all these appearances within the pure awareness of being. Another beautiful example of a sudden enlightenment is given in koan 10, when Suiwo receives a disguised encouragement from Hakuin that leaves Suiwo with no real alternative to immediately achieving *kensho*.

Here we must differentiate between intellectually knowing a truth and personally experiencing that same truth. The monk in koan 10 is obviously well versed in the Dharma but is still unable to 'join up the dots'. In koan 27, the student, Yamaoka, seems dedicated to his study of Zen and has accumulated a great deal of knowledge, yet we discover that he understands very little. And this dichotomy between what we intellectually know and what we know in our hearts is a common problem for all human beings. For example, we are all 'intellectually' aware that our bodies are impermanent. We are going to grow old, probably get sick and we will eventually die, but realising this fact at an existential level – as a gut feeling, so to speak – is an achievement of a certain level of *kensho*. This is why Mazu (koan 25) can never achieve Buddhahood by zazen alone, and why Ekido is missing the spirit of the teaching that he is so devoted to in koan 6.

Enlightenment can, more often than not, be a soft and gentle realisation, as Ryokan's nephew experiences by tying the laces of his uncle's sandals (koan 32). We see another example of this kind of gentle enlightenment when Kitagaki quietly and in a moment of awakening, crosses the words 'Governor of Kyoto' off his calling card to Keichu (koan 13).

Nirvana

What is nirvana? It is the same as bliss or *ānanda*. In traditional Buddhist teaching it is the cessation of suffering. This suffering arises out of ignorance: ignorance of our true essence which is pure awareness, that cannot be burnt by fire, or made wet by water, that is not born and never dies. Nirvana is therefore the realisation of our true nature. There is no birth, there is no death, there is no coming or going – these are all examples of 'wrong view'.[40] In Buddhism, the right view is no view. When a Zen Buddhist practises zazen or a Nichiren Buddhist chants 'nam myoho renge kyo', they are reaching towards emptiness where there are no thoughts, no concepts, no view – only oneness with all sentient beings and with the true essence of everything that is Brahman. In koan 15, Subhuti, one of the ten great disciples of the Buddha, is meditating when the gods suddenly and unexpectedly shower flowers down on him.

---

40   See glossary: *The Eightfold Path.*

'What is this?' inquired Subhuti of the gods.

'We are praising you for your discourse on emptiness,' the gods replied.

'But I have not spoken of emptiness,' said Subhuti.

'You have not spoken of emptiness, we have not heard emptiness,' replied the gods, 'this is true emptiness.'

Here in meditation, all concepts are removed; there is no discriminating mind, and therefore the bliss of nirvana arises within. The flowers represent *ānanda* or bliss, which is nirvana. In koan 20 where the samurai Nobushige asks Hakuin to show him where heaven and hell are, Hakuin makes clear to the samurai that heaven and hell are not places, but states of his own mind. The young monk, who cannot understand how the nun Eshun has no fear as she sits on the funeral pyre, is being held prisoner by his own fears which arise from his 'wrong view' (koan 9). Nirvana, in both these situations, is freedom from concepts, from wrong view and from ignorance.

Compassion

When the Chinese sacked the Buddhist monasteries in Tibet, killing monks indiscriminately, some of the monks managed to flee to the mountains nearby. From this vantage point, they could clearly observe the slaughter of those who had been unable to escape. An old monk, seeing what the Chinese soldiers were doing, began crying profusely. One of the younger monks touched his shoulder and said he completely understood the old monk's distress at seeing all his friends below being slaughtered so mercilessly. 'No, it's not for them I am weeping,' sobbed the old monk, 'I weep for the poor soldiers.'[41]

It is easy to have compassion for the people we love and feel close to, but what about our compassion for the stranger and for those who wish us harm? Chögyam Trungpa described love as 'fearless generosity'. True compassion is always disinterested, and it is purely

---

41 Similar to Bankei (koan 18) who is not concerned with those who behave wisely, but rather the one who does not.

focused on the needs of others, even when it may not be to our own advantage to help.

In koan 2, Hakuin pays no heed to his own needs and immediately focuses all his attention on the needs of the young baby left in his care. In Koan 17, Shichiri understands the needs of the thief who is robbing him, and with fearless compassion, he offers this thief a gift far greater than the money he wants to steal – the gift of enlightenment.

Karma & Suffering

Zen Buddhism, and the koans in particular, offer a completely new take on Karma. The traditionally accepted interpretation is that karma is the universal law of cause and effect; if we behave well, we gain merit and our next incarnation will be more fortunate than the one we are living in this existence.

When the Chinese Emperor Wu, who was a most generous patron of Buddhism and a Mahāyāna practitioner himself, asked Bodhidharma when he met him in 527 what merit he had earned from all the monasteries he had built as Emperor, the sūtras he had commissioned to be copied and all the Buddhist monks that had been ordained during his reign, Bodhidharma replied: 'None whatsoever.'[42][43]

What we perceive in the waking world is always through the lens of our waking-world limitations. The saha world manifests itself in a space-time continuum, in which we always seem to move forward, from past, to present, to future and never the reverse. So, when we say things like: 'in our next incarnation', we are already looking at reality through the limitations of our own perceptions. Like the ugly sisters in Cinderella, vainly attempting to make the glass slipper fit, we try to force reality to correspond to the limitations of our human perceptions. It doesn't.

---

42 Emperor Wu of Liang 502 – 549.
43 *The Anthology of the Patriarchal Hall*, 952 CE, this encounter is the first koan in '*The Blue Cliff Record*'.

The Zen koans are telling us this in a very coded and subtle way. In koan 18 for example, Bankei seems quite untroubled by the students' concerns over the theft of their property by one particular individual amongst them. In fact, Bankei ignores the matter entirely. When the students demand that Bankei take affirmative action or else they will leave en masse, this again is of little concern to the Zen Master. He is, however, greatly troubled by the suffering of the young man who has been doing the thieving. All Bankei's compassion is focused on removing the confusion that is causing this young wayward soul to do such a thing. In other words, removing the ignorance that causes suffering is Bankei's primary concern.

Karma can be loosely translated as 'action' and it is true that the actions we take have an effect on ourselves and on others in the saha world, but just as what we do in our dreams does not affect the waking world, what we do in the waking state does not affect our true nature, which is always pure gold.[44] The reason we should not cause suffering to 'others' is that there are no 'others', only the Self. There is only the pure awareness of being that is alluded to in koan 14 when Banzan overhears the butcher exclaim to his customer who wants to purchase only the very best meat: 'Everything in my shop is the best!'

Our traditional understanding of the way karma relates to our present being may be putting the cart before the horse. Karma is an aspect of enlightenment, a result rather than a cause. A person can produce beautiful music because of the skillful abilities that they have acquired, but the beautiful music – although created by the correct choice of notes with trained agile fingers, is fundamentally an aspect of long hours of practice and persistent endeavour that have been invested in the in the practice of producing beautiful harmonies. And so the action (i.e. karma) of the fingers is a result of the practice and endeavour (removal of ignorance) of the musician. Put simply, the actions that produce good karma are a consequence and a cause. This is again subtly communicated in koan 25 when Mazu considers his zazen to be the pathway

---

44   See earlier section in this Introduction: Emptiness. p.26

to Buddhahood until Nanyue reveals that he is approaching the matter in the entirely the wrong way. Enlightenment is 'ordinary mind' (koan 24):

> Joshu asked Nansen: 'What is the Way?'
> 'Your ordinary mind – that is the Way,' replied Nansen.

We often hear ourselves saying: 'If I had known then what I know now, I would have acted differently.' What we are saying is my karma (i.e. actions) would have been different had I not been clouded by ignorance at the time of my actions. Again and again in the koans, we see how suffering arises from 'wrong view', and out of 'wrong view' arises fear and negative karma. All negative behaviour is rooted in ignorance. If we can realise our true essence, then, and only then, will all suffering cease and positive karma will be the fruit of that enlightened state.

Zazen (Meditation)

There is a saying in Kashmir: 'Only two words have any meaning: Allah and Lalla'. Lalla was a 14th century mystic and poet who today is still greatly loved by both Muslims and Hindus alike. Lalla was married at the age of 12 and her husband treated her very poorly. One day when she returned home, carrying water in a pitcher on her head, her husband was so angry that he smashed the pitcher with his staff. However, according to legend, although the clay vessel was broken into many pieces and fell to the ground, the water itself remained suspended in the air over Lalla's head.

Later, Lalla became a wandering poet and mystic. Her verses are short but extremely profound, touching upon the very deepest wisdoms and most subtle yogic skills. In one of her songs she wrote:

> I searched for my Self,
> Until I grew weary,

But no one, I know now,
reaches the hidden knowledge,
by means of effort.

Then absorbed in 'You are this,'
I found the place of wine.

There, all the jars are filled,
but no one is left to drink.

This is one of the best descriptions of *zazen*. There is no effort involved. There is presence, but no ego or doer of actions. There is complete bliss, like jars filled with the finest wine but no one to drink it.

If we think of pure awareness as the ocean, then the waves and currents can be compared to the mind, and the emotions within to the Self or pure awareness. It is in pure awareness that the phenomena of mind and emotions arise. When we practise *zazen* we are calming the limitless ocean of waves and the currents and by so doing, we are returning to the Self – to our true essence.

Although the techniques of practising *zazen* can be explained and acquired, what *zazen* is cannot be described in any viable way. This is like the sound of one hand clapping (koan 8) which is not describable, or like when Buddha is unable to say the unsayable or teach the unteachable in koan 31, or like Subhuti's silent discourse on emptiness in koan 15 that wins the admiration of the gods.

A Final Word

The beauty of Zen koans, to my mind, is threefold. Firstly, they may be enjoyed as beautiful literature. Many koans date back to the earliest days of Ch'an and have a charm unique to the rich cultural heritage of Zen.

Secondly, they are immortal gateways to the extraordinary wisdoms of India, China, Tibet and Japan. Every reading brings fresh questions and ideas to the reader's mind. The deepest truths can never be explained by words, intellect or logic and no koan ever attempts to do this. Where logical argument involves fragmentation and discrimination, koans consistently point the way to a holistic experience where fragmentation is only a part of the wholeness of universal being. Enlightenment cannot be attained merely as an intellectual concept of some ethereal nature, because it is a real living experience that transcends all intellect. Awakening can only truly be achieved by a direct experience of pure awareness, and this is a wisdom that was initially revealed in the earliest wisdom-writings known to humanity – the Upanishads:

> The Self cannot be attained by instruction,
> Nor by the intellect, nor yet by much learning.[45]

Since the nature of the koan is to direct the reader to his or her own experience, it is clear that the koan style and its modus operandi are perfectly equipped to avoid the strictures and limitations of intellect since they speak directly to the heart.

Thirdly, and probably most importantly, Zen koans, more than any other form of Buddhist literature, are accessible, entertaining and informative to all ages, from the youngest child to the oldest Zen Master. Although reading koans is mostly fun, they can also be hard work. Sometimes, when that work is done well, ideas and feelings arise like moths caught in the moonlight, to flicker and flutter away before we've had time to pencil their likeness on the page.

> The work done
> and well done, too,
> now put it to the candle.
> let no-one know what passed between
> the moon, the moth, the pencil.[46]

---

45 Vernon Katz and Tomas Egenes, *The Upanishads: A New Translation*, Tarcher Cornerstone Editions, New York, 2015, p.54.

46 James Norton, 'Mute Celestial', *The Fragrance of Dust: Haiku Stories Poems*, Alba, Uxbridge, 2012.

The main corpus of this book consists of 41 koans in English and Irish, both in prose and in rhyme format. Each koan is also accompanied by an ink-sketch and a short list of quotations. The quotations have been chosen from very diverse sources on a topic that has, to some degree, been referred to in the koan. Many of the terms and significant names that are to be found in the texts are given at the back of the book with a brief explanation. You will find both an English Glossary and an Irish one (i.e. Gluais). Following the Glossary and Gluais, there is a list of references and acknowledgements.

Intreoir

Dearbhaítear go minic gurb í aidhm na gcóán *'ballaí na smaoin-teoireachta leisciúla a leagadh'*[47] agus a lucht éisteachta a ghríosú chun *'comhghuaillíocht a dhéanamh dá luaineacht intinne'*.[48] Cé go mbíonn fírinne áirithe ag baint leis seo, ní spreagann a leithéid de ráiteas éisteoirí na gcóán le dul ar thóir na fírinne móire úd atá lonnaithe faoi cheilt os comhair an dá shúil s'againne i sraith shaibhir na gcóán clasaiceach – léargas agus fírinne bhunúsach faoin saol a théann siar go haimsir i gcéin atá i bhfad níos sia siar ná fiú teagasc an Chéad Bhúda féin, *Seacamúnaí*.[49]

Is í an fhírinne úd ar a mbíonn na cóáin dár dtreorú ná fírinne na *foilmhe*. Is fírinne í a thagann chun cinn den chéad uair i seantéacsanna Hiondúcha: scríbhinní a nochtann fírinní doshéanta a eascraíonn as taithí phearsanta an duine.

Is feithiclí foirfe iad na cóáin chun cabhrú linn tabhairt faoi thuras spioradálta pearsanta i gcomhair tuisceana agus léargais. Ní éilíonn na cóáin go gcleachtfadh lucht a n-éisteachta córas creidimh áirithe nó saol spioradálta faoi leith, nó go gcaithfí uaireanta fada sa *zendō*, ná fiú go ndéanfaí oilithreachtaí fada i mbun sléachtaí leorghnímh agus aithrí. Nochtann na cóáin fírinní a bhíonn os comhair an dá shúil s'againne ach go dteipeann orainn iad a fheiceáil, amhail 'an eilifint sa seomra' faoina labhraítear go minic – an eilifint mhór nach bhfeictear agus í ina steillbheatha is ag béicíl. Insíonn cóán 24 nach féidir fíornádúr an tsaoil a nochtadh ach amháin tríd an 'ghnáthintinn' agus treoraíonn comhiomlán na gcóán i dtreo eispéiris phearsanta indibhidiúil a nochtfaidh dúinn uile an fíornádúr céanna.

---

47   John Tarrant, *Bring Me The Rhinoceros: And Other Zen Koans That Will Save Your Life*, Shambhala, Boulder, 2008.

48   Ibid.

49   Fch. Gluais.

San intreoir seo, luaitear cuid de na prionsabail Bhúdaíocha a bhíonn á léiriú go príomha sna cóáin, cinn amhail: *Foilmhe, Intinn Thosaitheora, Barántúlacht, Modhanna Oilte, Neamhcheanagal, Neamhbhuaine, Léargas (cinseó nó satóirí), Nirbheána, Comhbhá, Karma agus Machnamh (zazen).* Seachas na cinn atá luaite san intreoir, tá, gan amhras, neart eile nach nach bhfuil pléite anseo ná i dtráchtaireachtaí na gcaibidlí, ach gur féidir a aimsiú amach anseo má thugtar cuairteanna rialta arís agus arís eile ar thaisce mhór na gcóán Zen.

Foilmhe

'Is foilmhe foirm agus foirm foilmhe' – tagann an ráiteas seo díreach ón *Sútra Croí,* agus is ráiteas é a chloistear go minic ar bhéal an phobail Bhúdaíoch i gcoitinne. Maíonn an ráiteas seo go bhfuil iomlán na bhfoirmeacha saoil nó na bhfeiniméan as a ndéantar an saol seo – i. oibiachtaí, fuaimeanna, braistint, mothúcháin, agus eile – ina bhfoilmhe. Ní bhíonn an fhoilmhe seo scoite amach ó fheiniméin an tsaoil. Is í na feiniméin uile í. Ach cad í foilmhe sa chiall Bhúdaíoch? I dtéarmaí atá pas beag níos simplí, b'fhéidir, d'fhéadfaí an cheist a chur ar a mhalairt de shlí, mar shampla: 'Cé mise?' nó 'Cad é atá ionamsa?' An mise an té a bhíonn i staid dúiseachta sa saol seo? – an té a rugadh, a éireoidh sean, tinn agus faoi dheireadh a gheobhaidh bás? An mise an cholainn chorpartha seo, 'déantóir' na ngníomhartha uile, smaointeoir na smaointe uile – an té a bhíonn ag idirghníomhú le 'déantóirí' eile a bhíonn freisin i seilbh colainne amhail an ceann atá agamsa?

Is iad na cóáin atá ar cheann de na bealaí is fiúntaí chun freagraí na gceisteanna móra mar seo a chuardach mar ní fhéachann na cóáin lena bhfreagairt. Ar shlí deir siad an rud nach féidir rá nuair nach ndeir siad é.

Maidir leis an bhfoilmhe – atá dochlaochlaitheach, dodhealaithe, dofheicthe, dochluinte, agus dothuigthe – faigheann *Seacamúnaí* modh le tarchur na tuisceana seo a dhéanamh chuig duine dá leanúnaigh *Mahākāśyapa* gan oiread is focal a rá. I gcóán 31, piocann *Seacamúnaí* bláithín bán in aice leis agus ardaíonn sé é os comhair a lucht leanúna uile. Nuair a bhriseann an gáire ar Mahākāśyapa, ansin amháin, tuigeann an Búda gur thuig Mahākāśyapa an teachtaireacht a tugadh gan focail go tostach.

'A ndúirt mé libh, dúirt mé libh, agus sin nach féidir a rá, tá sé tugtha agam do Mahākāśyapa.'[50]

Síneann na cóáin a méar mheafarach i dtreo na gealaí, ach is iad lucht léite na gcóán ar féidir leo an ghealach a fheiceáil (cóáin 3 & 11). Is é an tost an glór a bhíonn ag na cóáin agus nach minic go mbíonn sin i bhfad níos airde ná fuaim an gháire (cóán 31), níos ciúine ná fuaim na boise amháin ag bualadh (cóán 8), agus níos fíneálta ná cith de pheitil bhlátha ag titim (cóán 15).

Ach b'fhéidir gurb ionann í an fhoilmhe, as a dtagann na foirmeacha saoil uile, ina sonraítear iad, ina n-imíonn siad i léig, agus seanteagasc Hiondúch a tháinig chun cinn den chéad uair na céadta bliain roimh theagaisc *Sheacamúnaí*. De ghnáth, treoraíonn na cóáin Zen lucht a léite go cripteach rúndiamhair go dtí an *Advaita Vedanta* nó, mar a deirtear go forleathan anois, go dtí an neamhdhéachas. Téann an seanteagasc seo siar go dtí aimsir na nÚpainiseadaí , timpeall 1700 RCR.[51]

Is é an teachtaireacht bhunúsach taobh thiar de na hÚpainiseadaí ná nach bhfuil ann go bunúnasach ach Brámain féin (turaíea nó feasacht uileghabhálach). Ní bhíonn i ngach rud eile ach 'dealraimh' a thagann i láthair agus a imíonn. Is ag an nglanfhiosacht, nó an turaíea amháin nach mbíonn 'aon teacht ná imeacht' mar a insíonn Icciú do Níonacabha i gcóán 19.

12. Tá Brámain, go fírinneach, neamhbhásmhar,
Brámain chun tosaigh, Brámain taobh thiar,
tá sé ar dheis, tá sé ar chlé,

---

50   Cf. Cóán 31.
51   Meastar go bhfuil thart ar 10 nÚnpainisead chlasaiceacha ann agus is iad: Isea, Cena, Catha, Praisnea, Mundaca, Mándúcia, Taittiríja, Aitaréia, Chándogia an Brihádarainiaca.

síneann sé síos, síneann sé suas.
Ní bhíonn sa domhan uile go léir ach Brámain, airde na n-ard.[52]

Tá an Brámain seo ina ghlanfheasacht. Bíonn an *'táim'* seo le tabhairt faoi deara i ngach staid den eisint. Nuair a bhím i mo dhúiseacht, is Mise[53] a bhíonn i mo dhúiseacht. Nuair a bhím ag taibhreamh, is Mise a bhíonn ag taibhreamh. Is Mise atá ann nuair a bhím i dtromchodladh.

Is glanfheasacht é an turaíea. Ní bheirtear é, ní fhaigheann sé bás, níl dath ná boladh, cuma ná foirm air. Ní fheictear, ní chloistear, ní bhlaistear é ach is eisean a fheiceann, a chloiseann, a bhlaiseann, agus a mhothaíonn gach rud, mar a mheabhraíonn Nainsean do Jóisiú i gcóán 24.

> 'Ní bhaineann an tSlí le heolas, ná le neamh-eolas. Is seach-
> mall é an t-eolas agus tá an neamh-eolas taobh thall den
> idirdhealú.'

De réir an teagaisc Hiondúch, tá trí thréith ag an turaíea nó ag an nglanfheasacht agus is iadsan: sat 'eisint', cit 'feasacht nó féin-aithne' agus *ānanda* 'sonas nó áthas gan smál'. Lena rá ar chaoi eile, is é sin ár bhfíornádúr bunúsach nach mbeirtear agus nach múchtar choíche. Is é an *táim* é fosta a chónaíonn ina shonas síoraí. Seo an tslí ina mínítear an *staid dúiseachta*, an *staid taibhrimh*, an *staid chodlata* (nó 'thromchodlata') agus turaíea san Úpainisead Mándúcia:

3. Bíonn an staid dúiseachta (*jāgarita-sthāna*) ina cognaíocht sheachrach, ag a bhfuil seacht ngéag agus naoi mbéal déag, a

---

52 Úpainisead – Mundaca, an dara Chanda, véarsa 12.
53 Déantar idirdhealú idir 'Mise' le túslitir mhór a chiallaíonn féinaithne nó an ghlanfheasacht a bhreathnaíonn ar a dtarlaíonn agus 'mise' le túslitir bheag nach bhfuil ann ach dealramh sealadach nó *maya*.

bhaineann taitneamh as ábhair fhisiciúla. Seo an chéad cheathrú ag a bhfuil caidreamh coitinn le gach neach (*vaishvānarah*).[54]

4. Bíonn an staid taibhrimh (*svapna-sthāna*) dírithe go cognaíoch isteach agus tá aici seacht ngéag agus naoi mbéal déag a bhaineann taitneamh as ábhair fhíneálta. Faightear an lonrú sa dara ceathrú seo (*taijasa*).

5. Nuair nach bhfeiceann an codlatán aon taibhreamh agus nuair nach mbíonn mianta ar bith ag an gcodlatán, is é sin an tromchodladh. Tá an tromchodladh (*sushupta-sthana*) aontaithe. Is meall mór d'éirim é ina mbíonn sonas, agus as a mbaintear sonas agus is tairseach chun na cognaíochta é. Is í éirim ábhar an tríú ceathrú (*prāgya*).

7. Sin nach bhfuil i gcognaíocht sheachtrach ná i gcognaíocht atá dírithe isteach, nach bhfuil cognaíoch sa dá shlí, nach meall mór éirime é, nach eolas ná neamheolas é, dofheicthe, gan baint aige le rud ar bith, gan fáil greama air, gan suaitheantais ar bith air, doshamhlaithe, do-inste, eisint thuiscint an aon 'Mise' amháin, staid ina n-imíonn gach sonrú, staid shuaimhneach, neamhurchóideach, neamhroinnte – sin mar a thuigtear an ceathrú cuid. Sin an Mise. Sin a bhíonn le réalú.

Lonraíonn an ceathrú deiridh mar atá mínithe thuas i véarsa 7 den *Úpainisead* Mádúcia an chéad trí staid eile – an staid dúiseachta a bhreathnaíonn amach ar an saol, an staid taibhrimh a bhreathnaíonn isteach agus

---

54 Tagraíonn *'na seacht ngéag'* do véarsa 18.2 den Úpainisead Chándogia a sholáthraíonn cur síos domhan ar struchtúr iomlán an mhacrachosma dhaonna ina fhoirm uileghabhálach agus ina n-aithnítear *'na naoi mbéal déag'* mar na baill chéadfacha, amhail: cloisteáil, teagmháil, radharc, blas agus boladh; na baill ghníomhaíochta fosta: caint, láimhseáil, gluaiseacht, giniúint, eisfhearadh agus mar aon leo siúd, claontagraíonn na béil do ghnéithe eile den cholainn dhaonna, ina measc anáil, intinn, stór na smaointe agus an *'mise'*.

an staid chodlata atá ina tairseach chun na cognaíochta sna staideanna dúiseachta agus taibhrimh. Ionannaítear go minic an turaíea, le píosaí seodra éagsúla agus iad uile déanta den ór: muince óir, bráisléad óir agus tiara óir. Is píosaí difriúla ar fad iad le feidhmeanna difriúla, le dealraimh dhifriúla, iad suite ar cholainn an duine ar bhaill dhifriúla den chorp agus in úsáid ag ócáidí nó amanna difriúla fosta. Ach dá leáfaí an mhuince chun bráisléad chun tiara a dhéanamh de, ní imíonn an t-ór áit ar bith. Ní tharlaíonn ach amháin go n-athraítear foirm an óir. Ní athraíonn an t-ór féin, mar bíonn an t-ór do-athraithe agus ann i gcónaí, ach bíonn nóiméad a ndéanta, tráth a n-eisidh agus nóiméad a scriosta ag na píosaí seodra. I bhfocail eile, ní bhíonn sna píosa seodra ach sonrú an óir bhuain i bhfoirmeacha sealadacha neamh-mharthanacha.

Déantar tagairt don tuiscint seo i gcóán 20, nuair a iarrann an samúraí ar Mháistir Hacúin cá háit a raibh neamh agus ifreann le fáil. Agus an samúraí ina sheasamh os comhair an Mháistir Hacúin, athraíonn an samúraí é féin an t-ifreann chun neimhe le hathrú a thuisceana féin. Feictear an chlaontagairt chéanna á dhéanamh arís i gcóán 2 ina dtugann Hacúin an chluas bhodhar dóibh siúd a bhíonn á mholadh nó á cháineadh, mar bíonn a aire go huile agus go hiomlán dírithe ar cad ba chóir dó féin a dhéanamh ag an nóiméad a bhíonn i láthair aige. Is cuma le Hacúin má cheapann daoine gur 'saoi mór measúil' é nó má bhítear 'á cháineadh is á lochtú'. Tuigeann an Máistir Zen gur *sonas na glanfheasachta* é agus nach 'loisceann tine, nach mbánn uisce agus nach ndeargann arm air'. [55]

Nuair a fhiafraíonn an *Bráimín* (sagart Hiondúch) den Bhúda i gcóán 30 cérbh é go díreach é: 'Ar dhia éigin é? Arbh asarlaí a bheadh ann?' Gach uair freagraíonn an Búda mar an gcéanna, nach ea. Agus téann an Búda níos faide fós nuair a dhearbhaíonn nach é fiú an duine ar a mbreathnaíonn súile an domhain. Agus ar cheist an bhráimín: 'Cad tá ionat mar sin?', tá freagra simplí soiléir amháin ag an mBúda: 'Tá mé i mo dhúiseacht.'

Tuigeann an Búda gurb é Brámain, turaíea nó glanfheasacht an fíornádúr a bhíonn i ngach neach mothaitheach. Ach iad siúd nach eol dóibh a bhfíornádúr agus nach dtuigeann gurb í an

55 Nessa Ní Shé, *Tóraíocht Dhiarmada agus Ghráinne*, 'Rí-Fhéinithe Mhara nIocht', Longman Brún agus Ó Nualláin, Iona Print, 1971: línte: 17 – 20.

ghlanfheasacht a bhfíoreisint, a mhaireann 'i gcodladh an aineolais,
agus i dtaibhreamh an mhearbhaill'.[56] Feiceann siad téad agus feic-
tear dóibh gur nathair atá ann. Feiceann an manach óg bruach na
habhann agus tuigtear dó go bhfuil sé ar an taobh abhus (cóán 26),
nó b'fhéidir amhail *Manjúsraí*, más inár ndúiseacht atáimid, léir-
eofar dúinn fírinne an scéil nach bhfuilimid inár seasamh 'taobh
amuigh ná taobh istigh de gheataí an teampaill' (cóán 41), agus mar
a mholann cóán 21 nach mbíonn in aon fhoirmeacha ach dealraimh
a mhúnlaítear in intinn an duine.

Ní athraíonn an turaíea atá ina ghlanfheasacht choíche, i gcodarsnacht
ghéar leis na staideanna eile atá lonraithe ag an turaíea (i. staid dúiseachta,
staid taibhrimh agus an staid chodlata) atá go neamhbhuan agus a
bhíonn ag síorathrú sa chontanam spáis-ama. Achoimrítear an tuiscint
seo go sainiúil sna 700 véarsa den Bhagavad Gita – tuiscint ar a ndéantar
claontagairtí sna cóáin freisin. Dá bhrí sin, sciurdaimis go hantapa
chun an Bhagavad Gita le tuiscint níos soiléire a fháil ar an gcaidreamh
bainteach a bhíonn idir an neamhbhuaine agus turaíea.

Is eadarlúid é an Bhagavad Gita san eipic Shanscraite Mahābhārata,
agus san eadarlúid seo, tá Arjun, an boghdóir cáiliúil – atá á thiomáint
amach i gcarbad chun catha ag an Tiarna Krishna – i ngéarchéim
creidimh.[57] Níl fonn dá laghad a thuilleadh ar Arjuna dul amach ar
pháirc an áir agus troid a dhéanamh le daoine a bhfuil aithne mhaith
agus gaol aige leo fiú má rinne siadsan éagóir mhór ina aghaidh. Mar sin
casann sé i dtreo Krishna le comhairle a fháil uaidh ar cad ba chóir dó
a dhéanamh. I véarsa 16 den dara caibidil, nochtann an Tiarna Krishna
an fhírinne seo a leanas:

'Ní bhíonn neamhréaltacht ann riamh: ní bhíonn an réaltacht
gan bheith ann riamh.'

56 Ráiteas ó Shuamaí Sarvapriyananda a rinneadh san Institiúid theicneolaíochta
    i gCanpur san Ind le linn léachtaí a tugadh ar feadh 3 lá ar *Advaita Vedanta* (Is
    féidir na léachtaí uile seo a fheiceáil ina n-iomláine ar YouTube).
57 Is eipic Shanscraite é an Mahābhārata faoin chogadh Kuruksetra. Cuimsíonn an
    eipic fhada seo díol mór ábhar fealsúnachta le hargóintí is mionphlé ar aidhm-
    eanna an tsaoil.

Sa ráiteas gairid seo, tugtar dúinn i gcúpla focal cruinn eisint d'fhíornádúr na réaltachta absalóidí – an bhuaine gan athrú atá ina glanfheasacht shíoraí. Pé rud a athraíonn ní fhéadfadh sé bheith ina fheiniméan réalaíoch agus an rud atá ann i ndáiríre, ní athraíonn sin choíche.[58] Nó lena rá ar bhealach eile, bíonn gach rud a bhíonn le feiceáil againn sa *saol saha* seo go neamhbhuan. Ní bhíonn na foirmeacha uile anseo i láthair ach ar feadh tamaillín ghairid: bíonn tús eisidh leo, eiseadh agus deireadh eisidh leo. Beirtear ár gcolainneacha corpartha, éiríonn siad sean, tinn agus faigheann siad bás. Mar a athraíonn an aimsir agus na séasúir, tagann agus imíonn na mothúcháin a airímid. Ach cad é atá ann nach n-athraíonn choíche? Cad é 'd'aghaidh bhunaidh, an aghaidh a bhí ort sular rugadh do thuismitheoirí' (cóán 39)? Cad é, a ghuthaíonn an Bhagavad Gita agus a léirítear chomh minic sin sna cóáin? Cad é an *'Mú'* do-athraithe i gcóán 38, nó an dochlaochlaitheacht úd dá gclaontagraíonn Buccó as Engacú i gcóán 11 nuair a shíneann sé a mhéar chuig scáth na gealaí i mbuicéad uisce Tíojóna?

Rud tábhachtach eile gur fiú a lua anseo ná nach gníomh creidimh chaoch an tuiscint seo, mar is féidir fírinne na tuisceana seo a thástáil agus a aithint trí bhíthin ár dtaithí phearsanta féin toisc nach n-athraíonn an *aham* (i. an 'táim') choíche.[59] Nuair a bhímid inár bpáistí, nuair a éirímid inár n-óganaigh agus ag deireadh ár mbeatha daonna nuair a chuirimid orainne féin éadaí an tseanóra, fanann an *aham* (i. an *'táim'*) mar a bhí i gcónaí agus mar a bheidh go deo.

Agus nach ionann an scéal é nuair a bhímid ag taibhreamh mar is í an fhéinaithint féin a airíonn íomhánna agus mothúcháin na mbrionglóidí, agus bíonn an fhéinaithint núiméanúil nó póitéinseal an *aham* sa staid chodlata a bhíonn i bhfeidhm de shíor fós freisin. Ní athraíonn an fheasacht nó glanfheasacht choíche. Le himeacht aimsire, athraíonn an *mise* agus an féin,[60] athraíonn ár mianta, athraíonn ár

---

58 Tá sé tábhachtach anseo idirdhealú a dhéanamh idir eispéiras na bhfeiniméan a mbíonn fírinne inbheirthe ann agus scáthanna folmha na bhfeiniméan féin as a gcruthaítear gach uile eispéiras pearsanta a mhothaítear.

59 Bíonn an smaoineamh seo le feiceáil sa scrioptúr Ghiúd-Chríostaí sa scéal faoi Mhaois agus an tor trí thine, Eacsadas 3:14 'ehyeh asher ehyeh' (*Is 'TÁIM' atá ionam atáim)… 'Seo a déarfaidh tú leis na hIosraeilítigh: 'Táim' a sheol mé chugaibhse.'*

60 Cf. Fch. Gluais.

n-eolas ar scileanna ilchineálacha an tsaoil, ach ní athraíonn riamh an ghlanfheasacht úd go bhfuilimse ann i láthair.[61]

Agus díreach mar a mhínítear an tuiscint seo chomh gonta cruinn sin sa Bhagavad Gita, léiríonn na cóáin ar a mbealach féin an teachtaireacht cheannann chéanna, is é sin 'nach mbíonn an réaltacht gan bheith ann choíche'; ní bheirtear turaíea, ní fhaigheann sé bás (cóán 39), ní féidir é a dhó le tine, ní craiceann é gur féidir a fhliuchadh le huisce.[62][63] Ní féidir teagmháil leis an nglanfheasacht, nó í a bhlaiseadh, a chloisteáil nó a fheiceáil, ach is í an ghlanfheasacht amháin a aithníonn gach a bhfuil ann.[64]

Bíonn an ilghnéitheacht ann, ach baineann sí le feasacht amháin. Níl an dá rud ann, níl ach an t-aon rud amháin ann: turaíea (i. an ghlanfheasacht) – sin an *Advaita* nó an neamhdhéachas. Míníonn Vernon Katz agus Thomas Egenes é seo go cruinn ina n-intreoir dá n-aistriúchán nua-aoiseach so-léite ar na hÚpainiseadaí:

Is aineolas é an coincheap bréagach go bhfuil domhan ar leith ann atá dealaithe amach ó Bhrámain…, Ní haineolas é bheith feasach faoin ilghnéitheacht í féin, ach an tuiscint mearbhlach bheith agam go bhfuil an ilghnéitheacht sin scartha amach uaimse.[65]

Seo an neamhdhéachas dá mbíonn na cóáin ag tagairt de shíor agus ní an fhadhb intinn-corp é a bhíonn á phlé ag Descartes agus a chuireann an cheist arbh é an intinn neamhábhartha a éiríonn as

61 "…na tairngreachtaí, rachaidh siad ar ceal; na teangacha, beidh deireadh leo; agus an t-eolas, rachaidh sé sin ar ceal." An Bíobla, 1 Corantaigh 13.8.

62 Tuigeann Eisiún agus í ina suí i gcroílár an bhreochairn nárbh fhéidir le bladhmanna na tine teagmháil lena fíoreisint ná dochar ar bith a dhéanamh di (cóán 9).

63 Ní féidir íomhá na gealaí i mbuicéad Tíojóna a fhliuchadh le huisce ná í a choinneáil gafa ina cime ann ach oiread. (cóán 11).

64 Dhearbhaigh San Proinsias Assisi an tuiscint chéanna nuair a dúirt 'Is é a bhíonn á chuardach againn ná an té a bhíonn i mbun an chuardaigh.' What we are looking for is what is looking' – ní féidir an 'rud' a bhíonn i mbun an chuardaigh a fháil ná a fheiceáil mar ní oibiacht ná foirm é sa spás-am. Bíonn an breathnóir i gcónaí ina shuíbiacht.

65 Vernon Katz & Thomas Egenes, *The Upanishads, A New Translation*, Penguin Random House, New York, 2015, l. 22-23.

eagraíocht chasta an tsaoil ábhartha nó a mhalairt – an cheist faoin 'taibhse sa mheaisín'. Agus ní bhaineann an neamhdhéachas sna hÚpainiseadaí agus sna *cóáin* le sóilipseachas ach oiread, a dhearbhaíonn nach mbíonn ach intinn amháin ann – bíodh nó ná bíodh sin ina intinn Dé. Ciallaíonn *Advaita* nach bhfuil ann go heisintiúil ach glanfheasacht amháin nó turaíea, agus go gcruthaítear domhan na bhfoirmeacha laistigh den ghlanfheasacht. Tá an neamhdhéachas – mar a thuigtear é sna traidisiúin Hiondúcha agus Bhúdaíocha – mínithe go soiléir san *Úpainisead* Chándogia nuair a dhearbhaítear gurbh é 'eisint na cruinne an t-aon gan an dara' agus arís san Úpainisead Shvetáshvatara:[66]

3. Is bean thú. Is fear thú.
Tusa an t-ógánach agus an maighdean fosta.
Tusa an seanóir ag siúl go bacach le bata,
Chomh luath agus go saolaítear thú,
Is tusa an aghaidh a bhreathnaíonn i ngach treo.[67]

Is é seo an rud a bhíonn i gceist ag Búdaithe nuair a deir siad: 'Is aon amháin sinn go léir'. Ciallaíonn sin gurb ionann an fheasacht cheannann chéanna dhoroinnte amháin agus ár n-eisint uile go léir: ionamsa, ionatsa agus i ngach rud agus i ngach créatúr mothaitheach eile sa domhan. Is dealraimh sinn i 'Mise' mór dobhraite síoraí, a dtugtar Brámain air. Agus is iomaí leid a fhaighimid sna cóáin de Bhrámain, go háirithe sna cinn atá roghnaithe don chnuasach seo. Mar shampla, nuair a roinneann *Icciu* a chomhairle chríonna le Níonacabha atá ar tí bás a fháil (cóán 19), nó nuair a thuigeann Eisiún nárbh fhéidir a fíoreisint bheith dóite ná gortaithe ag lasracha an bhreochairn (cóán 9), nó nuair atá an ghealach le feiceáil in uisce bhuicéid Tíojóna; íomhá na gealaí nach féidir í a choimeád gafa san uisce ná i mbuicéad ar bith (cóán 11).

---

66 Úpainisead Chándogia, 'Brámain Bunúdar na Cruinne' caibidil 6:1.
67 Úpanisead Shvetáshvatara, an ceathrú Adhyāya, véarsa 3.

Intinn Thosaitheora

Is é gan aon dabht Seán Ó Ríordáin atá ina thionscnóir agus ina athair filíochta nua-aoisí sa Ghaeilge ó lár na fiche haoise amach. Sa chéad chnuasach uaidh *Eireaball Spideoige*,[68] scríobh sé ina réamhrá dá dhánta conas go mba chóir an saol a fheiceáil. Dar leis, dá bhféadfaí an domhan a fheiceáil mar a d'fheicfeadh páiste den chéad uair riamh é, bheadh ar chumas an duine an saol a bhlaiseadh ina iomláine mar ba chóir. Iarrann Ó Ríordáin orainn gnátheachtra an tsaoil a shamhlú dúinn féin:

> Samhlaigh beirt i seomra, leanbh agus a athair, agus capall ag gabháil na sráide lasmuigh. Féachann an t-athair amach agus adeir: 'Sin capall Mháire ag dul thar bráid.' Sin insint. De réir dealraimh cailleann an t-athair an capall toisc go bhfanann sé lasmuigh dhe. Abair gur galar capall. Ní thógann an t-athair an galar sin. Ní shaibhríonn an capall beatha an athar. Ach an leanbh – airíonn sé fuaim an chapaill. Blaiseann sé fuaim an chapaill ar son na fuaime féin. Agus éisteann leis an bhfuaim ag dul i laghad agus i laghad agus ag titim siar isteach sa tost. Agus is ionadh leis an fhuaim agus is ionadh leis an tost. Agus breithníonn sé cosa deiridh an chapaill agus déanann ionadh dá n-údarásacht agus dá seandacht. Agus líontar an saol de chapall-alltacht agus de shodardhraíocht. Sin bheith – fé ghné eile. Agus sin, dar liom, filíocht… Nuair a deirim go maireann an leanbh fé ghné an chapaill is iad seo na nithe atá i gceist, measaim. Bíonn báidh chomh diamhair sin ag an leanbh le sodar agus le seitreach agus le moing agus le gach rud eile a bhaineann le capall… Déanann an leanbh iarracht, ámh, ar bheith ina chapall, ar phaidir an chapaill a rá, le méid a uaignis.[69]

Úsáideann Ó Ríordáin an focal *paidir* le ciall faoi leith dá chuid féin. An rud a bhíonn i gceist ag an bhfile ná cumas an linbh 'aontacht' a aireachtáil le rud ar bith ar a mbíonn an leanbh ag breathnú, sa chás seo, an capall. Baineann

---

68   Seán Ó Ríordáin, *Eireball Spideoige*, Sáirséal, Ó Marcaigh, Baile Átha Cliath, 1986.

69   Ibid.

an Ríordánach feidhm as an bhfocal *peaca* freisin chun caill an chumais seo a léiriú. I gcuid mhór de na cóáin, tugtar cuireadh dúinn ionannú le gnéithe eile dár n-*aontacht* dhoroinnte féin leis an saol atá mórthimpeall orainn, an saol seo a bhlaiseadh, ní amháin mar a deir muintir TG4 le *súil eile,* ach le súile úra gan *pheaca* mar a mholann an Ríordánach dúinn: i *bpaidir* iomlán leis an saol, saor ó mharbhshruth karmach dár bhain dúinn roimhe sin.

I gcóán 5, mar shampla, feicimid go bhfuil Unseó chomh heolach sin ar an traidisiún *Sin-gon* nárbh fhéidir leis samhlú dó féin go bhféadfaí conair éigin eile bheith ann a threoródh an duine chun léargais. Nó tógaimis Eacaídó i gcóán 6 nach n-éiríonn leis gníomh beag cineáltais a chur i gcrích mar dallann a lánghéilleadh do rialacha na seanóirí aon *'súil eile'* bheith aige ar an saol. Agus sa chéad chóán, ní mór don ollamh éirimiúil a cheann a fholmhú dá bhfuil foghlamtha aige sula mbeidh aon spás ann don teagasc Zen.

Tá clú ar Shunryū Suzuki mar gur tharraing aird an phobail Mheiriceánaigh agus an Domhain Thiar ar an Zen-Bhúdachas sa dara leath den fhichiú haois. Tá ráiteas cáiliúil ag *Suzuki* a chloistear go rí-mhinic i measc Zen-Bhúdaithe ar fud an domhain: 'In intinn an tosaitheora, bíonn a lán féidearthachtaí, ach in intinn an tsaineolaí ní bhíonn ach beagán.'[70] Is éasca an rud é éirí dúghafa lenár n-iompar rialta laethúil féin, lenár *bpeacaíocht* nó lenár marbhshruth karmach sa tslí go gcuirimid slabhraí sriantachta ar cosa aclaí chapaill fhéidearthachtaí ár saoil – féidearthachtaí a bhíonn faoi cheilt os comhair an dá shúil s'againne an t-am ar fad. Amhail an t-amadán a d'fhág a eilifint sa bhaile agus a chuaigh amach á lorg i rianta cos na heilifinte céanna lasmuigh dá theach féin (cóán 12), nó amhail Mazú a bhí lánchinnte go bhféadfadh sé éirí ina bhúda dá gcloíodh sé go dian daingean diongbháilte lena chleachtadh zazen amháin (cóán 25).

Barántúlacht

Nuair a bhí mé ag obair i gColáiste Phádraig i nDroim Conrach na blianta fada ó shin, ar uaire thugainn isteach liom dhá rós – ceann amháin díobh

---

70 Shunryū Suzuki, *Zen Mind, Beginner's Mind, Informal Talks on Zen Meditation and Practice*, Shambhala, Boulder, 1973.

ina rós nádúrtha agus an ceann eile ina rós dea-chumtha tacair. Chuirinn ceist ar na neacha léinn cé ina measc ar thaitin rósanna leo? Chuireadh a lán díobh a lámha in airde. Ansin thugainn cuireadh do neach léinn díobh siúd teacht anuas chugam le ceann amháin den dá rós a roghnú. Roghnaítí i gcónaí gan teip an rós nádúrtha. Nuair a d'fhiafraínn díobh cén fáth, d'fhreagraídís mar a gcéanna – mar tá an fíor-rós nádúrtha agus beo. Bhí barántúlacht ag baint leis an rós nádúrtha, agus fiú dá mbeadh an dealramh céanna a bheag nó a mhór ar an rós tacair, bhí sé ina eisint istigh bréagach agus neamhbharántúil – malartán a bhí ann in ionad an pháiste féin.

Iarrtar orainn rólanna éagsúla a imirt i gcaitheamh ár saoil, uaireanta imrímid na rólanna sin in éide speisialta nó ag caitheamh suathantas oifige éigin, agus uaireanta eile an dá rud le chéile. Meabhraíonn an teagasc Zen dúinn nach sinne na rólanna a imrímid. Ní mór dúinn cuimhneamh i gcónaí ar ár bhfíornádúr féin; mura n-éirímid é sin a dhéanamh, beimid caillte sa chur i gcéill ar fad. Tarchéimníonn ár bhfíornádúr an mustar agus mórdháil ar féidir seasamh go minic mar chonstaic i mbealach ár mbarántúlachta bunaidh. Deir Céiciú an méid seo lena chara, Ciotagaichí, nuair a dhiúltaíonn sé bualadh le Gobharnóir Kyoto i gcóán 13.

Tugaimid go léir faoi deara, gan aon amhras, an bharántúlacht seo i bpáistí. Ní amháin ina gcaidreamh leis an saol seachtrach mórthimpeall orthu ina mbíonn páistí spontáineach agus go hiomlán i láthair ach lena smaointe agus a gcumas samhlaíochta a thagann ar barr óna saol inmheánach nádúrtha istigh.

File a mbíonn an-chion air, go háirithe ag páistí óga na tíre seo, is ea Gabriel Rosenstock[71] agus tá dán dá chuid a bheadh ar eolas, is dócha, ag beagnach gach dalta meánscoile sa tír – *Teilifís*. Insíonn an dán gairid seo faoi eachtra a tharla don fhile agus é ina thuismitheoir óg. Is amhlaidh gur dhúisigh a iníon óg a bhí dhá bhliain go leith i lár na hoíche mar theastaigh uaithi féachaint ar an teilifís. San aimsir inar cumadh an dán seo bhíodh deireadh le cláir theilifíse ag meán oíche, mar sin ní bheadh le feiceáil ag an 'mbeainín' óg ach statach

---

71   Gabriel Rosenstock 1949-, duine de na filí is bisiúla sa Ghaeilge inniu – bíonn
        neart dánta scríofa aige do pháistí.

cosúil le sneachta ar scáileán dubh. Mar sin féin bhí an cailín óg ábalta íomhánna a aithint sa statach bán agus ina measc, chonaic sí:

> ...sioráf tríd an sneachta,
> Is ulchabhán Artach,
> Ag faoileáil,
> Os a cionn...[72]

Ciallaíonn an fhíor-bharántúlacht bheith i dtiúin le sruth nádúrtha na beatha a eascraíonn ónár gcroí istigh, a líonann ár súile, ár n-anamacha agus ár samhlaíocht le loinnir ghléigeal na barántúlachta dúchasaí agus a bhíonn le sonrú inár ngníomhartha agus inár mbriathra.

Mar sin, cad a insíonn na cóáin dúinn faoi bharántúlacht ár n-eisidh agus ár gcleachtaidh? Bhuel, ar an gcéad dul síos bíonn neamhbhuaine i gcónaí mar chuid dílis den bharántúlacht. Bíonn an bharántúlacht amhail scáth neamhbhuan na gealaí in uisce bhuicéad Tíojóna (cóán 11). Chomh luath is a doirteadh an t-uisce as a buicéad ar an urlár, níl íomhá na gealaí le feiceáil a thuilleadh, nó an gníomh grá i gcóán 30, nuair a iarrann Reocan ar a nia iallacha a chúrán a cheangal dó, ós rud é go bhfuil sé róshean agus lag lena dhéanamh dó féin gan chabhair óna nia. Mothaítear go láidir barántúlacht an chaidrimh ghasta chiúin seo, nach bhfuil ann go n-imíonn sé – 'Ní hann go has go brách'.[73]

I gcóán 37, déanann Gasan athrá ar ar chuala sé óna Sheanmháistir, Gattan agus cáintear é dá dheasca sin, mar ní thagann na focail seo óna thaithí phearsanta féin agus dá bhrí sin ní airítear aon fhíorbharántúlacht ag baint lena chuid cainte – athrá folamh é ar a bhfuil foghlamtha aige óna Sheanmháistir. Mar sin, bíonn an taithí phearsanta ina bhunús do gach gníomh barántúil mar is eagnaíocht í a bhláthaíonn de bhíthin ár ngnáthintinne laethúla a nochtann ár nádúr Búdaíoch – ár mbeatha lán-dúisithe (cóán 30).

---

72 Gabriel Rosenstock, 'Teilifís', *Rogha Dánta / Selected Poems*, Cló Iar-Chonnachta, Conamara, 2005, l.18.

73 *Rian na gCos,* le Seán Ó Ríordáin.

Is iad na constaicí a sheasann idir an t-iompar barántúil agus lucht a dhéanta ná an eagla agus an t-aineolas. Nuair a bhánaítear an t-aineolas, imíonn an eagla uaithi féin. Fágann an buirgléir a thagann chun gadaíocht a dhéanamh i mbothán Reocain gach pioc agus chomh bocht is nuair a tháinig sé, cé go dtugann Reocan a chuid éadaí féin dá dhroim dó. An chúis atá leis sin ná nach féidir an eagnaíocht atá de dhíth ar an ngadaí a bhronnadh air. Ní féidir le Reocan an ghealach a bhronnadh ar an ngadaí nó é a shaoradh óna aineolas dorcha a choimeádann i ngéibheann na heagla é agus doirse (*i. an Ghealach*) dá *theach taiscí*[74] féin gan teorainn a oscailt dó (cóán 3). Bíonn orainn go léir 'an ghealach' a aimsiú de bharr ár n-iarrachtaí pearsanta féin.

Tá cinniúint níos sona le fáil ag an ngadaí i gcóán 17, ina n-aimsíonn sé a *theach taiscí* féin nuair a roghnaíonn sé dá dheoin féin éirí ina leanúnaí de Shichirí Cójún, mar tuigeann an dara gadaí conas a chonair bharántúil féin a thaisteal: conair a thabharfaidh chun léargais é.

Maidir le cleachtadh Zen, ní mór é a dhéanamh le croí barántúil freisin, i gcaoi is go gcomhlíonfadh sé cuspóir fiúntach don chleachtóir. An iompóidh an zazen a dhéantar go dian diongbháilte lucht an chleachtaidh chun éirí ina mbúdaí? An dtabharfaidh an cleachtadh dílis de zazen gach cleachtóir chun lánléargais? Agus cad é go díreach é an zazen seo? Tá an Zen-Mháistir Shunryu Suzuki glan soiléir agus é ag freagairt na ceiste sin:

> Cad é an fíor-zazen? Nuair is tusa – tusa! Nuair is tusa – tusa, is cuma cad a dhéanann tú – is zazen é sin. Fiú nuair a bhíonn tú sa leaba, is féidir tarlú nach tusa an tusa atá ionat an t-am ar fad. Fiú nuair a bhíonn tú i do shuí sa Zendō, ní fheadar an tusa – tusa tú féin sa chiall is fíre.[75]

Mar sin is é an *zazen* barántúil a bheith fírinneach duit féin, nó, mar atá mínithe ag an Ríordánach sna caogaidí, do bheatha a mhaireachtáil i

---

74 Cf. Fch, Gluais.
75 Shunryū Suzuki, *Zen Mind, Beginner's Mind*, Weatherhill, Boston & London, 2005, lch.81.

bpaidir leis an saol mór atá timpeall ort, agus sinn i mbun ár ngnóthaí saolta laethúla – sin é an zazen barántúil go simplí. Agus is é sin ceann de na teachtaireachtaí is mó a bhíonn i gceist ag Nainiu i gCóán 25 nuair a thosaíonn sé ag cur snas ar bhríce le cló an bhríce sin a athrú i gcruth scátháin. Níl fíor-zazen ar bith ann – sin é an fíor-zazen.

Uaireanta sleamhnaíonn *preta* nó taibhse ocrach isteach i scéal ár mbeatha laethúla. Feictear dúinn dá bhfaighimis níos mó den saibhreas saolta, den chumhacht, den phléisiúr, bheadh sásamh fírinneach bainte amach againne inár saol – sásamh barántúil a thabharfadh fíorshonas críochnúil dúinne. Ach a mhalairt ar fad is fíor; dá mhéad a thugaimid uainn, is é is saibhre a bhímid agus is mó a mhéadófar ar ár sonas barántúil. De réir mar a ritheann duine i ndiaidh an tsaibhris shaolta, áfach, is é is mó den *dukkha* nó den chíocras a fhorleathnaíonn trí shaol an duine sin, cosúil le créatúr bocht a bheadh ag caitheamh brosna ar thine, le súil go múchfaí é.

Má leanaimid sa dóigh sin, caillfimid teagmháil iomlán lenár mbarántúlacht nádúrtha agus beimid faoi scamall trom an aineolais, nó faoi mhearbhall an *pheaca* Ríordánaigh – scoite amach ónár *ngnáthintinn* in uaigneas agus i bhfolús spioradálta.[76] Díreach mar a deir Nainsean le Joisiu i gcóán 24, ní féidir dul ar thóir na barántúlachta, mar 'dá mhéad do thóraíocht uirthi is é is mó a imíonn sí uait' agus ina theannta sin, 'ní bhaineann an tSlí le heolas, ná le neamh-eolas. Is seachmall é an t-eolas agus tá an neamh-eolas taobh thall den idirdhealú.' Trí bhíthin na machnamhachta amháin is féidir linn ár n-aire a thiúnáil isteach go barántúil ar na rúin is doimhne taobh thiar dár ngníomhartha agus dár mbriathra féin.

Modhanna Oilte

Ceann de na hacmhainní is saibhre, agus acmhainn a cheiliúrann *Upāya* (i. Modhanna Olte) is ea an cóán. Uair ar bith nuair a

---

76 Cf. *'Sos'* le Seán Ó Ríordáin – *'Raghad go halla an rince, Mar a mhúineann fuaimint cos, Is béarlagar na mianta, Bodhaire seal don Intinn, Is gheobhad ansan mo shos.'*

theastaíodh ón mBúda dharma a mhíniú, roghnódh sé bealach a d'oirfeadh do chaighdeán tuisceana a lucht éisteachta. Ní nochtfadh sé ach amháin na heilimintí úd den teagasc nach gcuirfeadh mearbhall nó lagmhisneach ar an éisteoir a bhíodh os a chomhair amach. An rud atá chomh míorúilteach maidir leis na Zen-chóáin, ná go mbaineann sothuigtheacht uileghabhálach leo mar chorpas liteartha, rud a bhíonn le sonrú gan amhras, ina lán den litríocht dhomhanda is fearr. Baineann an duine is óige agus an Zen-Mháistir is aosta sásamh, sult agus saíocht as cóáin am ar bith. Is féidir linn ár mbeatha iomlán a chaitheamh ag léamh agus ag athléamh na gcóán clasaiceach agus gheobhaimid de shíor arís agus arís eile fírinní nua á nochtadh iontu gach aon uair a mbuailfimid leo.

I gcóán 19, mar shampla, is féidir téacs an chóáin a thuiscint ar a lán bealaí éagsúla. D'fhéadfaí a thuiscint go bhfuil *Icciu* ag tagairt do leanúnachas fada an teagaisc Zen nuair a luann sé an chonair 'gan teacht agus gan imeacht'. D'fhéadfaí an chonair seasamh don dílse dhiongbháilte a léirigh Níonacabha dá chleachtadh Zen i rith a shaoil. Nó an bhfuil ciall bhriathra Icciu ag claontagairt don 'chonair úd ar a gcuireann tú do chos agus go bhfuil a ceann scríbe bainte amach agat cheana'?[77] D'fhéadfaí an cóán seo a thuiscint freisin, gan amhras, mar thagairt don '*Mise*' neamhbhásmhar, dár bhfeasacht is dár n-eiseadh síoraí, nach mbeirtear, nach bhfeictear, nach gcloistear, nach n-airítear agus nach bhfaigheann bás choíche.

Níl ann ach an nóiméad seo, agus molann na teagaisc uile Bhúdaíocha dúinn maireachtáil sa nóiméad i láthair, agus ruaig a chur ar gach ábhar seachráin eile a mheallann ár n-aire dul ar strae; go dtí rudaí a tharla nó go dtí rudaí atá fós le teacht. Ba chóir dúinn uile bheith cosúil leis an bhfear i gcóán 7 atá ag rith ó thíogar amplach allta agus a léimeann le haill. Piocann an fear céanna sú talún súmhar blasta ar a bhealach síos chun a bháis chinnte. An t-aon phointe ar an líne ama inar féidir linn gníomhú is ea an nóiméad seo atá i láthair anois.

---

77 Steve Hagen, Buddhism Plain & Simple, '… the moment you set your foot on the path, you have already traversed it in its entirety. Just to be on this path is to complete it. I mean this literally, not symbolically or metaphorically.' Penguin Books, 1999, (lch. 69).

Sa Bhagavad Gita, insíonn an Tiarna Krishna le hArjuna gan bacadh le torthaí a ghníomhartha mar nach bhfuil tábhacht ar bith le haon rud ach amháin le rún ceart agus le hiarracht cheart.[78]

'Cuir do chroí isteach i do shaothar, ach ná smaoinigh ar luach do shaothair. Ná bí ag saothrú ar son luach saothair agus ná éirigh as bheith ag saothrú.'[79]

Sin go díreach meon an Mháistir Zen, Hacúin, nuair a cuireadh go bréagach ina leith gur luigh sé le bean óg áitiúil agus ba eisean athair a leanbáin. Gan aon chur in aghaidh an chúisimh bhréagaigh seo, ghlac Hacúin láithreach le cúram an leanbáin, mar b'in an rud a raibh gá leis ag an nóiméad sin is ar an gcuma chéanna nuair a nochtadh fírinne an scéil nárbh é Hacúin a bhí ciontach in aon chor, thug an Zen-Mháistir an leanbh ar ais gan chúiteamh ná leithscéal a iarraidh ó lucht a chúisithe (cóán 2). Taispeánann freagra gonta Hacúin 'An é sin é?' go mbíonn aire an Mháistir Zen seo ar a shaothar agus ní ar luach a shaothair.

Eilimint eile a bhaineann le *hUpāya* nó Modhanna Oilte ná an gáire nó an miongháire laistigh: Joisiu á rá lena dhalta go gcaithfeadh sé 'faic a iompar amach' (cóán 16), Máistir Hógan ag déanamh comhbhá leis an manach óg go mbeadh cloch throm le hiompar timpeall ina cheann aige an lá ar fad agus Yanguan Qian atá ag iarraidh ar a fhreastalaí an srónbheannach a thabhairt chuige (cóán 22). Bíonn an dea-ghiúmar lárnach i dteagasc Búdaíoch ar bith agus ní eisceacht in aon chor iad na cóáin.

Úsáidtear na cóáin go forleathan mar mhodh oilte le teachtaireachtaí a thabhairt nó a fháil. I gcóán 12, scairteann *Basó* amach ag gáire faoi *Daijiú* nuair a chloiseann sé gur thóg *Daijiú* aistear fada fánach air féin agus é ar lorg ruda atá ina sheilbh cheana aige. Meabhraíonn an cóán sin véarsaí as 'Pan Hilary', rann

---

78 Tagairt do *Chonair na nOcht Rian: dearcadh ceart, rún ceart, caint cheart, iompar ceart, obair cheart, iarracht cheart, aireachas ceart, aird cheart.*

79 An Bhagavad Gita *Caibidil 2, véarsa 47.*

i gcomhair páistí Polannacha mar gheall ar sheanóir a théann ar thóir a spéaclaí agus a fhaigheann iad faoi dheireadh thiar thall ar a shrón féin:[80]

Biega, krzyczy pan Hilary:	*Tá Paidí bocht os ard ag liú,*
'Gdzie są moje okulary?'	*'Goideadh mo spéaclaí orm inniu!'*
Szuka w spodniach i w	*Chuardaigh sé cófraí*
surducie,	*is tarraiceáin,*
W prawym bucie, w	*Pócaí a bhrístí, 's ní péire*
lewym bucie.	*amháin,*
Wszystko w szafach	*D'oscail sé vardrús*
poprzewracał,	*agus caibinéad,*
Maca szlafrok, palto maca.	*Fuair amaidí beaga ach b'in an*
	méid.
'Skandal! – krzyczy –	*Ní chreidim é,…*
Nie do wiary!	*'Féach, a chroí,*
Ktoś mi ukradł okulary!'….	*Sciob duine éigin mo spéaclaí!'*
Nagle – zerknął do lusterka…	*D'fhéach ar an matal – ní raibh*
	siad ann,
Nie chce wierzyć…	*Caillte ar fad, chroith*
znowu zerka.	*Paidí a cheann,*
Znalazł! Są! Okazało się,	*Ach ag breathnú i scáthán,*
	d'ardaigh a mheon,
Że je miał na własnym nosie!	*Nuair a chonaic a spéaclaí féin*
	ar a shrón!

Neamhcheangal

Chaith naomh a shaol go foirfe naofa. Chloígh sé leis an aon aithne dhéag uile. D'éag sé, daoradh chun ifrinn é.

'Tuige?' arsa an naomh agus mearbhall air, 'nach ndearna mé ar iarradh orm a dhéanamh?'

---

80 Julian Tuwim 1894 – 1953. File Polannach, liriceoir agus scríbhneoir véarsaíochta le haghaidh páistí.

'O, rinne, agus tuilleadh,' arsa Peadar, 'Ach nárbh eol duit gur athraíomar na rialacha?'[81]

Tarraingíonn an scéilín beag seo le Alan Titley dhá thuiscint fhíordhoimhne a bhaineann le dharma an Bhúdachais: An teagasc um Neamh-Cheangal agus an teagasc um Neamhbhuaine. Arís agus arís eile, molann na cóáin dúinn bheith san airdeall i gcónaí maidir lena bheith ag cloí le rialacha daingne nó le dlíthe 'nach féidir a cheistiú', mar amhail gach rud eile, baineann síorathrú le rialacha agus dlíthe ar bith. Seo an áit a raibh Unseó (cóán 5) meallta, a raibh Eacaídó (cóán 6) dulta ar strae, Níonacabha (cóán 19) imithe ar seachrán ar leaba a bháis agus fiú an dalta tréitheach *Suíveo*, dulta amú go mór ó bhí sé ceangailte dá thuiscint féin den léargas (cóán 10). Déanann a lán daoine an botún céanna nuair a ionannaíonn siad buaine le dlíthe nó le rialacha éigin a mbíonn glacadh traidisúnta leo, ach amhail gach uile fhoirm eile sa saol saha seo, bíonn dlíthe agus rialacha ag síorathrú freisin.

Amhail an naomh i scéal Titley, tuigtear dúinn ar an gcéad amharc gur rud dearfa nó fiú 'naofa' é bheith dílis buan nó nasctha le prionsabal, le creideamh nó le duine éigin. I ndáiríre, áfach, ní bhíonn ráitis mar 'Ní fhéadfainn teacht i dtír gan tusa' nó 'Bheinn caillte ar fad gan an beiriste bheith agam' ach mar chineálacha éagsúla den cheangal. Cloímid lenár seanghnásanna leis na rudaí a mbíonn seantaithí againn orthu toisc go mbímid go deas compordach leo ach nach minic go seasann an seanchomhluadar céanna nó na 'hoícheanta beiriste' go díreach i mbealach eispéireas nua. B'fhéidir ní comharthaí ceana na síorcheangail sheanchleachta a bhíonn againn inár saol ach comharthú dúinn go gcaithimid cruthaíocht nua a bhlaiseadh agus iníor nua a lorg i ngoirt ghlasa úra dár mbeatha.

Ní amháin, áfach, go ngeafálann braiteoga fada cheangail ár nósanna laethúla agus ár gcomhluadair sinn, ach bímid tugtha go mór dár seanghnásanna iompair agus dár seanmhothúcháin karmacha fosta, amhail an dalta feargach i gcóán 33. Mar an gcéanna, i gcóán

---

81 Alan Titley, tógtha ón leabhar: *Parabolas, Stories & Tales*, Lagan Press, Belfast, 2005, lch. 57 *(aistrithe ó Bhéarla)*.

34, nuair a léann an fear saibhir beannacht a rinne Sangaí Geabón san fhógra, chonacthas don fhear saibhir gur mhallacht a bhí ann, nó gur ag magadh faoi a bhí an Seanmháistir Zen.

Feicimid i gcóán 25 conas mar a bhí Mazú dulta go mór amú, cé gur fíor go raibh sé lándáiríre agus dúthrachtach ar fad maidir lena chleachtadh zaszen. Bhí Mazú rócheangailte le gné amháin dá chleachtadh Zen. B'fhéidir gurbh fhearr an mana: 'gan aon bhealach a bheith ann mar bhealach agat, agus gan teorainn ar bith bheith ann mar theorainn agat'[82] don té ar mhian leis nó léi a nádúr Búdaíoch a bhaint amach. Nochtann Nainiu do Mazú i gcóán 25 an bhaois a bhainfeadh le síorchleachtadh *zazen* amháin nuair a thosaíonn Nainiu ag cur snasa ar bhríce lena athchruthú ina scáthán – ós obair in aisce é a leithéid, dar ndóigh. I gcóán 36, ina mbriseann Icciu an taechupán ab ansa lena sheanoide Zen, agus Icciu fós ag an am seo ina dhalta óg, úsáideann an gasúr neamhbhuaine an tsaoil saha le tuiscint an neamhcheangail a mhúscailt i gcroí an tseanoide.

Ceann de na heiseamláirí den neamhcheangal is cumasaí sa chnuasach seo atá le fáil i gcóán 7. Sa chóán seo insítear dúinn faoi fhear a éiríonn leis éalú ó thíogar fíochmhar nuair a léimeann sé le haill le greim docht aige ar ghéagán leochaileach. Le fréamhacha an ghéagáin á scaoileadh ó aghaidh na haille agus leis an tíogar ocrach os a chionn, feiceann an fear sú talún blasta in aice leis. Taispeánann rogha agus meon an fhir dhaortha a chumas gan bheith faoi smacht an cheangail agus a chumas maireachtáil go hiomlán sa nóiméad ina bhfuil sé.

Ach is minic gur fíor a mhalairt ar fad, mar bímid uile ceangailte go daingean leis an rud a mbíonn taithí agus seanaithne againn air; an rud a rinneamar inné, is fearr linn a dhéanamh amárach freisin. Cé go luíonn sé le ciall glacadh le modhanna seanbhunaithe ós rud é gur oibrigh siad dúinn inné, ag an am céanna ní ceart dúinn ligean do na modhanna sin bealaí nua a chosc nuair a bhuailimid le suíomh nua inár saol. Tá Unseó chomh ceangailte le traidisiúin Sin-gon go dteipeann air tuiscint gurbh fhéidir le Tanzan cur chuige eile nó cur chuige níos fearr bheith aige ná géilleadh iomlán roimh phroiceaptaí seandiamhra smachtúla an Bhúdachais cheartchreidmhigh. Teipeann ar Eacaídó

---

82   Mana an aisteora. an stiúrthóra agus an mháistir ealaín chomhraic, Bruce Lee.

dea-ghníomh cineálta a chur i gcrích mar bíonn sé rócheangailte le comhlíonadh an-chríochnúil na heagnaíochta traidisiúnta mar atá léirithe ag na seansaoithe sna scrollaí naofa.

Ach tagann léargas iomlán chuig Tíojóna i gcóán 11, nuair a thiteann de thaisme a buicéad dá gualainn agus imíonn láithreach freisin íomhá na gealaí a bhí díreach roimhe sin le feiceáil aici san uisce. Anois as seo amach, siúlfaidh Tíojóna ar chonair na tuiseana agus léargais mar ní bheidh ualach an cheangail ar a gualainn a thuilleadh.

Neamhbhuaine

Teachtaireacht eile a fhaightear go mion-minic sna cóáin is ea an neamhbhuaine (anicca). Is é an neamhbhuaine ceann de na trí rian eisidh. Is iad dukkha (*fulaingt*) agus anattā (*neamh-fhéin*) an dá cheann eile. Ciallaíonn neamhbhuaine ní amháin síorathrú ach nach mbíonn aon fhírinní reoite ann. Bíonn gach uile rud ag síor-shreabhadh: foirmeacha, eolas, mothúcháin, braistint, etc. An rud is fearr gur féidir linn a dhéanamh ná tagairt a dhéanamh don rud nach féidir cur síos a dhéanamh air agus nach féidir a aireachtáil lenár gcéadfaí mothaitheacha – *Advaita Vedanta* nó ar an ghlanfheasacht mar a phléamar níos luaithe san intreoir seo.

Má thugtar onóir agus ómós dúinn inniu, amárach beifear dár gcáineadh agus ag caitheamh anuas orainn (cóán 2). Má cheaptar i do 'Ghobharnóir Kyoto' thú inniu, amárach tabharfar an post oinigh sin do dhuine éigin eile (cóán 13). Mharaigh Zencaí an t-oifigeach agus a d'éalaigh le bean an oifigigh chéanna. Ach d'athraigh sé go bunúsach nuair a thug sé air féin tollán a thochailt trí shliabh chun taistealaithe a chur ó bhaol a mbíodh orthu go dtí sin, pasáiste chontúirteach a thriall ar aill an tsléibhe. Agus an fear ar mharaigh Zencaí a athair, mac an oifigigh, ar theastaigh uaidh díoltas as bás a athar a imirt ar Zencaí – d'éirigh seisean ina leanúnach do Zencaí nuair a chonaic nárbh é an Zencaí a bhí os a comhair amach an Zencaí céanna a mharaigh a athair. Arís léirítear, gan fiacail a chur ann, an neamhbhuaine a bhíonn ionainne uile mar dhaoine.

Bíonn neamhbhuaine an tsaoil saha seo mar bheannacht freisin
– amhail na tonnta ar an trá a ghlanann rianta na gcoiscéimeanna
a rinneadh inné, athnuaitear an saol as an nua gan staonadh, agus
sruthlaítear gach uile rud chun neamhní in aibhneacha síoraí an
ama. Cé go dteastaíonn uainn maireachtáil go sláintiúil níos
faide, bheadh saol gan deireadh ar fad ina ifreann síoraí. Tugann
teorainneacha ama blas don saol agus dá ndéanaimid sa saol seo agus
is buíochas leis an neamhbhuaine gur féidir taitneamh agus sásamh
a bhlaiseadh. Is í leochaileacht féin an tsaoil a dhéanann an saol seo
luachmhar agus daoine muirneach. Cothaíonn an neamhbhuaine
dóchas, sonas agus áilleacht i gcroí an duine. Ba é an file Sasanach,
William Blake, a mhínigh rí-thábhacht na neamhbhuaine i saol an
duine sna línte:

An té a chuireann spraoi faoi ghlas,
Cuireann seisean an spraoi chun báis,
An té ar grá dó spraoi na síor-léime,
A bhlaisfidh sa tsíoraíocht éirí gréine.[83]

Is í sciobthacht na beatha – a neamhbhuaine – a athchruthaítear go
minic i mandalaí gainimh i dtraidisiúin áirithe den Bhúdachas. Deartar
íomhánna rí-chasta as gaineamh ildaite ina mandalaí agus nuair a
bhíonn siad críochnaithe, scuabtar iad suas i ndeasghnátha speisialta
agus an rud ar caitheadh míonna fada ag obair air, déantar neamhní de
i gceann cúpla nóiméad. Déantar an obair seo a chleachtadh mar aithe-
antas don nádúr sealadach i ngach uile ní sa saol saha. Tá seo le feiceáil i
gcóán 35, nuair a ghearrtar téada an chláirsigh agus arís i gcóán 3 nuair
ba mhaith le Reocan an ghealach a bhronnadh ar an ngadaí ach a thui-
geann ag an am céanna nach féidir 'an ghealach a ghoid' – i. nach féidir
an rud atá saor gan srian i ngach duine a chuileáil nó a ghoid. Agus ní
féidir í a bhronnadh ach oiread, caithfidh an gadaí féin dul ar a tóir agus
í a cheapadh in eangach a thaithí féin.

---

83   William Blake, 'Eternity', *The Complete Poetry and Prose of William Blake*
ed. Harold Bloom, University of California Press, Oakland, 1982 (aistriúchán).

Léargas

Bíonn an léargas (*ceinseó and satóirí*) lárnach ina lán cóán Zen. Déantar an focal *ceinseó* as dhá fhocal sa tSeapáinis – '*cein*' a chiallaíonn '*feiceáil*' agus '*seó*' a bhfuil brí '*nádúr*' nó '*eisint*' leis. Úsáidtear '*satóirí*' freisin agus ciallaíonn an focal sin '*tuiscint*'. Ach pé ceann a roghnaítear, *ceinseó* nó *satóirí,* tuigtear an taithí seo mar nóiméad gairid léargais agus ní lánléargas críochnúil é in aon chor. Nuair a fhaightear an léargas ní mór tuilleadh staidéir a dhéanamh agus tuilleadh cleachtaidh a fháil i bpróiseas fada foighneach eile.

Ní hannamh sna cóáin Zen go gcloistear faoi chríochphointe an lánléargais agus tuisceana iomláine tar éis aistir fhada éigin tóraíochta: nóiméad ina dtiteann scálaí an aineolais de shúile an dalta amhail Sául ar an mbóthar chun na Damaisce.[84] Ach ní mar a shíltear a bhítear de ghnáth. Is minic sa chleachtadh gur próiseas mall réidh, céim ar chéim é, agus is conair í ag a mbíonn a lán céimeanna siar trí bhealaí caocha agus leis an iliomad cor casta inti freisin.

Ach sin ráite, feicimid lánléargais thobanna freisin i neart cóán fiú sa chnuasach seo. Feicimid é sa chóán cáiliúil '*Mú*' (cóán 38) mar a shampla, nuair a chuireann an manach ceist ar *Joisiú* a thaispeánann go soiléir nach dtuigeann an manach iomláine dhoroinnte an chaidrimh atá idir dá bhfuil á shonrú sa saol saha. Ach buíochas le haon fhocal amháin: 'Mú', dúisíonn Joisiú, an manach mearaithe, as a aineolas go bhfeice sé fíornádúr na ndealramh uile laistigh de ghlanfheasacht an eisidh. Eiseamláir álainn eile den léargas tobann atá le fáil i gcóán 10 nuair a thugann Hacúin spreagadh ceilte do Shuíveo nach raibh an dara rogha aige ach teacht ar réiteach na faidhbe agus ceinseó a bhaint amach gan a thuilleadh moille.

Ba chóir dúinn i gcónaí idirdhealú a dhéanamh idir rud a bhíonn ar eolas againn go hintleachtúil agus an rud a thuigimid toisc go n-aithníonn ár gcroí gur fíor é. Tá an manach i gcóán 10 an-eolach ar *dharma* ach fós ní éiríonn leis na poncanna a cheangal le chéile chun an pictiúr iomlán a fheiceáil. I gcóán 27, mar shampla, tá an dealramh ar an scéal go bhfuil Iamaóca

---

84 Cf. Bíobla, Tiomna Nua, Gníomhartha 9: 1-19.

tugtha go mór dá Zen-staidéar agus is léir freisin go bhfuil neart foghlamtha aige cheana féin, ach fós, faighimid amach go bhfuil a lán rudaí nach dtuigeann sé ina chroí istigh. Bíonn an scoilt seo idir a mbíonn ar eolas againn ó thaobh na hintleachta de agus a mbíonn ar eolas againn inár gcroí istigh ina fhadhb ag a lán cleachtóirí Zen. Tuigimid go léir ó thaobh na hintleachta de go bhfuilimid chun dul in aois, éirí tinn agus lá amháin imeacht ar shlí na fírinne. Ach tá difríocht mhór idir sin agus é a thuiscint ag leibhéal *eiseach.* Nuair a thagaimid ar an tuiscint sin, is féidir a rá go bhfuil *ceinseó* de chineál éigin bainte amach againn. Sin an chúis nach bhféadfadh *Mazú* (cóán 25) bheith ina Bhúda de bhíthin *zazen* amháin agus an fáth, i gcóán 6, go dteipeann ar Eacaídó breith ar bhrí cheart an teagaisc Bhúdaíoch agus gur fágadh é ina chime ag seandlí marbhánta na scrollaí.

Bíonn teacht an *léargais,* níos minice ná a mhalairt, cosúil lena tharla i gcóán 32, nuair a bhuaileann *ceinseó* le nia Reocain agus é ag ceangal iallacha chuaráin a uncail, nó i gcóán 13 nuair a scriosann Ciotagaichí an teideal 'Gobharnóir Kyoto' dá chárta aitheantais.

Nirbheána

Cad é nirbheána? Is ionann é agus sonas nó ānanda. Tuigtear sa teagasc Búdaíoch traidisiúnta é mar dheireadh le fulaingt. Éiríonn an fhulaingt as an aineolas. Bímid aineolach ar ár bhfíoreisint – glanfheasacht nárbh fhéidir a dhó le tine, ná bheith fliuchta ag an uisce, nach mbíonn tús ná deireadh léi choíche. Is é an Nirbheána mar sin, léiriú dúinn dár bhfíornádúr bunaidh. Níl bás ná breith ann, níl aon teacht ná imeacht – tuigtear iad sin go léir mar dhearcadh mícheart.[85] Nuair a chleachtann Búdaí Zen an zazen nó nuair a dhéanann Búdaí Nichiren cantaireacht ar 'nam myoho renge kyo', bíonn siad ag díriú isteach ar an bhfoilmhe: neamhniú na smaointe, cealú na gcoincheap, easpa dearcaidh. Nuair nach mbíonn fágtha ach aontacht le neacha mothaitheacha uile an domhain agus le fíoreisint an chuile ruda – sin Brámain. I gcóán 15 tá Subúití, duine de mhórleanúnaigh an Bhúda,

---

85 Féach gluais 'Conair na nOcht Rian'.

ag machnamh nuair a thosaíonn na déithe ag caitheamh bláthanna anuas ar a cheann:

'Cad é seo?' a fhiafraíonn subúití de na déithe.
'Táimid do do mholadh as do d'aitheasc ar an bhfoilmhe,' a d'fhreagair na déithe.
'Ach níor labhair mé faoin bhfoilmhe,' arsa subúití.
'Níor labhair tú faoin bhfoilmhe, níor chualamar faoin bhfoilmhe,' arsa na déithe,
  'Fíorfhoilmhe é sin.'

Anseo, bánaíonn an machnamh na coincheapa uile agus mar sin cuirtear an fhulaingt ar neamhní. Siombalaíonn na bláthanna sonas nó ānanda agus is nirbheána é sin. I gcóán 20 nuair a fhiafraíonn Nobuisige de Hacúin cá bhfuil neamh agus ifreann suite, nochtann Hacúin don samúraí nach áiteanna fisiciúla iad ach staideanna a intinne féin.

An manach óg nach dtuigeann conas arbh fhéidir le hEisiún, an bhean rialta Bhúdaíoch, gan bheith eaglach agus í i lár an bhreochairn – bíonn seisean fosta ag gníomhú as eagla a aineolais a éiríonn as a dhearcadh mícheart. Is ionann nirbheána agus saoirse ó smaointe, ó smaointeoireacht, ó dhearcadh mícheart agus aineolas.

Comhbhá

Nuair a rinne fórsaí Chathaoirleach Mao na Síne slad ar na mainistreacha sa Tibéid, ag marú na manach as éadan, d'éirigh le cuid de na manaigh éalú suas chun na sléibhte. D'fhéadfaidís fós breathnú anuas ar an eirleach agus ár a bhí ag tarlú sa mhainistir a bhí ina bhaile dóibh tamall gairid roimhe sin. Tá scéal faoi sheanmhanach amháin a bhí craptha suas agus ag caoineadh go géar. Thug duine de na manaigh óga faoi deara é agus chuir sé a lámh go lách ar ghuallainn an tseanmhanaigh á rá leis: 'Tuigim conas mar a mhothaíonn tú agus ár mbráithre uile á marú gan trócaire ag na saighdiúirí thíos.' 'O, ní hea,' arsa an seanóir le deora ar a shúile, 'táim ag caoineadh ar son na saighdiúirí a bhíonn i mbun an t-ár a dhéanamh.'

Is éasca comhbhá a thaispeáint dóibh siúd a mbíonn grá againn dóibh nó gaol caoin againn leo, ach bíonn sé i bhfad níos deacra comhbhá a chothú agus a léiriú don eachtrannach nó don té a chaitheann go míthrócaireach nó go cruálach linn. Dhearbhaigh Chögyam Trungpa gurb é 'féile gan faitíos' an grá. Ní bhíonn an fíorghrá ag tochras ar a cheirtlín féin. Bíonn rún an fhíorghrá dírithe i gcónaí ar mhaitheas an duine eile, fiú mura mbeadh sin i gcónaí chun ár mbuntáiste féin é. Tuigeann Sichirí i gcóán 17 riachtanais an ghadaí a bhriseann isteach ina theach chun airgead a robáil uaidh agus taispeánann Sichirí 'féile gan faitíos' don ghadaí mar teastaíonn uaidh bronntanas atá i bhfad níos luachmhaire ná airgead a thabhairt don ghadaí sin – an léargas féin.

Karma & Fulaingt

Tairgeann an Zen-Bhúdachas, agus na cóáin ach go háirithe, cur chuige nua ar fad maidir le karma. Go traidisiúnta, glactar le hoibriú an karma mar dhlí uileghabhálach atá fréamhaite sa phrionsabal; cúis agus éifeacht. Má iompraímid féin go maith sa saol seo, beidh an chéad ionchollú eile níos ámharaí agus níos compordaí ná an saol a bhíonn á chaitheamh againn an uair seo.

Nuair a bhuail an tImpire Síneach Wú le[86] Bodhidharma sa bhliain 527, agus nuair a d'fhiafraigh de cén fiúntas a bhí gnóthaithe aige mar Impire, as a dhea-ghníomhartha uile ar son an Bhúdachais – i. a phátrúnacht i leith thógáil na mainistreacha ar fud na Síne, oirniú na manach, coimisiúnú scríobh na scrollaí naofa agus oscailt an iliomad ionad léinn – d'fhreagair *Bodhidharma* nár ghnóthaigh an tImpire fiú oiread na fríde den fhiúntas dó féin.[87]

Ar an gcéad dul síos, feicimid domhan ár ndúiseachta trí lionsa teoranta staid ár ndúiseachta. Sonraítear an saol saha sa chantanam spáisama, ina bhfeictear dúinn go mbímid i gcónaí ag bogadh chun tosaigh, ón am a chuaigh thart go dtí an t-am i láthair, agus ar aghaidh go dtí an t-am atá le teacht, agus choíche sa treo eile. Mar sin, nuair a airímid an bheatha mar dhul chun chinn ar líne ama i dtreo amháin, ansin bímid faoi chuing theorantach an tsaoil saha ina gcruthaítear ár gcoincheapa

---

86 Impire Wu de Liang 502 – 549.

87 Tógtha as 'The Anthology of the Patriarchal Hall' 952, is é an chéad chóán sa *'Blue Cliff Record'*.

uile, nó faoi thuiscint shrianta staid ár ndúiseachta. Bímid ag iarraidh turaíea a mhúnlú laistigh de chreatlach ár gcoincheap daonna, amhail an bheirt deirfiúracha gránna sa seanfhinscéal faoi Luaithríona nárbh fhéidir leo an bhróg ghloine a chur ar a gcosa. Ní oirfidh 'an bhróg sin' choíche dár leibhéal tuisceana ach oiread.

Insíonn na cóáin an méid seo dúinn ar a mbealach géarchúiseach fíneálta féin. I gcóán 18, mar shampla, bíonn gach dealramh ar an scéal nach gcuireann sé as do Bhaincé in aon chor go bhfuil mórchuid na ndaltaí ar a chúrsa buartha go mór mar gheall ar dhrochiompar dhalta amháin ina measc a bhíonn ag gadaíocht an t-am ar fad. Agus ní amháin sin, is amhlaidh go dtugann sé an chluas bhodhar dóibh arís an dara huair freisin nuair a dhiúltaíonn sé aon rud a dhéanamh chun an scéal a chur ina cheart dóibh. Nuair a bhagraíonn formhór na ndaltaí go bhfágfaidh siad *en masse*, mura ndéanfaidh an Maistir Baincé rud éigin faoin ghadaí ina measc, arís eile bíonn dreach ar an scéal gur cuma le Baincé faoi.

Is mór afach, an t-ábhar imní do Bhaincé fulaingt an dalta amháin sin a bhíonn i mbun na gadaíochta. Is léir go mbíonn comhbhá Bhaincé dírithe ar bhaint an aineolais ó chroí an dalta chontráilte seo atá ina measc; an dalta úd atá chomh mór sin imithe ar strae go bhféadfadh sé a leithéid de ghníomhartha baoise a chur i gcrích. Is é baint an aineolais príomhchúram Bhaincé.

Ciallaíonn an focal karma 'gníomh' agus tá sé fíor go mbíonn tionchar ag na gníomhartha a dhéanaimid ar dhaoine eile sa saol saha. Ach díreach mar nach dteagmhaíonn a dtarlaíonn inár mbrionglóidí imeachtaí inár staid dúiseachta, mar an gcéanna ní bhíonn anáil ag a ndéanaimid sa staid dúiseachta ar ár bhfíornádúr a fhanann amhail ór gan truailliú.[88] An chúis nach cóir dúinn dochar ar bith a dhéanamh do neach mothaitheach ar bith eile ná nach mbíonn 'neacha mothaitheacha eile' ann. Níl ach an t-aon 'Mise' amháin ann, an ghlanfheasacht, dá bhfuiltear ag tagairt i gcóán 14, nuair a chloiseann Banzan Hóiseacú an búistéir ag an margadh á rá le custaiméir nach dteastaíonn uaidh ach an fheoil is fearr a cheannach: 'Ní féidir feoil anseo a fháil nach é an fheoil is fearr é!'

B'fhéidir go bhfuil 'an carr roimh an gcapall' anseo againn beagáinín agus sinne in abar ár dtuisceana traidisiúnta maidir le karma. Is gné

---

88 Féach ar an gcuid roimhe seo san intreoir dar teideal foilmhe?

eile den léargas é an karma – is é sin – is toradh é chomh maith le héifeacht agus cúis. Bíonn an ceol álainn ann mar thoradh ar chumas an cheoltóra. Fuair an ceoltóir a chumas de bharr cleachtaidh chrua agus dian-iarrachta. Cé go ndéantar an ceol trí ghníomhaíocht na méar aclaí ar chnaipí na huirlise ceoil, níl an toradh (i. an ceol) buíochas le gníomhaíocht mhéara an cheoltóra ach go príomha buíochas leis na huaireanta fada cleachtaidh a rinne an ceoltóir chun ceol álainn a chasadh. Sa tsamhail seo den karma, bíonn an karma ina chúis agus ina thoradh ag an léargas. Ní féidir na méara a oibriú i gceart gan an t-eolas, agus ní féidir an dea-ghníomhaíocht (i. karma maith) bheith ann gan léargas. Déantar an smaoineamh seo a léiriú go fíneálta grinn i gcóán 25, nuair a mheasann Mazú (go mícheart) go bhféadfadh sé a nádúr Búdaíoch a bhaint amach de bhíthin zazen amháin go dtí go nochtann Nainiu fírinne an scéil dó. Is den ghnáthintinn an léargas (cóán 24):

'Fiafraíonn Joisiú de Nainsean: 'Cad é an tSlí?'
'Do ghnáthintinn – sin é an tSlí,' arsa Nainsean'

Nach minic a deirimid: 'Dá mbeadh an t-eolas sin agam nuair a bhí mé níos óige, ní dhéanfainn a leithéid.' An rud atá á rá againn ná go mbeadh ár karma difriúil dá mbeimis ag an am sin fadó gan scamaill an aineolais os cionn ár dtuisceana. Arís agus arís eile, feicimid sna cóáin conas a thagann an fhulaingt isteach inár saol de dheasca an dearcaidh mhíchirt, agus is as an dearcadh mícheart a n-éiríonn eagla agus karma diúltach; bíonn an dá rud sin i gcónaí fréamhaithe san aineolas. Más féidir linn ár bhfíoréisint a réaladh nó a chur i bhfeidhm go tuisceanach, ansin, agus ansin amháin, tiocfaidh deireadh le fulaingt agus beidh an karma dearfa mar thoradh ag an léargas úd atá faighte againn.

Zazen (Machnamh)

Tá ráiteas comónta sa Chaismír: 'Níl ach dhá fhocal a mbíonn aon chiall leo: Allah agus Lalla.' File agus misteach ón 14ú haois a bhí in Lalla ar a bhfuil ardmheas fós ag Moslamaigh agus Hiondúigh araon. Pósadh Lalla nuair aa bhí 12 bhliain agus chaith a fear céile go cruálach léi. Lá amháin ar fhilleadh di le soitheach cré ar a ceann lán

d'uisce ón tobar áitiúil, bhí drochghiúmar ar a fear céile agus thug sé
buille don soitheach lena bhata. Briseadh an soitheach ina smidiríní
ar an talamh ach d'fhan an t-uisce san aer os a cionn.

Níos déanaí, d'éirigh Lalla ina file fánach agus ina misteach. Chum
sí véarsaí gearra so-mheabhraithe a theagmhaigh scileanna Ióga agus na
téamaí spioradálta ba dhoimhne. In amhrán dá cuid, léimid:

Chuardaigh mé an Mise ionam,
go dtí gur tháinig tuirse orm,

Ach níl aithne agam ar éinne,
a aimsíonn na t-eolas folaithe,
trí bhíthin na hiarrachta.

Ansin ag dianmhachnamh ar 'Is tú seo,'
fuair mé áit an fhíona,

Tá na crúscaí uile líonta,
ach níl duine ann chun óil.

Is é seo ceann de na cuntais is fearr ar zazen. Ní bhíonn aon iarracht ag
teastáil. Bíonn láthair ann ach ní bhíonn 'mise' ar bith ná déantóir na
ngníomhartha ann. Airítear sonas iomlán, amhail 'crúscaí líonta' leis an
bhfíon is fearr agus gan éinne bheith ann le hól astu.

Má shamhlaímid glanfheasacht mar aigéan mór, ansin is féidir na tonnta
agus na sruthanna a fheiceáil mar oibriú na hintinne agus na mothúchán
laistigh den 'Mise' nó na glanfheasachta as a n-eascraíonn an intinn agus na
mothúcháin uile. Nuair a chleachtaimid zazen, bímid ag ciúnú na dtonnta
smaointeoireachta mar aon le sruthanna corraitheacha ár n-intinne. Bímid
ag filleadh ar ár bhfíoreisint dhúchasach arís.

Cé gur féidir go measartha éasca teicnící zazen a mhúineadh agus
a fhoghlaim, bíonn sé i bhfad níos deacra míniú go sásúil cad é go
díreach é an zazen féin nuair a dhéantar é. Díreach mar fhuaim
na haon bhoise ag bualadh (cóán 8), nó nuair nach féidir leis an
mBúda an rud do-ráite a rá, nó an teagasc do-mhúinte a mhúineadh,
fanaimidne inár dtost. Agus sa tost sin, cloistear a bhfuil do-ráite

agus tuigtear an rud do-thuigthe. Amhail dioscúrsa tostach Subúití faoin bhfoilmhe a thuilleann ómós na ndéithe dó agus na ceathanna clúmhacha de bhláthanna áille anuas ar a cheann.

Focail Scoir

Bíonn trí ghné áille a bhaineann leis na cóáin, dar liom. Ar an gcéad dul síos, bíonn siad gan aon dabht, ina bhfoirmeacha liteartha áille gur féidir a léamh agus a bhlaiseadh am ar bith ar son na cúise sin amháin. Téann an *genre* liteartha seo siar go dtí na laethanta is luaithe de Ch'an (Zen sa tSeapainis) agus dá bhrí sin, ionchollaíonn siad draíocht, agus mealltacht na seantraidisiún atá fréamhaithe go daingean san oidhreacht chultúrtha as ar tháinig siad chugainne.

Sa dara háit, is *tairseacha* do-bhásaithe iad chuig saíocht dhomhain na hInde, na Síne, na Tibéide agus na Seapáine. Soláthraíonn gach léamh nua de na cóáin ceisteanna agus smaointe nua don léitheoir airdeallach. Ní féidir na fírinní is doimhne a mhíniú le briathra, le hintleacht nó le loighic agus ní fhéachfadh aon chóán lena leithéid a dhéanamh. Aon áit a n-éilíonn an argóint loighciúil roinnt agus idirdhealú, díríonn an cóán na léitheoirí i dtreo a n-eispéiris féin. Ní féidir freagraí sásúla a sholáthar le loighic agus idirdhealú, cé go mbíonn siadsan mar chuid den iomlán san eiseadh uileghabhálach. Ní féidir an léargas a bhaint amach mar dheireadh de phróiseas éigin acadúil nó ar choincheap neamhshaolta éigin, mar tarchéimníonn an ghnáthintinn nó ár dtaithí laethúil, aon rud ar féidir a léamh i leabhar ar bith. Baintear an dúiseacht amach trí thaithí dhíreach leis an nglanfheasacht agus nochtadh don domhan an tsaíocht seo den chéad uair i bhfad roimh na cóáin agus bhreith an Chéad Bhúda, sna scríbhinní-saíochta is luaithe atá ar eolas againn – na Véidí agus na hÚpainiseadaí.

Ní féidir an Mise a aimsiú trí theagasc,
Ná tríd an intleacht ná trí fhoghlaim mhór.[89]

---

89 Vernon Katz and Tomas Egenes, *The Upanishads: A New Translation*, Tarcher Cornerstone Editions, New York, 2015, l.54.

Ós rud é gurb é nádúr an chóáin aird an éisteora a dhíriú ar a thaithí féin, is léir gurb é an cóán an *modus operandi* is éifeachtaí chun éalú ó shrianta agus ó theorainneacha na hintleachta, mar labhraíonn siad go díreach le croí an duine.

Agus sa tríú háit agus b'fhéidir an rud is tábhachtaí, bíonn na cóáin Zen, níos mó ná aon fhoirm eile de theagasc Búdaíoch, inléite agus intuigthe ag gach aois, ó pháiste óg go dtí an Zen-Mháistir is sine. Cé, de ghnáth, gur sraoi mór é léamh na gcóán, is féidir obair chrua a chaitheamh orthu freisin. Ach uaireanta, nuair atá an obair sin déanta, éiríonn smaointe agus mothúcháin as ceo na hoibre sin, amhail féileacáin oíche gafa sa solas gealaí, iad ag léim is ag luascadh as radharc sula n-éiríonn linn iad a cheapadh le peann ar phár:

An obair déanta
Is déanta go maith, by daid,
Anois cuir le coinneal é.
Fanaimis ciúin faoi cad a ghabh idir
Gealach, leamhan, agus peann.[90]

Ta 41 Zen-chóán i gcorp an leabhair seo, as Béarla agus as Gaeilge, i bprós agus i véarsaíocht. In aice le gach cóán tá líníocht dúigh a léiríonn go físiúil gné áirithe nó teachtaireacht éigin a bhaineann leis an gcóán atá i gceist. Ag deireadh na caibidle, faightear tráchtaireacht ghairid agus athfhriotail a bhaineann le téama nó téamaí atá luaite sa tráchtaireacht. Tugtar an tráchtaireacht agus na hathfhriotail sa dá theanga. Cé gur leabhar dátheangach é seo, ní téacsanna comhthreomhara iad. Ar uaire bíonn mionathraithe le tabhairt faoi deara sa dá leagan ar chúiseanna cultúrtha nó teanga.

I gcúl an leabhair tá gluaiseanna sa Bhéarla agus sa Ghaeilge. Tá cuid mhór de na hainmneacha agus de na téarma speisialta atá luaite sa téacs ar fáil sa Ghluais nó sa *Glossary*. Ina dhiaidh sin tá liosta de thagairtí agus de leabhair ar baineadh úsáid astu i gcur le chéile an chnuasaigh de chóáin seo mar aon le focail bhuíochais agus aitheantais.

---

90   James Norton, 'Mute Celestial', *The Fragrance of Dust: Haiku Stories Poems*,
      Alba, Uxbridge, 2012, (Aistriúchán 'Taiscéalaí Tostach').

1
A Professor Seeking Wisdom
Ollamh ar lorg Saíochta

A learned professor arrives at the home of Nan-in. The professor wants to acquire the wisdom of Zen. Nan-in welcomes the professor and offers him a cup of tea after his long wearying journey. The professor sits, Nan-in places a cup before him, and begins pouring. It soon spills over the brim of the cup, onto the table and floor.

'Stop pouring!' cries the professor, 'No more tea will go into my cup!'

'Like this cup,' replies Nan-in, 'you are full to the brim with your own opinions and beliefs. Until you empty your mind, there will be no room for Zen.'

—

Tagann Ollamh léannta lá go dtí teach Nan-in. Teastaíonn ón Ollamh eolas Zen a fháil ón mháistir Budaíoch. Cuireann

Nan-in fáilte roimh an Ollamh eolach agus tairgeann tae dó tar éis a thurais fhada. Suíonn an tOllamh, cuireann Nan-in cupán roimhe agus tosaíonn sé ag doirteadh tae. Ní stadann Nan-in go dtí go bhfuil an tae ag cur thar maoil agus é á shileadh ar an mbord is ar an urlár.

'Stop!' arsa an tOllamh agus uafás air, 'Ní féidir a thuilleadh tae a chur i mo chupán!'

'Amhail an cupán seo, a Ollaimh chóir,' arsa Nan-in, 'tá tú lán go barr le do thuairimí agus do chreidimh féin. Go dtí go bhfuil d'intinn folmhaithe agat ní bheidh aon spás ann don Zen.'

Pouring tea

'Nan-in, my friend, I've come to see,
If you could please enlighten me.'
'Do sit, Professor, have some tea',
Nan-in then pours it endlessly.
Over the brim and onto the floor,
'Nan-in, Nan-in, please, pour no more!'
'Your cup is full just like your mind,
No room within for Zen of any kind.'

Doirteadh tae

Seo Ollamh chuig Nan-in inniu,
le súil eagnaíocht uaidh a chrú,
'A Ollaimh, lig do scíth go fóill,
Ar mhaith leat cupán tae a ól?'
Doirteann Nan-in go cur thar maoil,
'Stop, stop Nan-in! Nach leor dom sin!'
'Is amhail do cheann le heolas teann,
Níl spás laistigh go gcuirfí aon Zen ann.'

Commentary

When we observe the world around us, we create concepts about what we see. These concepts become so solidified over time that as soon as we see any particular thing, the concept and that thing seem to us to be one and the same. Like Pavlovian dogs, we hear the bell and we think food must be on the way.

We all have had the experience of going to a cupboard to search for something, not finding it, indeed being quite convinced that it is not there, then someone else with fresh eyes has a look and immediately sees what we were looking for. The most difficult things to find are usually hiding in plain sight, so much so that that when they are eventually pointed out to us, we can't believe we missed them in the first place.

A common term in Buddhism is 'Beginner's Mind'. We are all advised to cultivate a 'Beginner's Mind' and to see all things as if we were experiencing them for the first time. Only then will there be room for the fresh tea of enlightenment.

Plé

Nuair a bhreathnaímid ar an domhan timpeall orainn, cruthaíonn muid coincheapa faoi na rudaí a fheicimid. Le himeacht aimsire téann na coincheapa atá cruthaithe againn i righneas agus éiríonn siad dobhogtha. Feictear dúinn, faoi dheireadh, gurb ionann iad na rudaí a fheicimid agus na coincheapa atá cruthaithe againn. Amhail madraí Pavlóvacha, cloisimid cloigíní agus tuigtear dúinn go bhfuil bia éigin ag teacht.

Bíonn an taithí chéanna ag gach duine againn, nuair a théimid go dtí cófra ar lorg ruda áirithe agus sinn lánchinnte nach bhfuil an rud sin ann. Ach nuair a théann duine eile le súile úra go dtí an cófra céanna, faigheann an duine sin an rud a bhí á lorg againn gan stró ar bith.

Téarma coitianta sa Bhúdachas is ea 'Intinn Thosaitheora'. Moltar do gach Búdaí 'Intinn Thosaitheora' a fhorbairt agus a chothú. Ní mór dúinn uile gach rud a fheiceáil agus a bhlaiseadh faoi mar a bheifí á dhéanamh againn den chéad uair riamh – sa tslí seo beidh spás ar fáil inár gcupán i gcomhair tae úir an léargais.

Perception
Braistint

Oscar Wilde

We are all in the gutter, but some of us are looking at the stars.

Táimid go léir sa silteán ach bíonn cuid againn ag féachaint ar na réaltaí.

Carl Gustav Jung

Everything that irritates us about others can lead us to an understanding of ourselves.

Aon ní i nduine eile a chuireann as dúinn, is féidir é bheith ina chuidiú mór le tuiscint níos fearr a fháil orainn féin.

Friedrich Nietzsche

And those who were seen dancing were thought to be insane by those who could not hear the music.

Agus chonacthas dóibh siúd nárbh fhéidir leo an ceol a chloisteáil gur lucht buile a bhí sna damhsóirí.

William Blake

If the doors of perception were cleansed everything would appear to man as it is - Infinite. For man has closed himself up, till he sees all things thro' narrow chinks of his cavern.

Dá nglanfaí doirse na braistinte bheadh fíordhealramh an tsaoil le feiceáil go soiléir ag gach duine – an Éigríocht. Ach tá an duine druidte isteach chuige féin ar bhealach nach féidir leis ach breathnú amach go caol cúng trí gága suaracha a uaimhe féin.

2
A False Accusation
Cúiseamh Bréagach

The old Zen Master Hakuin was greatly respected by all his neighbours, and many pilgrims came from far and wide to listen to his wise teachings. One day a young girl became pregnant and claimed that Hakuin was the father of her baby. In great anger, the parents of the girl went to Hakuin and bitterly admonished him for what he had done to their daughter. As the girl was so young, he, Hakuin, would have to look after the child. All that Hakuin would say in reply was: 'Is that so?'

Hakuin lost his reputation. People jeered him on the streets, mocking this 'fake' holy man. Hakuin looked after the child well. However, after only a year had passed, the young mother could no longer live with the fact that she had wronged Hakuin. She finally admitted the truth – that the father of her child was in fact a young man who worked at the local fish-market.

The parents of the young girl immediately went to see Hakuin. They begged his forgiveness. They wanted to take the baby back. Hakuin handed back the baby, With tears in their eyes, they said: 'We are sorry our daughter lied.' Hakuin answered: 'Is that so?'

———

Bhí ardmheas na comharsanachta uile ar an Seanmháistir Zen, Hacúin. Thagadh oilithrigh ó chian is ó chóngar ar lorg comhairle agus teagaisc uaidh. Lá amháin, dúirt cailín óg a d'éirigh trom le páiste gurbh é Hacúin, an Seanmhaistir Zen, athair a linbh. Agus iad ar buile le teann a bhfeirge, tháinig tuismitheoirí an chailín chuig Hacúin. Cháin siad go géar é agus thug siad achasán mór dó. Dúirt siad leis go mbeadh air aire agus tabhairt suas a sholáthar don leanbán ós rud é go raibh a n-iníon ró-óg fós lena leithéid a dhéanamh í féin. Ghlac Hacúin an leanbán chuige féin go grámhar agus ní dúirt sé mar fhreagra ar a gcuid cainte uile ach: 'An é sin é?'

Chaill Hacúin a cháil is a chlú agus bhí muintir na háite ag magadh faoi ar shráideanna an bhaile, iad ag béicíl 'breallaire bréag' air. Dá ainneoin sin, thug Hacúin aire mhaith don leanbán óg a chuir aiteas is ardmheanma ar chroí an tseansaoi. Tar éis bliana, níorbh fhéidir leis an gcailín óg leanúint ar aghaidh ag ceilt na fírinne ar an saol. D'admhaigh sí dá tuismitheoirí gur inis sí bréag agus gur le fear óg a bhí ag obair ag an margadh éisc áitiúil an leanbh a rug sí.

Rith tuismitheoirí an chailín gan mhoill dá laghad chuig Hacúin. Ghabh siad a leithscéal agus deora ina súile. D'iarr siad air a mhaithiúnas agus an leanbh a thabhairt ar ais dóibh. Thug Hacúin an leanbh ar ais agus ní dúirt sé mar fhreagra ar a a gcuid cainte uile ach: 'An é sin é?'

Is that the case?

In a village in Japan,
Hakuin was a holy man,

Considered by the local men,
To be a harbinger of Zen.
Alas, one day he was reviled,
Accused of fathering a child,
'You raped our girl,' the parents cried.
'Is that the case?' Hakuin replied.

Hakuin took the baby home,
And treated it as though his own,
 One day the girl began to cry,
Admitted she had told a lie,
To Hakuin the parents went,
And on their knees, before him bent,
'Forgive us, please, our daughter lied.'
 'Is that the case?' Hakuin replied.

An é sin é?

Bhí saoi Búdaíoch ann fadó,
Hacúin ea ba an t-ainm dó,
Seanmháistir Zen le comhairle chóir,
A raibh meas na maithe air go mór,
go dtí gur mhaígh bé óg go daingean,
gur uaidh an leanbh ina broinn.
'Nach olc do rún,' ar tuistí na bé,
Ach d'fhreagair Hacúin: 'An é sin é?'

Ghlac Hacúin leis an bpáiste óg,
Mar leanbh dá chuid féin, do thóg,
Go dtí go ndúirt a chúisitheoir,
Nárbh é Hacúin an t-athair cóir,
Tháinig na tuistí ar ais chuig an saoi,
ar lorg pardúin faoina gcúiseamh baoth,
'Masla do chuireamar ar do chré.'
Ach d'fhreagair Hacúin: 'An é sin é?'

Commentary

There are two important messages that are particularly highlighted in this koan. The first is that our actions and behaviour should not be shaped by how 'others' may relate to us as a result of them, but by our own wisdom and compassion. Usually when we are praised, we feel good about ourselves, and when criticised, we become upset. Here is an extreme example of the great Zen Master Hakuin, who is wrongfully accused, and as a result, loses his reputation. Hakuin is treated by his neighbours and the wider community as a pariah. However, the Zen Master is unconcerned when others either praise him or criticise him – it all means very little to Hakuin who understands that what is wise and right requires no approval from others.

The second message is a central teaching from the 'Heart Sūtra' on non-duality. Hakuin is a Bodhisattva of Compassion with a perfect understanding of Buddhist wisdom and so he clearly sees that human existence is empty. As a result, he is released from all suffering: 'All things are empty: Nothing is born, nothing dies, nothing is pure, nothing is stained … in emptiness … there are no eyes, no ears, no nose, no tongue, no body, no mind.'[91]

Plé

Tá dhá theachtaireacht gur cóir a lua sa Chóán seo. Sa chéad cheann feicimid conas mar a bhíonn ár ngníomhartha agus ár modhanna freagartha ag brath ar an gcaidreamh a bhíonn ag daoine eile linn. Má mholtar sinn, mothaímid go maith agus má cháintear sinn, tagann míshuaimhneas agus náire orainn. Sa Chóán thuas faoin Mháistir Mór Zen Hacúin, cuireadh gníomh mímhorálta ina leith agus de dheasca na fianaise bréige seo, milltear a chlú go hiomlán i measc a chomharsan agus an tsaoil mhóir. Ach bíodh sin mar atá, is léir gur cuma le Hacúin é sin mar déanann seisean an rud ceart mar is gnáth. Tugann sé aire mhaith don leanbán. Is amhlaidh nach mbíonn moladh de dhíth ón ngaois.

---

91   Cf. Heart Sūtra.

Sa dara teachtaireacht bíonn an cóán seo ag tagairt don 'Sútra Croí' ina mínítear an tuiscint iomráiteach Budaíoch faoi neamh-dhéachas na réaltachta. Is Bodhisattva na hatrua é Hacúin a fheiceann go soiléir conas mar nach bhfuil san eiseadh daonna ach foilmhe, agus dá bhrí sin tá Hacúin saor ón bhfulaingt: 'Bíonn gach rud folamh: níl an saolú ann, níl an bás ann, níl an ghlaine ann ná an rud smálaithe … bíonn an fhoilmhe … gan súil, gan chluas, gan srón, gan teanga ann, gan chorp, gan intinn.'[92]

Truth and Innocence
Fírinne agus Neamhurchóid

William Arthur Ward

Flatter me and I may not believe you. Criticise me, and I may not like you. Ignore me and I may not forgive you. Encourage me, and I will not forget you. Love me and I will be forced to love you.

Déan béal bán liom agus b'fhéidir nach gcreidfidh mé thú. Bí do mo cháineadh agus b'fhéidir nach dtaitneoidh tú liom. Tabhair an chluas bhodhar dom agus seans nach maithfidh mé thú. Tabhair moladh dom agus ní dhéanfaidh mé dearmad ort. Bíodh grá agat dom agus ní féidir liom ach grá a thabhairt duit.

John Milton

The best apology against false accusers is silence and sufferance, and honest deeds set against dishonest words.

An chosaint is fearr in aghaidh cúiseora bhréagaigh ná tost, fulaingt, agus dea-ghníomhartha i gcoinne briathra an éitigh.

---

92   Cf. Sútra croí.

3
A Present of the Moon
An Ghealach mar Bhronntanas

The great Zen Master, Ryokan, lived a very humble life indeed, in a bare dwelling at the foot of a mountain. Late one evening, a thief visits the hut but finds to his dismay that there is absolutely nothing worth stealing – nothing he might want for himself or even might be able to sell.

Ryokan, returning, discovers the thief in his hut.

'You have come such a long way,' sighs Ryokan, 'and you have found nothing of any value at all. Please take these clothes of mine as a gift'. And on saying that, Ryokan removes his garments and offers them to the thief.

The perplexed burglar takes the clothes and disappears into the darkness of the night. As Ryokan sits naked in the moonlight, he thinks to himself: 'Poor man, I wish I could have given him the moon.'

Bhí cónaí ar an Mháistir Mór Zen Reocan, i mbothán lom ag bun cnoic. Déanach oíche amháin, tagann gadaí ar cuairt go dtí bothán Reocain ach faraor, ní fhaigheann sé aon rud ann arbh fhéidir leis a thógáil dó féin nó a dhíol ag margadh ar bith.

Filleann Reocan agus faigheann sé an gadaí sa bhothán.

'Tá aistear fada déanta agat,' arsa Reocan leis agus é ag ligean osna chléibh uaidh, 'Is cúis mhór aiféala dom nárbh fhiú an stró uile sin do chuir tú ort féin. Muise, tóg mo chuid éadaigh mar thabhartas beag uaimse.' Agus leis sin, baineann Reocan a chuid éadaí de féin agus tugann sé don ghadaí iad.

Tógann an buirgléir suaite na héadaí uaidh agus imíonn sé leis isteach i ndorchacht na hoíche. Ansin suíonn Reocan síos go lomnocht san oíche faoi sholas na gealaí agus tagann smaoineamh chuige: 'An créatúr bocht! Is mór an trua é nárbh fhéidir liom an ghealach álainn seo a thabhairt dó.'

The moon cannot be stolen...

Ryokan, a Zen Master built a hut for a home,
At the foot of a mountain, he lived all alone,
A thief in the night came to rob from his dwelling,
But found nothing there for himself or for selling.
Ryokan felt sad for this lad led astray,
So he gave him the clothes off his back straight away.
'You came so unexpected, how inopportune,
I wish', smiled Ryokan, 'I could give you the moon.'

Ní féidir an Ghealach a ghoid...

Bhí máistir, Reocan ina chónaí gan léan air,
I mbothán beag sléibhe gan mhaoin ina aonar,
Sciorr gadaí ar cuairt chuige déanach san oích'
ag iarraidh rud fiúntach a ghoid as an tigh,
Ach ní bhfuair an fear tada, is bheadh sé mar sin,

Murar thug Reocan dósan na héadaí dá dhroim.
Bhí breall ar an ngadaí, ach brón ar an saoi,
'Dá bhféadfainnse bronnadh air sciamh na gealaí.'

Commentary

Many spend their time searching for the wrong things, things of little worth, when the true treasures are not things that can be bought or sold or even kept and stored away. This koan speaks to us about *impermanence* – the fleeting nature of all phenomena. But although phenomena appear and disappear, true bliss, represented here by the moon, will last forever. Ryokan would dearly like to reveal this bliss to the stray who has come looking in the wrong place and for the wrong thing.

Impermanence is often described as five everchanging rivers: the rivers of observation, perception, feelings, thoughts and sensations. But those rivers that we experience in the world of forms are not who we are in our essence. We are not finite beings of ever-changing forms. We are the infinite awareness that knows all these but is not attached to them in any way. However, like the thief, we go searching in the darkness of ignorance and walk away with rags, instead of bathing forever in the beautiful light of nirvana.

Plé

Caitheann neart daoine cuid mhaith dá saol ar lorg rudaí gan fíor-fhiúntas ar bith iontu, in ionad cuardach a dhéanamh ar na rudaí fiúntacha nach féidir a cheannach, a dhíol ná fiú a choinneáil i dtaisce. Insíonn an cóán seo faoi *neamhbhuaine* an tsaoil – nádúr dúchais na bhfeimiméan uile sa saol seo is ea na foirmeacha uile nach maireann. Ach cé go dtagann agus go n-imíonn feiniméin nó foirmeacha na beatha, maireann an fíorshonas go deo agus úsáideann an cóán seo íomhá na gealaí chun síoraíocht an tsonais a chur in iúl. Meafar beo is ea solas na gealaí don sonas síoraí úd atá ar fáil do chách saor in aisce – sonas a dteastaíonn ó Reocan a thabhart don seachránaí bocht a tháinig chun na háite seach-mallaí seo ar lorg seafóidí gan aird.

Deirtear gurb ionann an *neamhbhuaine* saoil agus cúig abhainn na beatha: abhainn na breathnóireachta, abhainn na braistinte, abhainn na mothúchán, abhainn na smaointe agus abhainn na gcéadfaí. Ach ní aibhneacha sinn inár bhfíornádúr ach *'aithne'* nó *'feasacht'* amháin. Ní neacha finideacha teoranta atá ionainn ach feasacht éigríochta, fite fuaite trí shaol na bhfoirmeacha saolta. Ní sinn na foirmeacha ar a mbíonn ár bhfeasacht dírithe áfach. Amhail an gadaí a tháinig go dtí bothán Reocain i lár oíche dhorcha a aineolais, fágann muidne an saol seo freisin le brangóidí gan mhaith in ionad solais shona nirbheána a bhlaiseadh agus an tsíoraíocht atá díreach taobh amuigh de bhothán dorcha ár n-aineolais féin.

Impermanence
Neamhbhuaine

John Keats

Shed no tear! oh, shed no tear!
The flower will bloom another year.
Weep no more! oh, weep no more,
Young buds sleep in the roots white core.

Uisce do chinn – nár chaoine, nár chaoine!
Beidh bláthanna nua ar ais t'réis bliana.
Ná bí ag sileadh na ndeor go fras,
Tá bachlú as fréamhacha bána ag fás.

Michelle Cliff

Our lives are written with disappearing ink.

Bíonn ár mbeatha scríofa le dúch téaltaithe.

Peggy Orenstein

The cherry blossom is beautiul because of impermanence, not in spite of it.

Bíonn bláth an chrainn silíní go hálainn buíochas le neamhbhuaine, ní dá hainneoin.

Thich Nhat Hanh

Without impermanence nothing is possible.

Gan an neamhbhuaine ní tharlódh faic.

4
Hoshin Predicts His Own Death
Tairngríonn Hóisin a Bhás Féin

When Hoshin was getting very old he gathered around him his disciples and told them that they had better treat him well because in one week he was going to die. His students thought that their old teacher had become delirious. After all, not even a Zen Master can know the exact time that death will arrive.

Nonetheless, they do as he bids. They bring him food to eat, tea to drink, and fresh clothes to wear every day. They diligently follow his instructions and attend to his every need.

On the seventh day, Hoshin calls all his students together and tells them that he is now departing. But before dying, he dictates a poem. These were his final words:

'I come from bliss,
I go to bliss,
What is this?'

Immediately after having uttered these words, Hoshin died.

—

Nuair a d'éirigh Hóisin ina sheanfhear, bhailigh sé chuige féin a lucht leanúna agus mhínigh sé dóibh go gcaithfidís caitheamh go lách leis toisc go raibh sé chun bás a fháil i gceann seachtaine. Cheap a lucht leanúna go raibh mearbhall éigin tar éis teacht ar an seansaoi mar tar éis an tsaoil, ní fhéadfadh fiú Máistir Zen bheith ar an eolas cruinn faoi uair a bháis féin.

Dá ainneoin sin, déanann siad de réir a thola agus freastalaíonn siad go haireach ar a riachtanais uile. Beireann siad chuige bia le hithe, tae le hól agus callaí úra (*i. éadaí glana*) le caitheamh gach lá. Comhlíonann siad go díograiseach a chuid orduithe uile.

Ar an seachtú lá den tseachtain, glaonn Hóisin ar a lucht leanúna agus bailíonn siad timpeall ar a Seanmháistir. Deir Hóisin leo go bhfuil sé ar tí imeacht ach sula n-imíonn, iarrann sé ar dhuine dá bhfuil i láthair a bhriathra deiridh a scríobh síos. Rinneadh sin:

'Tháinig mé ó shonas,
Fillidh mé ar shonas,
Cad é seo?'

Leis sin agus na briathra seo ráite aige, fuair Hóisin bás.

Final words

Hoshin drew his students nigh,
To tell them in a week he'd die.
'The new year I shall never see,
So spend each precious day with me.'

His students question him and say:
'How, Master, can you know the day,
When you are going to pass away?'
But nonetheless they all obey.

His students cook for him each day,
They watch him meditate and pray,
And just before he his soul takes flight,
He blesses them and bids them write:

'I came from bliss,
I go to bliss,
What is this?'

Briathra deiridh

Ghlaoigh Hóisin a mhic léinn le rá,
Go bhfaighidh sé bás i gceann seacht lá.
'Ní fheicfidh mé an bhliain dár gcionn,
Caithigí seachtain go muinteartha liom.'

Níor thuig a mhic léinn ciall a cháis,
Conas arbh eol dó srioclá a bháis,
Arbh eol do na máistrí deireadh a slí?
Ach rinne siad amhlaidh, de réir a ghuí.

Thug siad aire dó gach uile lá,
Rinne siad béilí dó, dá mba ghá,
Sular imigh, d'fhiafraigh Hóisin díobh,
'Ar mhian libh m'fhocail scoir a scríobh?'

'Tháinig mé ó shonas,
Fillfidh mé ar shonas,
Cad é seo?'

Commentary

Buddhism sees death as yet another moment in the endless cycle of change and part of the impermanence that is life. It is our actions and behaviour that determine our choices for the next life when we pass through the bardos after death. Our habits, expectations and attitudes will direct us towards one life or another. If, for example, a keen bridge-player moves to a new country that bridge enthusiast will seek out bridge-player or clubs where bridge is being played. If a musician, that person might look for a local orchestra. Whatever we practise in this life will direct us towards similar habituations in any other life. It's hard to break habits.

This endless wheel of life and death is called *samsara* and it can be avoided through devotion to The Eightfold Path. Masters of Buddhist practice, like Hoshin, can free themselves from *samsara* and live in the bliss of nirvana. Nonetheless, they often return to the saha world out of a deep compassion for those who are suffering. The good news is that 'bliss' can be attained in this life, once we awaken and become a buddha. This state is called enlightenment. Then, when Mara fires his arrows, the enlightened mind can transform them effortlessly into flowers. Even in dying Hoshin is blissful.

Plé

Dealraíonn an bás mar phointe eile i dtimthriall athruithe neamhbhuaine an tsaoil agus mar chuid dílis de neamhbhuaine na beatha. Cinntíonn ár ngníomhartha agus ár n-iompar na roghanna a dhéanaimid tar éis teacht trí bhardóis an bháis. Dírítear sinn chuig beatha nua a fhreastalaíonn ar na luachanna, na hionchais agus na mianta atá neadaithe inár gcroí. Mar shampla, má bhogaimse ó thír amháin chun cónaí i dtír eile agus más imreoir beiriste díograiseach mé, lorgóidh mé daoine a mbeadh suim acu sa chluiche sin nó clubanna ina n-imrítear an beiriste. Dá mba cheoltóir mé, lorgóinn, b'fhéidir, an cheolfhoireann áitiúil. An rud a chleachtaimid sa saol seo is ea an rud a mhúnlaíonn sinn i gcomhair beatha nua ar bith eile. Bíonn sé go deacair nós a bhriseadh.

Tugtar *samsara* ar roth mór an tsaoil seo idir breith agus bás. Is féidir éalú ón *samsara* má chloítear go daingean le *Conair na nOcht Rian*. Is féidir le máistrí, amhail Hóisin, iad féin a shaoradh ón saol seo agus maireachtáil faoi shonas *nirbheána*. Dá ainneoin sin, áfach, is minic a fhilleann máistrí ar an *saol saha* de bharr a gcomhbhá doimhne dóibh siúd a bhíonn ag fulaingt ann. Is é an dea-scéala ná gur féidir an sonas a bhaint amach sa saol seo, má éiríonn linn ár súile a oscailt agus bheith inár mbúdaithe. Tugtar léargas ar an staid anama seo. Ansin, má scaoileann Mara a chith saighead linn, beidh muid ábalta gan dua ar bith iad a athrú ina mbláthanna. Fiú ar thairseach an bháis bhí Hóisin faoi shonas iomlán.

Death
Bás

Gautama Buddha

Any paths we choose will eventually lead to death. It's what we do on the way to death that matters.

Treoraíonn gach cosán beatha chun an bháis. Is é cad a dhéanaimid ar ár mbealach chun an bháis a bhfuil tábhacht leis.

Richard Bach

What the caterpillar calls the end of the world, the master calls a butterfly.

An ní ar a dtugann an bolb deireadh an tsaoil, tugann an máistir féileacán air.

Bhagavad Gita

As a man discards an old garment and puts on a new one, so the spirit leaves this mortal body and wanders on to that which is new.

Mar a chaitheann duine a sheanbhrangóidí uaidh go gcuire sé callaí nua air féin, fágann an t-anam an corp básmhar seo go dté sé chun beatha nua.

Ludwig van Beethoven

I shall hear in heaven.

Beidh an éisteacht agam ar neamh.

Pamela Reynolds

(when asked if she were afraid to die) "No! Are you kidding? I'm more afraid to live! Dying is nothing. It's easy... Living is hard."

(Nuair a fiafraíodh di an raibh imní uirthi roimh an mbás) "Níl! 'bhfuil tú ag magadh fúm? Bíonn imní níos mó orm roimh an mbeatha seo. Ní tada é bás a fháil. Is éasca an rud é... bheith beo – sin an rud atá crua."

5
Insulted by a Compliment
Maslaithe de bharr Focail Mholta

There were two prominent teachers of Zen who lived in Tokyo – Unsho and Tanzan. Unsho, who belonged to the Shingon tradition, lived strictly according to Buddhist laws, keeping all Buddha's precepts scrupulously. Unsho did not take intoxicants and never ate any food after midday. On the other hand, Tanzan, a professor at the university, paid little attention to the Buddha's precepts and he ate mostly whatever and whenever he wanted.

One late afternoon Tanzan is drinking wine on his porch when he sees Unsho approaching.

'Hello, friend, won't you sit with me a while and have a drink of this fine wine?' smiles Tanzan.

'I do not drink intoxicants and neither should you!' replies Unsho, 'It is forbidden for all Buddhists to drink any form of alcohol!'

'Well,' sighs Tanzan, 'a person who doesn't drink wine is not a man!'

'What!' exclaims Unsho angrily, 'What am I then?'

'Why, a Buddha,' smiles Tanzan.

———

Tráth dá raibh bhí beirt oidí Bhúdaíocha chéimiúla ina gcónaí i dTóic-eo – Unseó agus Tanzan. Bhain Unseó leis an traidisiún Sin-gon agus dá bhrí sin chaith sé a shaol de réir rialacha daingne an Bhúdachais cheartchreidmhigh. Níor chaith sé deochanna meisciúla agus níor theagmhaigh aon bhia a bhéal tar éis an nóin. Ach a mhalairt de shaol ar fad a chaith Tanzan. D'ól sé fíon agus d'ith sé rud ar bith, am ar bith ar mhian leis.

Tráthnóna déanach amháin, nuair atá Tanzan ag ól fíona i mbéal dhoras a thí, feiceann sé Unseó ag teacht ina threo.

'Haigh, a chara! Nach suífeá liom tamall chun an fíon breá seo a bhlaiseadh liom?' arsa Tanzan leis.

'Ní ólaim deochanna meisciúla agus ní ceart duit é sin a dhéanamh ach oiread!' arsa Unseó leis, 'Ní cheadaítear do bhúdaithe alcól a chaitheamh!'

'Muise' arsa Tanzan, ag ligean osna uaidh, 'duine nach n-ólann fíon – ní fear é!'

'Cad a dúirt tú?' arsa Unseó agus fearg ina ghlór, 'Cé mise mar sin?'

'Is búda thú, ar ndóigh,' arsa Tanzan le miongháire.

A buddha

Our Tanzan, he's a merry lad,
Trained in philosophy, by dad!
He sleeps a lot, he eats and drinks,
He says exactly what he thinks,
While Unsho, teacher of Shingon,
Believes these habits very wrong,
Practitioners should always be,
Devoid of all toxicity.

'I think I'll have some wine again,
Why don't you join me, Man of Zen?'
'I do not drink and nor should you,
It's not the thing we Buddhists do.'
'No drinking means you're not a man,'
Exclaims the venerable Tanzan,
Unsho was miffed: 'What am I then?!'
'A buddha, in the midst of men.'

Búda

Tanzan súgach – nach é an leaid,
Atá ina fhealsamh mór, by daid,
Codladh, bia, ól is saol gan bheann,
A labhródh leat gan fiacail a chur ann,
Ach dar le hUnseó, oide Sin-gon tréan,
Ní chleachtann Tanzan baoth
ach pléisiúr claon,
Ní cóir don saoi bheith i mbun taithí,
A thugann bás nó é ar seachrán slí.

'Tá fíon agam! Nach n-ólfá liom?
Beidh craic is spraoi againn, a chroí!'
'Ní chuirfinn alcól leo mo bheol'
Is ní ceart duit ach oiread é a ól!'
Ach arsa Tanzan leis 'In ainm Dé…
an té a shéanann fíon – ní duine é!'
Shrann Unseó leis: 'Más fíor cé mé?!'
'Búda thú' ar Tanzan leis go réidh.

Commentary

'What do I need to do in order to achieve enlightenment?' asked one of Gautama's followers. 'I do not have that answer.' replied the Buddha, 'But you do.' There is no set of firm and fast rules that, when followed, will bring each and every one of us to enlightenment; there is only wisdom itself. One person's path may be not at all suitable for another. Only the seeker knows the path that must be tread and it is in finding that path that we all can be helped by listening to the teachings of the Buddha.

Buddhist practice is like going to a motor dealership to buy a car. The salesperson may ask you what you need from the car; will you be using it in the town or more for longer drives? Do you need a car to accommodate a large family? Will you be travelling through rough terrain? *Vajrayana* practicioners of Buddhism can be prostitutes, painters, penniless beggars on the streets or multi-millionaires living in golden castles. The bottom line is enlightenment itself – a clear understanding of the nature of life that is rooted in a deep compassion for all sentient beings, and open fearless generosity. It's perfectly all right for Tanzan to enjoy a drink so long as he does not need to do so in order to be happy, and it is is perfectly all right for Unsho to obey the strict rules of the Shingon tradition, so long as he realises that others do not have to do so to be enlightened.

Plé

'Cad ba chóir dom a dhéanamh chun léargas iomlán a bhaint amach dom fein?' a d'fhiafraigh duine de lucht leanúna Gautama. 'Níl an freagra sin agam' a d'fhreagair an Búda, 'Ach tá an freagra agatsa.' Faraor, ní bhíonn aon rialacha daingne ag baint le Búdachas sa tslí is dá leanfaí iad, thabharfaidís gach aon duine againn go léargas iomlán. Níl ann riamh ach an ghaois í féin. Ní oireann conair dhuine amháin do riachtanais dhuine eile. Ní bhíonn a fhios choíche, ach amháin ag an gcuardaitheoir féin, cén chonair atá le taisteal aige nó aici sa saol seo. Ní féidir ach treoir a fháil ó theagasc spioadálta ar bith.

Bíonn an cleachtadh Búdaíoch cosúil le duine a théann isteach i gcomhlacht díoltóireachta gluaisteán ar lorg cairr nua. Fiafróidh an díoltóir den chustaiméir cad chuige a mbeadh an fheithicil ag teastáil? Do thurais timpeall na cathrach? I gcomhair talaimh ghairbh? Sa chleachtadh Vajrajana, d'fhéadfá bheith i do striapach, i do phéintéir, do dhéirceach ar na sráideanna nó i d'ilmhilliúnaí a mbeadh seilbh agat ar chaisleáin óir – is cuma i ndáirire. Is í an bhunlíne ná go bhfuil comhbhá agat do gach aon bheith mhothaitheach agus go bhfuil tú ag cur thar maoil le féile oscailte gan faitíos. Níl fadhb i ndeoch a ól mura mbíonn tú ag brath ar an alcól le teacht i dtír agus ní dochar é rialacha daingne Sin-gon a leanúint má thuigtear duit nach gá do chách iad a leanúint chun léargas a bhaint amach.

Rules
Rialacha

Albert Camus

Integrity has no need of rules.

Ní bhíonn rialacha de dhíth ag an ionracas.

T.S. Eliot

It is not wise to violate rules until you know how to observe them.

Ní den ghaois é rialacha a shárú sula mbíonn tú ábalta géilleadh dóibh.

Marilyn Monroe

If I had observed all the rules, I'd never have got anywhere.

Dá mba rud é gur choinnigh mé na rialacha go léir, ní bheadh aon rud bainte amach agam.

Thomas Jefferson

If a law is unjust, a man is not only right to disobey it, he is obligated to do so.

Más éagórach dlí, ní amháin gur cóir dúinn gan géilleadh dó, ach tá sé d'oibleagáid orainn é a bhriseadh.

6
The Woman in the White Kimono
An Bhean sa Chimeonó Bán

It was raining cats and dogs. Nonetheless, the two young monks, Tanzan and Ekido, went for their daily jog together. They were good friends and very much enjoyed discussing the sacred scrolls.

On the way, they spot a young woman in a white kimono who wants to cross a muddy road. It is clear that she doesn't want to dirty her beautiful garment. Tanzan approaches the young woman, lifts her, and carries her to the other side of the road. Then both monks continue on their way.

Ekido is not at all pleased with what his friend Tanzan has done for it is clearly forbidden in the sacred scrolls for any monk to approach or touch a woman. After some time, Ekido can no longer maintain his silence.

'It is in the law, as prescribed by the men of wisdom, that we monks should not touch any woman. Yet you, Tanzan, have knowingly broken this law!'

'I let her down an hour ago,' replies Tanzan, 'but you are still carrying her.'

———

Fiú is an aimsir go dona ar fad agus é ag caitheamh sceana gréasaí lasmuigh chuaigh an bheirt mhanach óg amach, Tanzan agus Eacaídó, chun a rith laethúil a dhéanamh. Bhí an bheirt mhanach mór le chéile agus ba bhreá leo a gcuid ama a chaitheamh ag plé na scrollaí naofa.

Agus iad ar a mbealach, thug siad bean óg álainn i gcimeonó bán faoi deara. Ba léir dóibh gur theastaigh uaithi an bóthar láibe a thrasnú gan a cimeonó glan bheith salaithe aici. Téann Tanzan gan mhoill ina leith agus ardaíonn sé suas í ina dhá láimh. Iompraíonn sé an bhean óg gan dua trasna go dtí an taobh eile den tsráid. Ansin leanann an bheirt mhanach ar a slí.

Níl Eacaídó pioc sásta lena ndearna a chara Tanzan mar is eol do gach nóibhíseach nach bhfuil cead ag manach ar bith teagmháil leis an gcineál banda. Tar éis tamaill áirithe, ní féidir le hEacaídó fanacht in a thost a thuilleadh agus casann sé ar a chara á rá leis:

'Tá sé coiscthe ag dlí na saoithe Búdaíocha aon bhaint bheith ag manach le mná ach d'aon ghnó rinne tú an dlí sin a bhriseadh nuair a thóg tú an bhean óg sin sa chimeonó suas i do bhaclainn.'

'Lig mé síos an bhean sin uair a chloig ó shin, a chara,' arsa Tanzan, 'ach tá tusa fós á hiompar i do cheann.'

The Law

Tanzan and Ekido go out for their daily jogs,
Today outside the weather's bad, it's raining cats and dogs,
The two young monks are kindred souls,
Who like discussing the sacred scrolls.

In a kimono, on a muddy road they meet,
A pretty young girl who wants to cross the street,
Ekido sighs: 'The law is clear – we cannot touch or interfere.'
But Tanzan disobeys the code and carries the girl across the road.

The monks run on, Ekido's mind is in a riot,
'The law on girls is clear, we must apply it!'
'I put her down an hour ago but you instead,
Still carry this young girl inside your head.'

An Dlí

Tá Tanzan le hEacaídó go moch amuigh ag rith,
Cé go bhfuil an bháisteach throm ag titim ina cith,
Beirt nóibhíseach óg go groí ina gcairde brollaigh,
Faoi fhearthainn Dé is iad ag plé rialacha na scrollaí.

An bheirt ag rith, do chonaic siad ar an mbealach láibe,
Bean óg i gcimeonó bán i sáinn ar thaobh na sráide,
Níl cead acu de réir an dlí aon bhaint bheith le bean ar bith,
Ach tugann Tanzan trasna í os cionn na láibe ar an tslí.

Deir Eacaídó lena chara tamall ina dhiaidh,
'An rud a rinne tusa, 'tá go mór in aghaidh na ndlíthe,'
'Thug mé trasna láibe slán í, d'fhág mé ann le culaith ghlan í,
Nach mór do bheann is tusa ann fós á hiompar i do cheann.'

Commentary

This koan is not just about obeying or breaking rules but, more importantly, it reveals the cluttering habits of the mind. When we make a decision to do something or not to do something, it is our choice, and our choice alone. Tanzan's riposte is a central message in all Buddhist teaching that emphasises the importance of being aware of the endless flow of concepts, opinions and concerns that can dominate our thinking. It is these that distract and prevent us from a peaceful abiding of our mind in the present moment.

This is a subtle teaching, as Buddhism is not saying that we should have no opinions, but rather that we should remember to see them as our own personal opinions, drawn from our own limited experience. We should also of course, act in accordance with the wisdom we have gleaned from prior experiences that, in themselves, are not necessarily a bad thing. It is more our relationship to concepts, opinions and concerns that requires our mindfulness. We must try not to become attached to opinions and concepts for they can easily fog up our ability to see beyond our own limited understandings. If we learn to let go of encumbering thoughts, we will no longer be weighed down by any heavy and unnecessary clutter in our heads. Instead, like Tanzan, we shall run lightly through the rain and effortlessly along the muddy paths of life.

Plé

Ní bhaineann an cóán seo amháin le humhlaíocht do rialacha, ach is mó go nochtann sé an phráisc a bhíonn go minic in intinn an duine. Nuair a dhéanamid cinneadh le rud a dhéanamh nó gan rud a dhéanamh, is linne féin an rogha é, agus linne amháin. Is é teachtaireacht lárnach an Bhúdachais aisfhreagra Tanzan a chuireann béim ar an tábhacht bheith feasach mar gheall ar an sruth síoraí de choincheapa, de thuairimí agus de bhuarthaí ag a mbíonn lámh in uachtar ar ár smaointe toisc gur féidir leo ár n-aird a tharraingt ó bheith ar ár suaimhneas agus i láthair go hiomlán ag an nóiméad seo ama atá anois ann.

Is teagasc géarchúiseach é seo, mar níltear a rá nach cóir tuairimí pearsanta bheith againn ach gan dearmad a dhéanamh gurbh iad ár dtuairimí féin atá cruthaithe as ár dtaithí phearsanta theoranta féin. Ní mór dúinn, gan amhras, maireachtáil de réir ghaois ár dtaithí saolta agus ní drochchleachtadh ar bith é coincheapa a chruthú. Baineann an teagasc seo lenár meon i dtaobh tuairimí pearsanta, taithí pearsanta agus na smaointe a bhíonn de shíor ina n-ábhar imní dúinn. Má chloímid go teann le tuairimí, cleachtaí nó rialacha, is féidir go minic gan an mórphictiúr iomlán a fheiceáil. Má éiríonn linn na ceangail shriantacha seo a scaoileadh, ní bheimid lúbtha a thuilleadh, faoi ualach thranglaim na smaointe céanna, agus beimid in ann, amhail Tanzan, rith go héadrom tríd an bháisteach throm agus go héasca aclaí trí chonairí láibe an tsaoil.

Mindfulness
Aireachas

Thich Nhat Hanh

Walk as if you were kissing the earth with your feet.

Siúil mar a bheifeá ag pógadh na talún le do chosa.

Marcus Aurelius

Do every act of your life as though it were the very last act of your life.

Cuir gach gníomh de do shaol i gcrích faoi mar a bheadh sé mar do ghníomh deiridh

Daisaku Ikeda

In most cases, our so-called limitations are nothing more than our own decision to limit ourselves.

Don chuid is mó ní bhíonn inár gcuid laincisí ach na laincisí úd a chuirimid orainn féin.

Pema Chödrön

Fear is a natural reaction to moving closer to the truth.

De réir mar a dhruidimid i bhfochair na fírinne is nárdúrtha an rud é go dtagann méadú ar an eagla a bhíonn orainne.

7
Strawberry Feels Forever
Saol Sú Talún go Síoraí

A man was running for all he was worth from a fierce tiger. Eventually, out of breath, he comes to the edge of a cliff. The exhausted man jumps over the edge, grabbing hold of a vine that is growing out of the sheer face of the cliff. Above the man is the voracious tiger waiting and peering down at its prey. Below, his heart trembling, he can see a yawning crevasse. There is nothing between the man and certain death but the fragile small vine that is ready to be ripped from the cliff-face at any moment.

After a short while, the man senses that his grip on the vine is slipping but at this very moment he also notices a delicious strawberry within his reach. His grip slowly slipping away, he lets go of the vine with one of his hands to pluck the luscious strawberry. Suddenly the vine rips and the man is falling to his death. But as he falls, it seems to him that never in his life has he tasted such a deliciously juicy strawberry as this.

—

Bhí fear ag teitheadh lena raibh ina chorp ó thíogar fíochmhar. Faoi dheireadh, tagann sé, ar saothar, go ciumhais aille. Léimeann an fear traochta leis an aill agus beireann sé greim lena dhá lámh ar ghéagán atá ag fás as aghaidh rite na haille. Thuas os a chionn tá an tíogar amplach ag feitheamh agus é ag breathnú síos ar a sheilg. Thíos faoi, feiceann an fear, le creathadh ina chroí, titim fhada síos go bun creabháis ollmhóir. Níl idir an fear agus bás cinnte ach craobhóigín leochaileach atá ar tí stróiceadh dá fréamhacha féin.

Tar éis tamaillín bhig, mothaíonn an fear go bhfuil a ghreim atá aige ar an ngéagán á scaoileadh ach díreach ag an nóiméad sin, tugann sé faoi deara sú talún gleoite atá ag fás in aice leis. A ghreim ag sleamhnú uaidh go mall, scoileann sé lámh amháin ar an ngéagán aille agus beireann sé ar an sú gleoite atá ina aice. Leis sin, stróictear an géagán go tobann agus tá an fear ag titim chun a bháis. Ach ar a bhealach síos, feictear don fhear daortha nár ith sé riamh ina shaol sú talún a bhí chomh blasta sóúil súmhar mar é.

The Strawberry

Running from a tiger, running out of time,
A man jumps off a cliff-edge, clinging to a vine,
The tiger still above him, growling overhead,
Beneath the man, a massive drop – if he falls, he's dead.

Quite soon he realises the vine is going to give,
He plucks a juicy berry though he hasn't long to live,
And as he's falling through the air, approvingly he sighs:
'I've never tasted such a treat,' then peacefully he dies.

An Sú Talún

Rith fear ó thíogar fíochmhar, a bhrí ag dul in éag,
Gur léim le haill géar rite, le greim a bháis ar ghéag,

110

D'fhan an tíogar os a chionn ag meastachán a sheilge,
gan thíos faoin fhear ach titim mhór, síos chun na reilige.

Bhí meáchan mór an fhir, faraor, róthrom ar fad don ghéag,
Is mhothaigh sé an craobhóigín á scaoileadh leis ón bhfréamh,
Ach dhearc an teifeach os a chionn sú breá i mbun a fháis,
Do bhlais, gur réab an ghéag ó bhun, is thit sé chun a bháis.

Commentary

The doomed individual in this koan, knowing that he is unable to escape his fate, grasps at the luscious strawberry and enjoys its deliciousness as he hurtles to his death. If we are obsessed by what happened in the past or what is going to happen to us in the future, then we will deny ourselves the joy of living in the present moment because our attention will be distracted or focused elsewhere.

The ripe and luscious strawbery represents all the good things we can do and enjoy, but we can only ever do these things now: not yesterday, nor tomorrow. Every single thing we ever do happens right now – good things like saying: 'I appreciate you' or 'Thank you for being with me today.' We can send texts with positive messages, send a kind thoughtful letter, give a hug or simply say 'hello' with a smile to someone passing by. Being awake is being present in the present moment and seeing the many ways we can embrace humanity and connect with this life. When you think of it, even planning for the future has to be done in the present moment. The man in this koan is living in the now when he makes his decision to pick and enjoy the luscious strawberry that caught his eye. Being focused on the joyful taste of the strawberry, he enters death in mindful abiding.

Plé

Sa chóán seo is eol don duine atá ar thairseach a bháis féin nach n-éireoidh leis an uair seo éalú óna chinniúint mharfach, ach ag an nóiméad deiridh dá shaol, piocann sé sú milis talún a thug sé faoi deara ar aghaidh na haille go mblaisfeadh sé a bhlas galánta súmhar. Má bhímid dúghafa ag ar tharla sa saol a d'imigh uainn nó róthógta suas le himeachtaí nár tharla fós, ansin ceilfimid orainn féin sonas an nóiméid atá i láthair anois, ó bhíonn ár n-aird gafa go hiomlán i ndoiléire agus é dírithe ar rudaí meallacacha gan aird.

Is ionann an sú talún aibí blasta seo agus na rudaí fiúntacha uile ar féidir linn taitneamh a bhaint astu anois. Ní féidir na rudaí sin a dhéanamh ach anois – ní inné, ná amárach, ach amháin ag an aga seo atá i láthair againn anois. Tarlaíonn gach rud a dhéanaimid anois, ag an nóiméad seo. Anois an nóiméad inar féidir rudaí maithe a chur i gcrích – a rá le daoine gur breá linn iad mar chairde, mar chomhoibrithe, nó daoine a bheannú ar an tsráid ar bhealach cairdiúil gealgháireach. Fiú más ag pleanáil don todhchaí atáimid, ní mór dúinn é a dhéanamh ag an nóiméad seo anois. Tá an fear sa chóán seo ag maireachtáil san am i láthair nuair a phiocann sé an sú talún lena bhlaiseadh. Buíochas leis an toradh blasta sin, tá sé ar a chumas bualadh lena chinniúint shaolta ar bhealach suaimhneach síochánta agus murab ionann is an cime bocht i ndán iomráiteach Uí Dhireáin, faigheann sé faoi dheireadh arís 'an t-aiteas úrchrothach naíonda'.

The Present Moment
An Nóiméad Seo Anois

Catherynne M. Valente

Do not ruin today by mourning tomorrow.

Ná loit an lá inniu ó bheith ag caoineadh faoin lá arna mhárach.

Eckhart Tolle

Realise deeply that the present moment is all you will ever have.

Go dtuige tú i ndoimhne do chroí nach bhfuil agat choíche ach an nóiméad seo.

112

Máirtín Ó Díreáin

Cár imigh an aoibh,
An gáire is an gnaoi,
An t-aiteas úrchrothach
naíonda,
Gan súil le glóir,
Le héacht inár dtreo,
Ná breith ar an nóin ag éinne.

Where is their smile,
Their mirth without guile,
The childlike joy that was
theirs,
No glory to cleave,
No feats to achieve,
And no time for evening
prayers

Albert Camus

Real generosity towards the future lies in giving all to the present.

Fíorfhéile i leith an todhchaí is ea a bhfuil ionat a thabhairt don lá inniu.

Howard Lawn

Yesterday and tomorrow are only windows on the walls of today.

Ní bhíonn sa lá inné ná sa lá amárach ach fuinneoga ar bhallaí an lae inniu.

8
The Sound of
One Hand Clapping
Fuaim na Boise
Amháin ag Bualadh

Mokurai, the Master of the Kennin Temple, went with his young pro-
tegé, Toya, for a walk near a quiet lake, where only the gentle lapping
of the water could be heard.

'We can all hear the sound of two hands clapping, but what is the
sound of one hand clapping?' inquired Master Mokurai.

Toyo bowed respectfully to Mokurai and then replied:

'Is it like the sound of the water of a lake lapping?'

'No,' replied the Master.

The two then returned to the monastery and the boy went straight
to the Zendō to meditate on this question. Toyo returned many times
to Mokurai with different answers:

'Is it the sound of the Geishas singing?' 'No,' replied Mokurai.

'Is it the sound of the crying owls?' 'No,' replied Mokurai

'Is it the sound of dripping water?' 'No, no, young Toya!'

One day, Toya returns to Master Mokurai and says nothing at all. The two sit and meditate, then young Toya bows before Master Mokurai and leaves.

'At last, young Toya knows the sound of one hand clapping,' Mokurai smiles.

—

Gheall Mocuraí, Máistir an Teampaill Ceinin, dá dhalta óg, Tóia, go dtabharfadh sé cóán dó chun go bhféadfadh sé a intinn a smachtú ón bhfánaíocht. Rinne an bheirt a slí go dtí loch séimh in aice na mainistreach: áit nach gcloisfeá ach an t-uisce ag slaparnach go ciúin.

'Is féidir linn bualadh dhá bhois a chloisteáil ach cad é fuaim na boise amháin agus í ag bualadh?' a d'fhiafraigh an Máistir Mocuraí de.

Chlaon Tóia a cheann go hómósach roimh Mhocuraí, agus d'fhreagair sé:

'An mbeadh sé cosúil le slaparnach uisce an locha?'

'Ní bheadh,' arsa an Máistir.

D'fhill an bheirt acu ansin chun na mainistreach agus chuaigh an dalta Tóia díreach go dtí an Zendó. Tháinig Tóia ina dhiaidh sin lena lán freagraí éagsúla:

'An cosúil é le hamhránaíocht Géise?'

'Ní hea,' arsa Mocuraí.

'An cosúil é le gol na gceannchat?'

'Ní hea,' arsa Mocuraí.

'An cosúil é leis an mbraon anuas?'

'Ní hea, ní hea,' a dhalta chóir!

Lá amháin filleann Tóia chuig an Mháistir Mocuraí gan smid as. Suíonn an bheirt síos agus déanann siad machnamh le chéile. Ansin claonann Tóia a cheann roimh an Mháistir Mocuraí agus imíonn sé.

'Faoi dheireadh,' arsa Mocuraí leis féin, agus é ag miongháire, 'tuigeann an Tóia óg seo cad é fuaim na boise amháin ag bualadh'.

One hand clapping

At dawn, old Mokurai decided he would take
his student Toya for a stroll beside a silent lake,
'Tell me young Toya,' smiles the sage, as the morning breaks,
'What's the sound that one hand clapping makes?'

Might it be the lapping sound of water by our toes?'
'No,' replied the Master, 'Alas, not even close.'
Might it be the sound of Geishas, singing songs at court?
'No' replied old Mokurai, 'It's nothing of the sort.'
Young Toya even thought it might be owl-calls in the night,
But Mokurai just shook his head: 'Now, how could that be right?'
Finally the boy came back and didn't speak a word,
For the sound of one hand clapping is
A soundless sound unheard.

Bos amháin ag bualadh

Chuaigh Mocuraí amach ag siúl cois locha réidh,
Lena dhalta Tóia, go moch ag breacadh lae,
'Inis dom,' ar Mocuraí, 'is an dorchadas ag cúlú,
Cad é fuaim boise amháin agus í ag bualadh?'

'An slaparnach an uisce é ag bualadh trá gan doic?'
'Ní hea,' a d'fhreagair Mocuraí, 'ná gar leis sin, a mhic!'
An fuaim cheoil na nGéisí é i mbun a n-amhrán grá?
'Ní hea,' a d'fhreagair Mocuraí, 'Ní féidir sin a rá!'
Chreid an dalta Tóia fiú gur glór na gceannchat é,
Chroith an Máistir Zen a cheann: 'Nach tú atá ar strae!'
Faoi dheireadh thuig an dalta fáin an fhuaim sin nár chuala,
'Tá aige!' arsa Mocuraí, 'fuaim boise amháin ag bualadh.'

Commentary

Master Mokurai is leading the young Toya to a very important
Buddhist teaching by asking a question to which his young protegé

already has the answer, although he cannot, as yet, see it. Toya searches then for what he already knows, like the man who leaves his elephant at home but goes out looking for it by seeking its tracks in the mud. Like Toya, our minds wander from what is staring us straight in the face right here and now. When angry, we identify the cause of our anger with something outside of ourselves. When in love, it is because we recognise in another what we already see in ourselves.

In order to ask this question, we find Mokurai going with Toya down to a calm lake where only the lapping of the water can be heard. Toya imagines that the correct answer must be seeable or hearable somewhere in the outside world, the lake perhaps? If not, maybe the singing of the beautiful Geishas or in the creatures of the natural world? But the real answer – silence – is discovered within Toya himself, during his meditations. Central to this Koan is the understanding that we are all buddhas. What prevents us from seeing this is only confusion and ignorance. When the confusion has been removed, then we can again be at one with that peaceful silence that is our own innate buddhahood.

Plé

Treoraíonn an Máistir Mocuraí Tóia óg i dtreo fírinne atá lárnach sa Bhúdachas nuair a chuireann sé ceist air a bhfuil an freagra ag an dalta óg cheana féin, cé nach feidir leis é sin a fheiceáil ar dtús. Téann Tóia ar lorg a bhfuil ar eolas aige cheana, amhail an fear a fhágann a eilifint sa bhaile, ach dá ainneoin sin, amach leis á chuardach i rianta a chos sa láib lasmuigh dá theach féin. Bíonn muidne cosúil le Tóia, bíonn sé de nós againn ligean dár n-aird dul ag fánaíocht agus gan a mbíonn ag stánadh orainn idir an dá shúil ó thús a fheiceáil. Nuair a thagann fearg orainn, ionannaímid an chúis atá leis sin le rud nó le duine éigin a bhíonn lasmuigh dínn féin. Nuair a thitimid i ngrá le duine eile, ní léir dúinn, nárbh é an fáth atá leis ná go bhfeicimid a bhfuil ionainn féin sa duine eile.

Sa chóán seo, téann Mocuraí síos go dtí loch séimh chun a cheist a chur, áit nach bhfuil le cloisteáil ann ach slaparnach bog an uisce. Creideann Tóia ar dtús go mba chóir an freagra a chuardach sa saol lasmuigh, b'fhéidir sa loch féin? Murach é, b'fhéidir i gceol álainn na nGéisí nó i gcréatúir an tsaoil nádúrtha. Ach tá an freagra ceart aige ó thús – an ciúnas. Ní thuigeann Tóia, áfach, é seo go dtí go bhfilleann sé ar ais arís chun machnamh a dhéanamh. Is búdaí sinn go léir ach is iad aineolas agus mearbhall an tsaoil a cheileann an fhírinne seo orainne. Nuair a imíonn torann an tsaoil as ár gceann tagaimid de shíor ar ais, gan teip, chun na ciúine suaimhní úd atá mar cuid dílis dár nádúr búdaíoch dúchais.

Buddhahood
An Nádúr Búdaíoch

Zen Saying

A heavy snowfall disappears into the sea. Listen to the silence!

Imíonn titim throm den sneachta isteach san fharraige. Éist leis an gciúnas!

Bodhidharma

To find a buddha, all you need to do is see your own nature.

Chun búda a aimsiú ní gá ach do nádúr féin a fheiceáil!

Howard Lawn

Your worst enemy is your best friend.

Is é do namhaid is measa, an cara is fearr atá agat!

Gautama Buddha

If you truly love yourself, you will never hurt another.

Má tá grá iomlán agat duit féin, ní ghortóidh tú aon duine eile!

9
A Fiery End
Críoch Lasánta

Eshun, the Zen nun, was sixty three when she decided to leave this world. She asked some of the monks to gather wood and to pile it up in the monastery-yard. The monks, although somewhat troubled by her request, followed her instructions. Soon there was an orderly pile of wood in the middle of the yard.

After she had set all the edges on fire, Eshun seated herself in the middle of the funeral pyre.

'Oh, Eshun!' cried one of the younger monks, 'surely there is a less painful way to pass from this world into the next?'

Eshun looked up at the young monk.

'Such a matter would only worry a silly person like yourself!'

As the flames engulfed her, Eshun bowed her head in prayer and died.

—

Bhí Eisiún 63 bliana d'aois nuair shocraigh sí ar an saol seo a fhágáil. D'iarr sí ar na manaigh brosna a bhailiú agus é a charnadh i lár chlós na mainistreach. Chuir a hachainí mearbhall ar na manaigh ach rinne siad de réir a cuid treoracha. Níorbh fhada go dtí go raibh carn deas néata de thine adhmaid i lár an chlóis.

Shuigh Eisiún í féin i gcroílár an bhreochairn tar éis di an t-adhmad a bhí timpeall imeall an chairn a lasadh.

'Ó, a Eisiún!' arsa duine de na manaigh óga in ard a ghutha, 'Nach féidir bealach níos séimhe a fháil chun trasnú sall chun an tsaoil eile?'

D'ardaigh Eisiún a ceann agus d'fhéach sí ar an mhanach óg.

'Ní ligfeadh ach manach baoth a leithéid d'amaidí cur isteach air!' Ansin le lasracha na tine á slogadh, chlaon Eisiún a ceann agus d'éag sí.

The end of life

Eshun was a Buddhist nun who told the monks 'I'm sixty three,
Would you go into the yard and build a pile of wood for me?'
She sat right in the centre, observed her funeral pyre,
Then bidding all the monks farewell, she set the wood on fire.

'Oh,' cries a monk to Eshun, as she's just about to pray,
'Is there really any need to die this very painful way?'
'Such trifles worry foolish monks!' the smiling nun replies,
And as the flames surround her, she bows her head and dies.

Deireadh na beatha

Bean rialta Búdaíoch ea ba Eisiún, trí scór bliain is trí,
a d'iarr ar mhanaigh craobhóga sa chlós a charnadh di,
Do sheas i lár an bhreochairn, ag breathnú ar gach duine,
D'fhág sí slán ag a raibh ansan, is chuir an carn trí thine.

'O!,' arsa manach léi is í ag cantaireacht le buí,
'An gá duit bás chomh pianmhar sin, nach féidir malairt slí?'

'Ní déarfadh sin ach manach grinn!' ar sise leis go mánla binn,
Ar ball, bhí lasracha ag fás – chlaon sí a ceann is fuair sí bás.

Commentary

Setting oneself on fire as a means of protest is not an uncommon occurrence in the long history of Buddhism. Self-sacrifice has been considered a suitable solution to settle matters of honour, as in the case of the samurai committing hara kiri or the kamikaze pilots during the Second World War. But to associate Eshun's death with this kind of behaviour would be to misinterpret and to misunderstand the profound Buddhist message of this ancient koan. Eshun's death and her means of dying are not central to the message of this koan. On the contrary, it is about the real values of life and about getting our priorities right. When the young monk questions Eshun about the painful way in which she is going to die, she tells him not to be silly and not to occupy his mind with such trifles. The young monk is missing the whole point that Eshun is attempting to convey, and that is that both living and dying should be handled in exactly the same way – fearlessly.

Nothing should distract us from our obligations and duties, not even death or the fear of dying painfully. As the flames engulf her, Eshun is telling us that we should divest ourselves of our fears. She shows us the correct way to live our lives, by bowing her head and continuing to pray until she breathes her last breath.

Plé

Ní hannamh i stair fhada an Bhúdachais go gcloistear scéalta faoi dhaoine á loisceadh féin chun báis mar leorghníomh oinigh. Mheastaí go forleathan tráth gur rud ionraic iad básanna íobartacha chun ceisteanna oinigh ar bith a réiteach, amhail mar a fheicimid i ngníomhartha *hara kiri* ó na gaiscígh samúraí nó féiníobairt na n-eitleoirí *kamikazi* sa Dara Cogadh Domhanda. Ach bheimís ag dul amú go mór dá gcreidfimis go mbeadh an cóán seo faoina leithéid de bhás mar ní hé bás Eisiún ná an modh ina bhfaigheann sí an bás an teachtaireacht lárnach sa chóán seo. Is é an teachtaireacht ná conas ba chóir dúinn ár mbeatha a mhaireachtáil – conas tosaíochtaí cuí an tsaoil seo a aithint, conas luachanna na beatha a ionannú de réir a bhfiúntais. Deir Eisiún leis an manach óg gan a aird a dhíriú ar rudaí fánacha amhail an bás, nó fiú ar phianta an bháis. Ba chóir dósan agus dúinne go léir, ár n-aire a dhíriú go huile agus go hiomlán ar oibleagáidí agus ar dhualgais ár mbeatha.

Tá Eisiún ag iarraidh a rá linn ár n-eagla roimh phianta an bháis nó roimh an bhás féin a chur ar leataobh agus mar sin le bladhmanna na tine á loisceadh, tugann Eisiún a ceacht deiridh do na manaigh nuair a leanann sí ar aghaidh i mbun a cuid paidreacha díreach suas go dtí nóiméad deiridh a beatha féin.

Life and death
Bás agus beatha

Daisaku Ikeda

Buddhism teaches us that the four sufferings of birth, aging, sickness and death are an inescapable part of life. The crucial thing is not to be defeated by them.

Múineann an Búdachas dúinn go mbíonn na ceithre fhulaingt: breith, seanaois, breoiteacht agus bás ina gcuid dílis den saol seo agus nach féidir éalú uathu. An rud atá ríthábhachtach ná nach ligimid dóibh bua a fháil orainn.

Johann Wolfgang von Goethe

Things that matter most must never be at the mercy of things that matter least.

Ní cóir choíche go mbeadh na rudaí is mó fiúntais bheith ag brath ar na rudaí is lú fiúntais.

Marcus Aurelius

Your days are numbered. Use them to throw open the windows of your soul to the sun. If you do not, the sun will soon set, and you with it.

Níl ach líon teoranta de laethanta agat. Úsáid iad chun fuinneoga d'anama a oscailt i dtreo na gréine. Mura ndéanann tú é sin, luífidh an ghrian ar ball agus tusa léi.

Charles Dickens

(Ebenezer Scrooge to Jacob Marley) "But you were always a good man of business."
(Jacob Marley's ghost in reply) "Business! Mankind was my business. The common welfare was my business; charity, mercy, forbearnce and benevolence were, all, my business. The dealings of my trade were but a drop of water in the comprehensive ocean of my business."

(Ebenezer Scrooge le Jacob Marley) "Ach i do ghnó fear maith a bhí ionat i gcónaí!"
(An taibhse de Jabob Marley ag freagairt) "Gnó! Ba é an cine daonna mo ghnó. Leas coitinn mo ghnó; carthanacht, trócaire, foighne, féile – ba iad uile mo ghnó. Ní raibh in obair mo cheirde féin ach braoinín beag uisce in aigéan mór cuimsitheach mo ghnósa."

10
An Urgent Matter
Ceist Phráinneach

Hakuin had a very gifted pupil called Suiwo. Suiwo eventually became a renowned teacher himself and pupils came from far and wide looking for his advice. One summer, a pupil arrived from one of the southern islands of Japan, seeking guidance. Suiwo asked him the following question: 'What is the sound of one hand?'

The pupil meditated for three years on this question but could not find any satisfactory answer. Finally, in tears, he came to Suiwo and said: 'I must return home in great shame for I am unable to solve this riddle.'

Suiwo then asked the distraught pupil to meditate for one more week. Alas, the pupil still made no progress with the problem. 'Give it another five days' suggested Suiwo to the the young man but still his efforts were in vain. 'Just three more days – that's all,' sighed Suiwo sadly, 'and if you still have no success then you will just have to commit *hara kiri*.' In less than two days, the pupil had found the answer.

———

Bhí dalta tréitheach ag Hacúin darbh ainm Suíveo. Níorbh fhada go dtí go raibh clú agus cáil ar Shuíveo féin agus tháinig daoine ó chian agus ó chóngar ar lorg comhairle uaidh. Samhradh amháin tháinig dalta ó cheann de na hoileáin i ndeisceart na Seapáine le treoir a iarraidh ó Shuíveo. Chuir Suíveo ceist air: 'Cad é fuaim na láimhe amháin?'

Rinne an dalta dianmhachnamh ar an gceist ach níorbh fhéidir leis teacht ar aon fhreagra sásúil. Agus na deora leis, tháinig sé chuig Suíveo á rá: 'Ní mór dom filleadh abhaile faoi náire mar ní féidir liom an tomhas sin a réiteach.'

D'iarr Suíveo ar an dalta cráite seachtain amháin eile a chaitheamh ar an gceist. Rinne sé amhlaidh ach arís obair in aisce a bhí ann. 'Cúig lá eile!' arsa Suíveo ach faraor, arís eile níor éirigh leis an dalta teacht ar an bhfreagra. 'Caith trí lá eile ar an gceist seo, a thuilleadh ní gá,' arsa Suíveo lena dhalta faoi dheireadh, 'agus mura bhfaigheann tú an freagra an uair seo, ní bheidh an dara rogha agat ach lámh a chur i do bhás féin'. Tar éis dhá lá fuair an dalta an freagra ceart.

Solving a problem

Hakuin taught Suiwo, a most enlightened man,
Who taught a pupil from a southern island of Japan,
Suiwo told his pupil that enlightenment was his,
If he could only tell him what the sound of one hand is,

The pupil sat and meditated, three years all alone,
But could not solve the problem so he wanted to go home.

'Try again for seven days – it might dispel your mind's malaise.'
The pupil followed his command, but still he could not understand.
'Meditate another week, and after that again we'll speak.'
The pupil meditated more, harder than he had before,
He sat so long upon the floor, that every limb was bruised and sore.
'Just three more days and don't be weary, after that it's hara-kiri.'
'Harakiri! Seppuku!' – the young man managed after two.

Ag réiteach faidhbe

Mhúin Hakuin Suíveo, fear tuisceana iomláine,
Is tháinig chuige dalta óg ó dheisceart na Seapáine,
Dúirt Suíveo lena dhalta go bhfaighfí léargas lán,
Dá bhféadfadh sé a rá leis cad is fuaim láimhe ann,
Trí bliana dianmhachnaimh faoi iarracht iomlán gaile,
Ach theip air agus theastaigh uaidh filleadh leis abhaile.

'Seacht lá eile, fan go réidh ansin déanaimis an scéal a phlé.'
Rinne dalta mar a dúradh ach bhí a ndearna sé gan toradh,
'Seachtain eile mhachnaimh mhóir go nochtar duit an freagra cóir!'
Rinne an dalta machnamh breise, rinne sé an guí is treise,
Ó luan go luan go ciúin sa chlós ach loic an freagra cuí air fós,
'Trí lá eile duit más fiú – má theipeann ort, marófar thú,'
'Marófar mé! Cén fáth?! Ní gá!', is fuair sé freagra t'réis dhá lá.

Commentary

The question that is being apparently asked is not always the question that requires an answer. In Zen Buddhism, questions such as: 'What is the sound of one hand clapping?' or 'Can you put your hand into the same stream twice?' are often only used to instigate a search for some deeper wisdom within. In this koan, the unwitting pupil has been skilfully led by Suiwo to forge a new life-skill for himself. The problem he could not solve when he arrived has led him to discover a way to live more judiciously and with greater wisdom.

Frequently, we find all sorts of 'good' reasons why we can't do something worthwhile instead of simply doing them. We are all prone to procrastination and 'killing time', but Suiwo has used this man's prolonged efforts to reveal three precepts. Firstly, a nurturing of a positive attitude to life and an awakening to life's priorities. Secondly, answers to those problems that concern us are to be found within. And thirdly, there is no time for whining, feeling sorry for oneself, or wallowing in a difficult situation. In short, Suiwo with his one question has shown this young man how to channel the brightness of his own buddhahood onto whatever life-challenges he faces, how to be self-reliant, and how to find in every situation an opportunity for his own personal awakening.

Plé

Ní hé i gcónaí an cheist atáthar ag cur an cheist atá le freagairt. Sa Zen-bhúdachas, is iad fadhbanna coitianta amhail; 'Cad é an fhuaim de lámh amháin ag bualadh?' agus 'An féidir do lámh dhá uair a chur sa sruth céanna?' a bhíonn ina gceisteanna a fhiafraítear go minic chun duine a chur i dtreo fírinní spioradálta a bhíonn le fáil sa duine féin. Sa chóán seo, treoraíodh an dalta, cé nár thuig sé féin é, chun scileanna-saoil nua a mhúnlú dó féin. Buíochas le ceist nárbh fhéidir leis an dalta a fhreagairt, tugadh le tuiscint dó conas a shaol a chaitheamh ar bhealach a bheadh níos stuama agus níos críonna.

Nach minic a lorgaíonn daoine a lán cúiseanna 'maithe' chun éalú ó rudaí fiúntacha go mba chóir dóibh a dhéanamh – an mhoilleadóireacht. Is breá linn rudaí a chur ar an mhéar fhada ach múineann Suíveo don fhear óg trí phrionsabal thábhachtacha maidir le húsáid cheart a chuid ama. Sa chéad áit, ní mór meon dearfa a chothú don bheatha. Sa dara háit, faightear i gcónaí na freagraí ionainn féin ar na ceisteanna a bhaineann linn go pearsanta. Agus sa tríú háit, ní ceart am a chur amú le féintrua ná lena bheith ag gearán faoin suíomh ina mbímid. Go bunúsach, ba chóir ligean do ghile ár n-anama féin a sholas a chaitheamh ar dhúshláin uile na beatha – bheith neamhspleách agus gach suíomh a thagann inár dtreo a úsáid mar dheis iontach eile i gcomhair fhorbairt ár ndúiseachta pearsanta.

Awakening
Dúiseacht

Pyotr Demianovich Ouspenskii

When we realise that we are asleep, at that moment we are already half-awake.

Nuair a thuigimid go bhfuilimid inár gcodladh, ag an nóiméad sin, táimid cheana inár leathdhúiseacht.

Banani Ray

No one and nothing outside of you can give you salvation, or free you from your misery. You have to light your own lamp. You have to know the miniature universe that you, yourself are.

Ní féidir le duine ar bith nó le rud ar bith tú a shlánú, nó tú a shaoradh ón gcruatan. Caithfidh tú do lampa féin a lasadh. Ní mór duit aithne a chur ar an mhionchruinne úd atá ionatsa agus is ea tusa.

Kristi Bowman

When we awaken to our truth, we realise we are free.

Nuair a dhúisímid don fhírinne cé sinne, tuigimid go bhfuilimid saor.

Suzy Kassem

Empathy nurtures wisdom. Apathy cultivates ignorance.

Cothaíonn an chomhbhá saíocht, saothraíonn patuaire aineolas.

11
Chiyona Carries the Moon
Tíojóna ag Iompar na Gealaí

Chiyona, a Buddhist nun, went to the Zen Master Bukko of Engaku.

'Show me enlightenment!' she begged.

Bukko pointed to a pail of water and said: 'In the water you can see the moon.'

The nun immediately picked up the pail and carried it off with her. At night in the water she could see the reflection of the moon.

One day when she was carrying the pail, she became tired and dropped it. All the water poured out and the reflection of the moon disappeared. At that moment Chiyona was enlightened and said:

> *'No more water in the pail*
> *No more moon in the water.'*

—

Bhí bean rialta darbh ainm, Tíojóna, a rinne staidéar ar an Zen. Chuaigh sí ar lorg comhairle ón Zen-Mháistir, Buccó as Engacú.

'Nochtaigh an léargas dom!' arsa Tíojóna le Buccó.

Shínigh Buccó a mhéar i dtreo buicéid uisce: 'Sa bhuicéad sin, is féidir leat an ghealach a fheiceáil.'

D'ardaigh an bhean rialta an buicéad uisce láithreach agus thug sí léi é á iompar in airde ar a ceann. Istoíche, d'fhéach sí sa bhuicéad agus chonaic sí scáth na gealaí san uisce.

Lá amháin nuair a bhí Tíojóna ag iompar an bhuicéid, tháinig tuirse uirthi. Gan choinne, chaill sí greim a láimhe air. Thit an buicéad anuas agus d'imigh an t-uisce ar fud an talaimh. Ag an nóiméad sin fuair Tíojóna léargas iomlán agus dúirt sí

> *'D'imigh an t-uisce as an mbuicéad,*
> *D'imigh an ghealach as an uisce.'*

The moon in the bucket

Chiyona was a buddhist nun, her devotion unsurpassed,
She went to visit Bukko, the Zen-Master, and she asked,
'How do I get enlightenment? I'd like to find out soon,'
Bucco pointed to a bucket, in its water was the moon.
She lifted up the bucket and held it very tight,
She would see the moon reflected in the water every night,
One day when she was carrying the bucket here and there,
She lost her grip and let it slip – there was water everywhere,
But now she was enlightened for all the clouds had cleared,
As the bucket had no water, the moon had disappeared.

An ghealach sa bhuicéad

Bean rialta ea ba Tíojóna, lán deabhóide agus croí,
Chuaigh sí chuig Buccó, Máistir-Zen, le hachainní,
'Tá mé ar lorg léargais, ach teipeann orm, monuar.'

Thaispeáin sé di an ghealach a bhí i mbuicéad uisce úir
D'ardaigh sí an buicéad agus chuir sí ar a ceann,
Chonaic sí gach oíche go raibh scáth na gealaí ann,
Trí thuirse thit an buicéad lá, is an t-uisce ar an mblár,
Is láithreach bhuail lánléargas í, is léim a croí 'na lár,
D'imigh an t-uisce ar an tslí, is d'imigh leis an scáth gealaí.

Commentary

Sometimes the very thing we cling to is the thing we need to let go of in order to achieve insight and enlightenment. People often mistake the dim reflection of the moon for the moon itself. Like Chiyona we must be careful not to allow our beliefs to hinder us. For it may be those very beliefs that entrap us and prevent us from achieving liberation. Our beliefs may become a burden we needlessly carry around that only encumbers us on our journey. Even the dharma can become an obstacle to achieving enlightenment. It is precisely this kind of pitfall that gives rise to the somewhat bizarre Buddhist saying: 'If you see the Buddha on your journey, kill him.'

This koan alludes to one of the fundamental laws of all Buddhist teachings – the law of *Non-Attachment*. Whenever we try to nail things down and say 'that is what it is', things have the habit of proving to be otherwise. There are no 'frozen' truths. All teachings are merely signposts pointing at elusive truths. As Buddhists often say: 'A finger pointing at the moon.' Bukko pointed to the reflection of the moon in the water. This was not the moon, and so Chiyona was carrying the bucket around in vain. It was only when this cherished item was lost that she realised her mistake and then attained enlightenment. She may also have realised after having dropped her bucket that, just like the moon in her bucket of water, all other forms were also nothing more than mere reflections.

Plé

Uaireanta is é an rud lena gcloímid an t-aon rud amháin a chuireann cosc lenár saoradh ón aineolas agus ón mhíthuiscint. Nach minic go dtógann daoine solas lag na gealaí in ainriocht don ghealach féin, don ghrian agus do na réaltaí. Amhail Tíojóna, caithfimid bheith cúramach gan ligean dár gcreidimh féin bheith ina mbac orainn. Mar ansin, in ionad sinn a shaoradh, éireoidh ár gcreidimh ina n-ualach trom a bheidh le hiompar againn agus sinn ar ár mbealach tríd an saol. Is féidir fiú leis an dharma féin éirí ina bhac ar an lánléargas. As seo a dtagann an nath coimhthíoch úd: 'Má fheiceann tú an Búda ar do shlí, maraigh é!'

Tagraíonn an cóán seo do cheann de dhlíthe bunúsacha an Bhúdachais – an dlí maidir le *Neamhcheangal*. Am ar bith nuair a dhéanamid iarracht rud éigin a shainmhíniú go beacht cruinn, bíonn sé de nós ag an 'rud sin' a chló agus a nádúr a athrú de réir mar a fhaighimid breiseolas air. Ní bhíonn *fírinní reoite* ar bith ann. Ní bhíonn sna teagaisc uile ach cuaillí eolais a shíneann chuig fírinní gur deacair a chur ina gcoincheapa agus go minic, nárbh fhéidir fiú. Thaispeáin Buccó scáth na gealaí san uisce. Níorbh é an ghealach é agus mar sin bhí Tíojóna ag iompar an bhuicéid timpeall léi in aisce. Nuair a chaill sí an buicéad, bhuail an lánléargas í. B'fhéidir ag an nóiméad sin freisin, thuig sí gurbh ionann gach rud sa saol saha seo lena raibh á iompar aici go dtí sin ina buicéad uisce.

Non-Attachment
An Neamhcheangal

William Blake

He who binds to himself a joy
Does the winged life destroy
But he who kisses the joy as it flies
Lives in eternity's sun rise

An té a chloíonn le rud go deo,
A mhilleann an rud sciathánach beo,
Ach pógadh sé sonas ag rith ó chách,
Go mbeidh éirí na gréine aige go brách.

Simone Weil

Attachment is the great fabricator of illusions; reality can be obtained only by someone who is detached.

Bíonn an ceangal ina dhéantóir cumasach den seachmall; ní féidir teacht ar an bhfírinne ach nuair atáthar gan ceangal ar bith.

Phyllis Ford

What we give away – is ours forever; what we keep – we lose forever.

An ní a thugaimid uainn – is linn go deo é; an ní a choimeá-daimid – imíonn sé uainn go deo.

Marty Rubin

When a thing becomes indispensable, it's time to give it up.

Nuair nach féidir gan rud – is mithid droim láimhe a thabhairt don rud sin.

Howard Lawn

Wet sand leaves no footprints; none ahead and none behind. Only a sequence of one, from the great diversity of nature's mind.

Ní fheicfeá rianta cos i ngaineamh fliuch chun tosaigh ná ar gcúl, Ach sraith an aoin amháin, as ilghnéitheacht mhór intinn na ndúl.

12
The Elephant's Footprints
Loirg Chrúba na hEilifinte

Daiju went to visit the Zen Master Baso, who lived in China, in order to seek his advice.

'Why have you come to see me?' inquired Baso.

'I wish to achieve enlightenment,' answered Daiju.

The Master Baso started laughing loudly and when he regained his composure, he said:

'You have come all this way to ask me such a question? You have your own treasure house. Why do you search outside for what you already have inside?'

'I do not understand,' replied Daiju, 'Where is my treasure house?'

'You are your treasure house. What you are seeking is your treasure house. You are like the foolish man who leaves his elephant at home and then goes searching for it in the footprints it has made outside.'

Suddenly, Daiju was enlightened and from that time on he urged his all friends to open their own treasure houses and to use the treasures within.

———

Thug Daijiú cuairt ar an Zen-Mháistir, Basó, a raibh cónaí air sa tSín chun comhairle a lorg uaidh.

'Cén fáth ar tháinig tú le m'fheiceáil?' arsa Basó leis.

'Táim ar lorg léargais,' arsa Daijiú mar fhreagra.

Thosaigh an Máistír Basó ag gáire in ard a ghutha agus nuair a tháinig sé ar ais chuige féin arís a dúirt:

'Rinne tú an bealach fada seo lena leithéid de cheist a chur ormsa? Tá do theach taiscí féin agat. Cén fáth go gcuardaíonn tú amuigh an rud atá agat laistigh?'

'Ní thuigim,' arsa Daijiú, 'Cá bhfuil mo theach taiscí?'

'Is tusa do theach taiscí. A bhfuil á lorg agat – sin é do theach taiscí. Tá tú cosúil leis an amadán a d'fhág a eilifint sa bhaile agus a chuaigh amach á lorg i rianta chrúba a eilifinte lasmuigh.'

Go tobann bhuail lánléargas Daijiú agus ón nóiméad sin amach, ghríosaigh sé a chairde uile a dtithe taiscí féin a oscailt agus na taiscí laistigh a úsáid.

A pointless journey

Daiju visited Master Baso in China long ago,
'What is enlightenment?', Daiju asked, 'I'd really like to know.'
'So you've travelled all this way to me?' Baso looked bemused,
'If you believe I can answer that you truly are confused.
The Treasure House is always there wherever you may be,
Enlightenment is in your heart, you have no need of me.

You've left your elephant at home and have gone to a foreign land,
To search for what you already have by its footprints in the sand.'

Aistear in aisce

Thug Daijiú cuairt ar mháistir Basó sa tSín fadó fadó,
'Cad is léargas ann?', a Mháistir, 'Ní feasach dom gan gó.'
'Má tháinig tú ó thír i bhfad le ceist mar sin, a stóir,
'Le súil go ndéarfainn leat cad é, nach meallta thú go mór.
Tá Teach na dTaiscí i do chroí – pé áit a mbíonn tú féin,
Tá léargas lán le fáil agat gan dul in imigéin,
Tá d'eilifint sa bhaile 'at ach cuardaíonn tusa í,
Á lorg rian a crúb sa láib níl ann ach saothar baoth.'

Commentary

Sometimes we travel far and wide only to discover that what we seek is and has been always right under our noses from the very start. This is because the things that matter are with us and within us all the time. Our ability to love others and the joy of life itself are present within every moment of a human life.

In this koan, Daiju travels all the way to China to ask the great Zen Master Baso how he can achieve enlightenment. Baso laughs out loud because as in the Polish nursery rhyme about *Pan Hilary* who is looking everywhere for his glasses when they've been right there on his nose all the time, Daiju is also looking for something that he already possesses.

There is nothing we need to do to attain enlightenment, except to remove the fog of confusion that clouds our own buddhahood. This is why Baso laughs when he hears Daiju's request. Baso tells Daiju that he is the very treasure house that he is looking for. Only when Daiju fully realises this is he made aware of of his own innate buddha-nature

Plé

Uaireanta déanaimid taisteal i bhfad ó bhaile chun an rud atá díreach os comhair ár súl a fheiceáil. Tarlaíonn sin mar is minic gurb iad na rudaí fiúntacha a bhíonn inár saol a bhíonn as radharc againn; na rudaí úd nach n-airímid go bhfuil siad againn cheana féin. Mar shampla, ár gcumas grá a thabhairt do dhaoine eile agus an sonas féin a bhíonn i láthair i ngach nóiméad den saol daonna.

Sa chóán seo, taistealaíonn Daijiú chomh fada leis an tSín chun cuairt a thabhairt ar an Zen-Mháistir Mór Basó le fiafraí de conas arbh fhéidir leis léargas a bhaint amach. Déanann Basó gáire os ard nuair a chloiseann sé an cheist sin mar amhail Pan Hilary sa rann cáiliúil Polainneach do pháistí, ina gcuardaíonn seanfhear a spéaclaí gach áit go dtí go bhfeiceann sé i scáthán go soiléir go bhfuil siad ar a shrón féin an t-am ar fad, tá Daijiú sa bhád céanna agus é ar lorg an ruda atá agus a bhí aige ó thús.

Níl aon rud gur gá dúinn a dhéanamh chun léargas a bhaint amach, ach amháin an ceo a dhíbirt. Cuireann ceist Daijiú Basó ag gáire. Cuireann Basó ar a shúile dó gurb é féin an teach taiscí a bhíonn á lorg aige. Nuair a thuigeann Daijiú sin, imíonn na scamaill óna shúile agus nochtar faoi dheireadh dó a nádúr Búdaíoch féin.

Enlightenment
Léargas

Socrates

Education is the kindling of a flame, not the filling of a vessel.

Ní líonadh soithigh an t-oideachas ach lasadh tine.

Chögyam Trungpa

Enlightenment is ego's ultimate disappointment.

Díomá dheiridh an fhéin is ea an léargas.

Bodhidharma

Not thinking about anything is Zen. Once you know this – walking, sitting, or lying down – everything you do is Zen.

Gan bheith ag smaoineamh ar aon rud – sin Zen. Nuair is eol duit é seo agus tú ag siúl, nó tú i do shuí nó i do luí – ansin gach rud a dhéanann tú is Zen é.

13
The Governor of Kyoto
Gobhanóir Kyoto

Kitagaki was a friend of Keichu who was a renowned teacher of Zen in the Meiji era and also the head of the great Tofuku-Ji Temple in the prefecture of Kyoto. One day, Kitagaki, who had just been appointed Governor of Kyoto, called to visit his friend, Keichu. He presented his calling card to Keichu's attendant at the door. The card read: Kitagaki, Governor of Kyoto.

When the attendant brought the card, Keichu looked at it and promptly handed it back, saying: 'I do not know this Governor and I have no reason to see him. Tell him to go away.'

The attendant returned to Kitagaki and made his apologies. 'That was my mistake,' replied the governor, and crossed out the words

'Governor of Kyoto' with a pencil. 'Please return my card to your master with my apologies.'

'Oh, it is Kitagaki,' smiled Keichu holding the card once more in his hand, 'I am so delighted he has come to visit me.'

—

Cara le Céiciú ea ba Ciotagaichí. Bhí Céiciú ina oide cáiliúil den teagasc Zen san aimsir Méijí agus ina cheannaire ar an Ardteampall Mór, Tofúcú, sa Mhaoracht Kyoto. Lá amháin, bhuail Ciotagaichí isteach chuig a chara den chéad uair ó rinneadh Gobhanóir de. Thug sé a chárta cuartaíochta don fhreastalaí le tabhairt do Chéichiú. Scríofa ar an gcárta a bhí: 'Ciotagaichí Gobharnóir Kyoto.'

Nuair a thug an freastalaí an cárta do Chéichiú, d'fhéach sé air agus thug sé ar ais á rá: 'Níl aithne dá laghad agam ar an nGobharnóir seo agus níl aon ghnó agam leis. Cuir ruaig air!'

D'fhill an freastalaí agus ghabh sé a leithscéal le Ciotagaichí. 'Ormsa atá an locht ar fad,' arsa Ciotagaichí, agus scrios sé na focail 'Gobharnóir Kyoto' den chárta. 'Beir mo chárta ar ais chuig do mháistir arís le mo leithscéal.'

'O, Ciotagaichí,' arsa Céichiú le gáire mór geal ar a bhéal agus é ag féachaint ar an gcárta den dara huair, 'Nach mór mo lúcháir, a chara mo chroí, gur tháinig tú ar cuairt chugam.'

The calling card

Keichu of Kyoto, a Zen-Master of renown,
Was the head of the Tofuku, the temple of the town,
Kitagaki shows his card – 'Governor Supreme',
'Please tell Keichu, I am here and I'd like to see him.'
'I wonder who now this could be, I haven't an iota!
Who is this 'Governor Supreme', ruler of Kyoto?'
Kitagaki takes his pen: 'My insolence is plain.'
Erases Governor Supreme, returns the card again,

Keichu reads the card once more, then rushes to the open door,
'It isn't Kitagaki, is it?! How glad I am you've come to visit!'

An cárta cuartaíochta

Mar cheannaire an Tofúcú – teampall glé na seod,
Bhí Céichiú ina mháistir Zen san aimsir anallód,
Tháinig Ciotagaichí lá le cárta óir bródúil,
'Ardghobharnóir' Kyoto, is leis seo á chur in iúl,
D'fhéach Céichiú ar an nóta: 'Ard-ghobharnóir Kyotó?
Níl aithne agam air siúd, go n-imí sé go beoga!'
Láithreach thuig an cuairteoir, mar lasair ina cheann,
Baineann sé 'Ardghobharnóir' dá chárta lena pheann,
'Gabh mo leithscéal as mo bhaois!' ansin léigh Céichiú é arís.
'Ciotachaichí, a chara chroí! Tá fáilte romhat! Conas taoi?!'

Commentary

When we walk in the park on a Saturday afternoon, we see lots of people, some strolling, some jogging, some walking their dogs. Amongst all those people are doctors, musicians, police men and women, shop-assistants and teachers. We do not know, simply by looking at them, who is who – they are people. When we see someone on a football pitch in a black t-shirt and black shorts, we see a referee and not the person.

When we see someone in a uniform or doing a particular job, we often expect them to behave in a certain way. They too behave differently than they do when they're home with their family or relaxing on a sunny beach. Keichu does not want to meet 'the Governor of Kyoto' but he would like to meet his friend, Kitagaki. This koan reminds us not to forget who we really are behind the various roles we play in life.

The role of the pupil, the teacher, or the parent, are important roles and parts that we temporarily occupy during our lives, but they are not who we are. This is why the stillness of meditation is so important; it allows us to pacify our mind troubled by all the responsibilities and roles we assume. Zazen can help us rediscover who we really are and re-identify with our true essence – the eternal observer that is within us all.

Plé

Nuair a ghabhaimid sa pháirc Satharn ar bith, feicimid a lán daoine timpeall orainn ag spaisteoireacht, ag jogáil, ag siúl a gcuid madraí. Ina measc a bhíonn dochtúirí, ceoltóirí, gardaí, freastalaithe siopa, múinteoirí agus a lán eile, ach ní bhíonn a fhios ón spéir anuas againne cé hiad, nó cén ghairm bheatha a leanann siad, is iad uile ag siúl tharainn – ní bhíonn iontu ach daoine. Má fheicimid duine ar pháirc peile, le t-léine dhubh á chaitheamh ag an duine sin agus le feadóg sa bhéal, tuigimid láithreach gur réiteoir an chluiche atá ansin.

Má dhearcaimid ar dhaoine faoi éide, nó i mbun oibre faoi leith, bímid ag feitheamh go n-iompróidh siad iad féin ar shlí áirithe. Agus nach fíor go n-iompraíonn siad iad féin go difriúil ná mar a bhíonn siad sa bhaile lena gcairde agus lena gclann féin? Ní theastaíonn ó Chéichiú caint a dhéanamh le Gobharnóir Kyoto ach ba bhreá leis bualadh lena sheanchara, Ciotagaichí. Meabhraíonn an cóán seo dúinn gan dearmad a dhéanamh ar an duine bunaidh a bhíonn taobh thiar de na mascanna éagsúla a chaithimid sa saol.

Bíonn rólanna den dalta, den tuismitheoir, den oide tábhachtach ach ní bhíonn iontu ach rólanna – ní hiadsan an fhíoreisint a bhíonn ionainne go léir. I dtost an mhachnaimh, is féidir ár n-intinn shuaite a chiúnú agus a shaoradh ó shrianta na rólanna sealadacha uile agus ionannú arís leis an mbreathnóir síoraí úd a bhíonn de shíor ionainn gan athrú.

Authenticity
Barántúlacht

Carl Gustav Jung

The privilege of a lifetime is to become who you really are.

Pribhléid na beatha seo – sin fáil amach cé tú féin agus bheith i do dhuine sin.

Dalai Lama

An authentic attitude of compassion doesn't change, even when faced by another person's negative behaviour.

Ní athraíonn meon fíréanta na comhbá fiú nuair a bhuaileann sé le droch-iompar ó dhuine eile.

William Shakespeare

To thy own self be true, and it must follow, as night the day, Thou canst not then be false to any man.

Bí fíor duit féin, Agus dá thoradh sin, mar a leanann an oíche lá, ní féidir leat a bheith bréagach le haon neach eile.

Martina Navratilova

Labels are for filing, labels are for clothing. Labels are not for people.

Is cóir lipéid a chur ar chomhaid, lipéid a chur bhaill éadaí. Ach ní cóir lipéid a chur ar dhaoine.

Phyllis Ford

You have to remove your mask if you want to see how truly beautiful you really are.

Caithfidh do mhasc a bhaint díot féin le feiceáil cé chomh fíorálainn is atá tú i ndáiríre.

14
All the Meat Is the Best!
An Fheoil Uile ina Feoil is Fearr!

One day Banzan Hōshaku is crossing the market place when he over-hears a conversation between a butcher and a customer. The customer, who is buying some pork, says to the butcher:

'Cut me a piece of the best meat you have!'

'All the meat is the best,' replies the butcher. 'You cannot find here any piece of meat that is not the best.'

The customer starts to laugh and then so does the butcher.

On hearing these words, Bazan too bursts out laughing and immediately becomes enlightened.

———

Lá amháin tá Banzan Hōshaku ag trasnú an mhargaidh nuair a chloiseann sé de thaisme comhrá idir custaiméir agus búistéir. Tá an custaimnéir ag ceannach muiceola agus deir sé leis an mbúistéir:

'Gearr dom spóla muiceola den bhfeoil is fearr atá agat!'

'Tá an fheoil uile ina feoil is fearr,' arsa an búistéir leis. 'Ní féidir feoil anseo a fháil nach í an fheoil is fearr.'

Tosaíonn an bheirt fhear ag gáire.

Agus ar chlos do Bhanzan na focail seo, briseann seisean amach ag gáire fosta. Ag an nóiméad sin, buaileann lánléargas láithreach é.

The best meat

Bazan was a learnèd monk out strolling in the mall,
Who overheard a conversation at a butcher's stall,
A client asked if he could buy meat better than the rest,
The butcher answered in reply: 'All my meat is best.'
The client and the butcher laughed, yes both men laughed a lot,
And Bazan laughed as well and was enlightened on the spot.

An fheoil is fearr

Bhí Bazan ina mhanach fáin gan mhainistir, gan seoladh,
Lá cloiseann sé de thaisme caint in aice stainnín feola,
Ar custaiméir le búistéir: 'Tabhair dom an fheoil is fearr.'
'Is fearr gach feoil atá agam. Tá an fheoil go léir thar barr!'
Cloistear gáire an bhúistéara agus sciotaíl chustaiméara,
Buaileann gáire Bazan fáin is láithreach leis, an léargas láin.

Commentary

One of the aspects of the discriminating mind is a complex categorisation of qualities that are 'better' or 'worse'. However, all such categorisations are relative to other things. For example, sandals are better than boots in the summer, cycling better than driving for your health or an e-book is better than a pile of books when travelling on holidays. What the discriminating mind does not see is the 'wholeness' of reality. Everything is 'best' because it is all part of a 'whole' that is the world in which we all live.

In this koan, the butcher points out to his customer that all his meat is the 'best', perhaps depending on what dish the customer wishes to prepare. Everything has its purpose and plays its own essential role in the full picture of reality. Even the humble triangle has its part to play and without it, the symphony would not be complete. As Voltaire said: 'How infinitesimal is the importance of anything I do, but how infinitely important it is that I do it.'

In the finite and relativistic view of the world, there will always be a 'better' and a 'worse' but in the absolute view, there is not and never could be such a view. Any printed book you are reading requires the ink for its pages, the invention of the printing press, the editors, the illustrators, etc. No one can ever say: 'This, I did alone.'

Plé

Ceann de na tréithe is príomha den intinn idirdhealaitheach is ea an catagórú coimpléascach de cháilíochtaí de réir 'Cé acu is fearr?' agus 'Cé acu is measa?' Ach bíonn na catagóirí uile seo coibhneasaíoch ina nádúr mar bíonn siad de shíor ag brath ar rudaí eile. Mar shampla, bíonn cuaráin níos fearr ná buataisí le linn an tsamhraidh, bíonn rothar níos fearr ná carr don tsláinte, nó bíonn Kindle níos fearr ná carn mór leabhar má bhímid ag taisteal ar saoire. Ach teipeann ar an intinn idir-dhealaitheach an pictiúr iomlán a fheiceáil – an réaltacht ina bhfuilimid ag glacadh páirte agus dá bhfuilimid inár gcuid dílis.

Sa chóán seo, cuireann an búistéir ar eolas dá chustaiméir go bhfuil gach cineál feola atá aige ina fheoil 'is fearr' maidir leis na haidhmeanna cócaireachta éagsúla a bheadh i gceist. Bíonn a chuspóir féin ag gach rud agus comhlíonann gach uile rud a pháirt ríthábhachtach féin sa phictiúr iomlán den réaltacht seo. Fiú gan an triantán bocht sa cheolfhoireann, ní bheadh an siansa curtha i gcrích i gceart. Dúirt Voltaire é: 'Nach beag bídeach an rud atá le déanamh agam, ach is ríthábhachtach an rud go ndéanfainn é.'

Sa chiall theoranta choibhneasaíoch, bíonn 'níos fearr' agus 'níos measa' i gcónaí ann ach sa chiall éigríche, nó de réir na fírinne absalóidí, ní féidir a leithéid de choincheap bheith ann. Ní fhoilseofaí leabhar clóite ar bith, gan an dúch bheith curtha ar fáil, gan airgeadh na clódóireachta, gan eagarthóirí agus ealaíontóirí, agus a lán lán eile. Sa saol seo ní féidir choíche a rá: 'Seo a rinne mé i m'aonar.'

The Absolute
An Absalóid

Peter Kreeft

It is reasonable to love the absolute absolutely and for the same reason it is reasonable to love the relative relatively.

Luíonn sé le réasún gur cóir grá iomlán a thabhairt dá bhfuil ina iomláine agus ar an gcúis chéanna, nach cóir ach grá teoranta a thabhairt don rud atá teoranta.

Dejan Stojanović

Everything and nothing are the same in the absolute.

Tá gach rud agus tada mar an gcéanna san absalóid.

Howard Lawn

Only God is absolute and the absolute cannot be discussed – it just is. And how do you and I know this? Because we all are that and nothing else.

Níl aon absalóid ann ach Dia agus ní feidir an absalóid a phlé – tá sí ann agus sin é. Agus conas atá an t-eolas seo agam agus agatsa? Mar is sinn uile sin, agus faic eile.

Eckhart Tolle

One thing is of absolute importance - and that is your con-nectedness with being.

Rud amháin ag a bhfuil ríthábhacht amach is amach – Is é sin do bhainteacht le beith.

15
Flower Power
Cumhacht mBláthanna

Subhūti, one of the 10 great disciples of the Buddha, stood out for his abilities in the meditation of *metta-sutta* – loving kindness. In the Prajñāpāramitā sūtras of the Mahāyāna, it is Subhūti who, because of his profound understanding, explains the teaching of *Shunyata:* 'emptiness'.

One day Subhūti, in a mood of sublime emptiness, was sitting under a tree when flowers began to fall about him. 'What is this?' inquired Subhūti of the gods.

'We are praising you for your discourse on emptiness,' the gods replied.

'But I have not spoken of emptiness,' said Subhuti.

'You have not spoken of emptiness, we have not heard emptiness,' replied the gods: 'This is true emptiness.' And blossoms showered down upon Subhūti like rain.

—

Bhí Subúití ar cheann den deichniúr aspal mór a bhí ag an mBúda, agus sheas sé amach de bharr a chumais i mbun machnaimh ar an *metta-sutta* – 'an cheanúlacht gan chuimse'. Sna sútraí Prajñāpāramitā den chleachtadh Mahāyāna, is é Subúití a mhíníonn de bharr a eolais dhomhain, teagasc na foilmhe: *Siúniata*.

Lá amháin nuair a bhí Subúití in uasdiamhair na foilmhe agus é ina shuí faoi chrann, thosaigh bláthanna ag titim anuas air. 'Cad é seo?' arsa Subúití leis na déithe.

'Táimid do do mholadh as d'aitheasc ar an bhfoilmhe,' a d'fhreagair na déithe.

'Ach níor labhair mé faoin bhfoilmhe,' arsa Subúití.

'Níor labhair tú faoin bhfoilmhe, níor chualamar faoin bhfoilmhe,' arsa na déithe: 'Fíorfhoilmhe é sin.' Agus thosaigh bláthanna ag titim anuas ar Shubúití amhail cith fearthainne.

Shower of flowers

Subhūti – Buddha's pupil, grasps without parallel,
The teachings of Shūnyatā, and explains them rather well,
The practice, loving-kindness, is his faithful stepping stone,
To realising emptiness, as he meditates alone.

One day Subhūti's meditating underneath a tree,
When flowers start to fall on him – 'Whatever could this be?'
'We're praising you, Subhūti,' the gods whisper in his ear,
'But I did not speak of emptiness, since I've been sitting here.'

'You did not speak. We did not hear,'
the gods agree whole-heartedly.
'This emptiness is true,' they smile,
while blossoms rain down all the while.

Cith de bhláthanna

Aspal mór an Bhúda is ea Subúití cliste, lách,
A thuigeann an Siúniata, is a mhúineann é do chách,
A chleachtadh – an cheanúlacht atá ina clochán teann,
Chun foilmhe a thuiscint le linn a mhachnaimh dhomhain.

Lá is é ag machnamh ina shuí go ciúin faoi chrann,
Thosaigh bláthanna go tapa tiubh ag titim ar a cheann,
'Cad é seo?' ar seisean, – 'Moladh ó aos sí,'
'Ach ní dúras faic faoin bhfoilmhe ó tá mé i mo shuí.'

Ní dúirt tú faic. Níl cloiste faic adeir sióga ina chluas,
'fíorfhoilmhe sin,' ar siadsan ag caitheamh bláthanna anuas.

Commentary

What is emptiness? In Buddhist practice, *shūnyatā* – 'emptiness' – is a
central teaching and it is, paradoxically, both one of the simplest and yet
one of the most difficult teachings to understand. Seeking liberation from
suffering and seeking reality are one and the same thing in Buddhism.
In this finite 'dual' world that consists of beginnings and ends, pleasures,
beliefs, and all of the phenomena that we perceive, any seeking for our
true nature is a complete waste of time. In fact, there is no need to ask any
Tibetan lama or guru for the answer. There is no 'other'. There is only the
one and you are that one. You are not this. You are that.

When a true understanding of shūnyatā 'emptiness' is attained, the
innate emptiness of all phenomena is finally realised. In the teaching
of emptiness, all the teachings themselves are eventually dismissed as a
full and complete understanding is reached. This is because emptiness
is non-dualistic. There is no 'observer' and no 'observed' because
that too would be dualistic and the truth is non-duality. Emptiness,
however, is not nothingness. Out of emptiness everything arises. As
Chögyam Tungpa explains: 'When we begin to look beyond duality,
we see that it is not just empty and non-existent. We begin to realise
that beyond egohood there is still a tremendous aliveness and vitality,

strength and energy. This aliveness and energy is luminous and bright, and it contains tremendous wisdom.'

Plé

Cad is foilmhe ann? Sa chleachtadh Búdaíoch is teagasc lárnach é *siúiniata* nó 'foilmhe', agus cé gur paradacsa é, bíonn sé ar na teagaisc is éasca agus is deacra a thuiscint ag an am céanna. Is ionann cuardach na saoirse agus cuardach na réaltachta sa Bhúdachas. Sa saol 'déach' finideach/ teoranta, bíonn tús agus críoch ag gach rud, ag gach pleisiúr, gach creideamh, gach eispéireas. Mar sin is diomailt aimsire ar fad bheith ag cuardach ár bhfíornádúir ónár n-aireachtáil dhéach sa saol seo. Agus, i ndáiríre, ní gá dúinn dul i muinín láma Thibéadaigh nó gurú éigin chun na freagraí cuí a fháil. Tá siad go léir ionainn féin. Níl aon 'eile' ann. Níl ann ach tusa. Agus ní tusa seo. Is tusa sin.

Nuair a thuigtear foilmhe, tuigtear foilmhe inbheirthe de gach uile fheiminéan. Sa teagasc ar an bhfoilmhe, imíonn an teagasc féin nuair a thuigtear i ndáiríre í mar is neamhdhéach é an fhoilmhe. Níl aon 'bhreathnóir' agus níl aon rud 'breathnaithe' mar is déach freisin an coincheap sin agus is í eisint na foilmhe ná an neamhdhéachas. Ní ionann, áfach, foilmhe is neamhní. Mar a mhíníonn Chögyam Trungpa: 'Nuair a bhreathnaímid thar an déachas, tuigimid nach rud folamh gan eiseadh ar bith í. De réir a chéile tuigimid go bhfuil beocht chumasach agus anamúlacht ar an taobh eile de shaol an "fhéin". Bíonn an anamúlacht seo lonrúil agus geal, agus is inti siúd a bhfaightear gaois den scoth.'

Emptiness
Foilmhe

Jackson Pearce

It is beautiful, it is endless, it is full and yet seems empty.

Tá sé go hálainn, tá sé gan chríoch, tá sé lán ach fós tá dealramh na foilmhe air.

The Heart Sutra

Thus, O Sariputra, all things having the character of emptiness, have no beginning and no ending; they are neither faultless nor not faultless; they are neither perfect nor imperfect. Therefore in emptiness, there is no form, no sensation, no perception, no discrimination, no consciousness. There is no eye, no ear, no nose, no tongue, no sensitiveness to contact, no mind. There is no form, no sound, no smell, no taste, no touch, no mental process, no object, no knowledge, no ignorance.

Ar an gcaoi sin, a Shairipiútra, a bhíonn nádúr na foilmhe sna rudaí uile, níl tús ná críoch orthu, níl siad lochtach ná gan bheith lochtach, níl siad foirfe ná gan bheith foirfe. Dá bhrí sin, san fhoilmhe, níl foirm, ná mothú, ná braistint, ná idirdhealú, ná aithne. Níl súil, ná cluas, ná srón, ná teanga ná aireachtáil teagmhála, ná meabhair inti. Níl foirm, ná fuaim, ná boladh, ná blaiseadh, ná teagmháil, ná próiseas meabhrach, ná cuspóir, ná eolas, ná aineolas inti.

Daisetsu Teitaro Suzuki

Emptiness which is conceptually liable to be mistaken for nothingness is in fact the resevoir of infinite possibilities.

Foilmhe, arbh fhéidir go coincheapúil a thógáil in ainriocht don neamhní, atá, go deimhin, ina taiscumar féidearthachtaí gan chuimse.

151

16
How to Get Rid of Nothing
Conas Fáil Réidh le Faic

Joshu was already sixty years of age when he decided to study Zen. He continued this study until he was eighty, when he became a Zen Master. It is said that he continued to teach Zen until he was one hundred and twenty years of age.

One day a student came to him with a problem. He bowed before Joshu and asked:

'I have discovered that I have nothing in my mind. What shall I do?'

'Throw it out!' replied Joshu.

'But I do not know how to throw it out!' the student exclaimed.

'If you don't know how to throw it, then carry it out instead!'

———

Bhí Joisiú seasca bliain d'aois nuair a shocraigh sé ar Zen a fhoghlaim. Rinne sé staidéar ar an Zen go dtí go raibh sé ochtó bliain nuair a d'éirigh sé ina Zen-Mháistir. Tá sé ráite gur lean Joisiú ag múineadh Zen go dtí go raibh sé céad is a fiche bliain d'aois.

Lá amháin, tháinig dalta chuig Joisiú le fadhb. Chlaon sé a cheann roimh an Mháistir agus d'fhiafraigh sé de:

'Léiríodh dom, a Mháistir, go bhfuil faic agam i m'intinn. Cad a dhéanfaidh mé?'

'Caith amach é!' arsa Joisiú.

'Ach níl a fhios agam conas é a chaitheamh amach,' a fhreagraíonn an dalta agus mearbhall air.

'Mura bhfuil a fhios agat conas é a chaitheamh, iompair amach é mar sin!'

Nothing

At sixty Joshu started Zen,
At eighty he was well-versed when,
He became a teacher then,
A Master at the art of Zen,
One day a student bowed his head,
'I've come to seek advice,' he said,
'In my mind my thoughts are few,
There's nothing there - what should I do?'
'I'd throw it out, without a doubt.'
The smiling guru pointed out.
Confused the student fears to show it,
Explains not knowing how to throw it? '
So Joshu smiles and shakes his head,
'Then carry this nothing out instead.'

Faic

Níor thosaigh Joisiú ag foghlaim Zen go dtí go raibh sé trí scór,
Ag ochtó bliain, mar Mháistir críonn'
mhúin sé gach aon le croí mór,
Tháinig dalta chuige lá, le ceist anóiteach á chrá,
'Cabhraigh liom, a Mháistír chóir,
níl faic i m'intinn 'bheag nó a mhór.'

Chlaon an dalta síos go humhal le freagra críonna uaidh ag súil,
Is d'fhreagair Joisiú leis gan mhoill –
'Caith amach é, sin a bhfuil!'
'Ní fios dom conas sin, mo bheann,' an bhfuil aon rogha eile ann?
'Bhuel, is féidir leat, gan amhras é a iompar as do cheann.'

Commentary

A koan is often by its very nature a paradox of a kind, and it is also a quantum world where we regularly find things that are both true and false at the same time. The koan is intentionally designed to confuse logic and to make us re-examine the way in which we approach concepts and our conditioned understanding of reality.

In this koan the Zen-Master is being asked if it is possibe to get rid of nothing by removing it? To understand the purpose of this koan we have to leave our intellect and anaytical mind to one side and to make an encounter with this answer at a more intuitive level. At first we are puzzled by Joshu's replies. Whatever could Joshu be trying to reveal to his student by his answer?

The koan informs us that all experience is unique to the person experiencing it, and is shaped by that person's perceptions. We must change our perceptions in order to change whatever it is that our experience may be. This is the Buddhist idea of 'turning poison into medicine'. Water can drown us or give us life, fire can burn us or keep us warm. The 'nothing' in the young student's mind is not the 'problem'. It is his attitude towards that 'nothing' that needs to be examined.

Plé

Is minic gur pardacsa de chineál éigin é an cóán. Is candam-dhomh-an é ina bhfaightear go mbíonn rudaí fíor agus bréagach ag an am céanna. Bíonn cuid mhór de chóáin déanta d'aonghnó sa dóigh seo chun an loighic a chur trí chéile agus chun iallach a chur orainn an cheist a athscrúdú i slí ina dtabharfaimis aghaidh as an nua ar ár gcoin-cheapa pearsanta féin agus ar na tuiscintí coinníollaithe a bhíonn againn inár saol.

Sa chóán seo fiafraíonn dalta Zen conas fáil réidh le 'faic'. Chun aidhm an chóáin seo a thuiscint, caithimid ár meon anailíseach a fhágáil ar leataobh agus freagra taobh amuigh den loighic laethúil a leá lenár n-iomas nádúrtha. Ar dtús, bíonn mearbhall orainn de bharr freagraí Joisiú. Cad a bhíonn i gceist aige lena chuid freagraí aisteacha?

Tugann an cóán seo le fios dúinn go mbíonn eispéireas an duine múnlaithe ag coincheapa an duine a airíonn an t-eispéireas sin. Ní mór dúinn ár gcoincheapa pearsanta féin a athrú chun ár n-eispéireas a athrú. Tugtar 'athrú nimhe chun leighis' ar an mBúdachas seo. Bánn uisce an duine ach freisin tugann uisce beatha dó, dónn an tine sinn ach tugann sé teas agus solas dúinn fosta. Ní hé an 'faic' in intinn an dalta atá ina 'fhadhb' dó ach is é a mheon ina leith gur chóir dó a iniúchadh go grinn.

Paradox
Paradacsa

John Lennon

It's weird not to be weird.

Is aisteach an rud é gan bheith aisteach.

Rita Mae Brown

Good judgment comes from experience and experience comes from bad judgment.

'Eascraíonn na dea-bhreithiúnais as an taithí, agus faightear an taithí ó dhrochbhreithiúnais.'

Mae West

You are never too old to become younger.

Ní bhíonn tú choíche róshean chun éirí níos óige.

Amos Smith

Throughout the parables the paradoxical teachings continue: give to receive, die to live and lose to win.

Bíonn an paradaca le feiceáil de shíor i bhfáthscéalta an Bhíobla: tabhair uait agus tabharfar duit, faigh bás agus gheobhaidh tú beatha, beidh tús ag an duine deireanach, agus beidh an té a bhí ag an tús ar an deireadh.

Jodi Picoult

That's the paradox of loss: How can something that is gone, weigh us down so much?

Tá paradacsa le fáil sa rud atá caillte; Conas arbh fhéidir le rud atá imithe uainn bheith chomh trom ar ár gcroí?

17
This Man Is Not a Thief
Ní Gadaí an Fear Seo

As the evening approached, Shichiri Kojun began to recite sūtras. While he was doing so, a thief, wielding a sharp sword, entered and demanded money.

'Do not disturb me,' replied Shichiri. 'You will find the money in that drawer'. Then he returned to his recitation. While the thief was rifling through the drawer, Shichiri stopped and said:

'Don't take all of it because I shall need some money to pay my taxes tomorrow.'

The thief took most of the money and was on his way out, when Shichirí spoke to him again. 'You should thank a person when you receive a gift from them.' The man thanked Shichiri and left.

Some time later, the thief was apprehended and amongst his other crimes he admitted to having robbed Shichiri. Shichiri was called to be a witness but said: 'This man is not a thief, as far as I am concerned. I gave him the money and he thanked me for it.'

After the man was released from jail, he became a disciple of Shichiri.

———

Le teacht na hoíche, thosaigh Sichirí Cójún ag caintaireacht na sútraí. Agus é i mbun a chuid cantaireachta, bhris gadaí isteach le claíomh géar ag éileamh airgid.

'Ná bí ag cur isteach orm,' arsa Sichirí leis, 'gheobhaidh tú an t-airgead sa taireacán thall.' Ansin d'fhill Sicirí ar a chantaireacht. Agus an gadaí ag ransú an taireacáin, arsa Sichirí leis:

'Ná tóg an t-airgead go léir mar beidh orm mo chuid cánacha a íoc amárach.'

Thóg an gadaí an chuid is mó den airgead agus ar a bhealach amach labhair Sicirí leis arís. 'Is den dea-nós é buíochas a ghabháil nuair a thugtar bronntanas duit.' Ghabh an gadaí buíochas le Sichirí agus d'imigh sé leis.

Tamall gairid ina dhiaidh sin gabhadh an gadaí agus i measc a choireanna eile, d'admhaigh sé gur robáil sé Sichirí freisin. Nuair a iarradh ar Shichirí bheith ina fhinné ar an gcás sin, dúirt sé: 'Ní gadaí an fear seo, chomh fada liomsa de, pé scéal é. Thug mé an t-airgead dó mar bhronntanas agus ghabh sé a bhuíochas liom as.'

Nuair a scaoileadh an fear as príosún, d'éirigh sé ina dheisceabal do Shichirí.

A new disciple

Shichiri Kojun liked to recite,
The sacred sūtras throughout the night,
One evening as he was sitting alone,
A thief with a sword broke into his home,
'Give me your money!' the burglar said,
'Or if you prefer, I could cut off your head!'
Shichirí quietly showed him a drawer.
'There, you'll find all you need and much more,'

Wasting no time, the thief went to explore,
Shichiri added: 'Leave a little, the fact is,
Tomorrow I have to go pay all my taxes.'
Shichiri waited, neither troubled nor miffed,
Then told the young man to say thanks for the gift,
The police caught the thief, but Shichiri claimed,
to their disbelief, he'd been wrongfully blamed,
'I gave him the money, on leaving, you see,
He expressed his deep gratitude courteously.'
The thief did his jail-time, but after was soon,
A devoted disciple of Shichirí Kojun.

An deisceabal nua

Agus Sichirí Cójún i mbun sútraí tráth,
Bhris gadaí sa teach le claíomh ina lámh,
'Tabhair dom d'airgead nó faigh bás ar ball!'
'Ná cuir isteach orm,' ar Sichirí go mall,
'Gheofar an t-airgead sa chófra sin thall;
Fág beagáinín beag dá bhfuil curtha ansan,
Mar amárach tá cáin mhór le híoc agam.'
An t-airgead tógtha, arsa saoi leis an bhfear,
'Is den dea-bhéas buíochas a ghabháil as gar.'
Sin ráite go gasta, amach leis go lasta.
Gabhadh an buirgléir i ndeireadh na dála,
Ach níor lochtaigh Sichirí fear a robála,
'Mar shíntiús a thug mé an t-airgead dó,
Agus ghabh sé a bhuíochas liomsa fadó.'
T'réis tamaill i bpríosún, t'réis sileadh na ndeor,
Bhí deisceabal nua ag Sichirí cóir.

Commentary

One of the common guidances in Mahāyāna Buddhism is *'Upaya Kaushalya'* (Skillful Means) – effective actions that require understanding and wisdom. In this koan, we see the result of using both unskillful and Skillful Means in order to achieve a desired outcome. The thief wants to acquire happiness and thinks that by stealing he can achieve what he believes will bring him happiness. In the mind of the thief, it is easier to steal the money he wants rather than having to work for it – therefore for him robbery is the preferable option. And he is even willing to use force to attain his goal.

In contrast to these very unskillful means, Shichiri is shown to use *Skillful Means* when he extends generosity to the intruder by sharing his money and by recieving the thief as an honoured guest. By his wise actions, Shichiri helps the thief three times. Firstly, by giving money to him, Shichiri disuades the intruder from resorting to violence, thus helping to avoid any further negative karma. Secondly, when the thief is eventually arrested, Shichiri shows compassion and generosity which bring healing. Finally, all Shichiri's wise actions help the thief to understand where true bliss can be found and so the thief eventually decides to become Shichiri's disciple. These were Skillful Means used by Shichiri that changed a potentially dangerous and fatal set of circumstances into a means of achieving enlightenment and positive karma for all.

Plé

Ceann de na treoracha is coitianta lena mbuailtear sa Bhúdachas Mahāyāna is ea 'Upaya Kaushalya' ('Modhanna Oilte'). Is modhanna nó gníomhartha iad a bhíonn ag teastáil chun léargas nó aidhmeanna tairbheacha a bhaint amach trí thuiscint cheart agus ghaois. Sa chóán seo, feicimid torthaí éagsúla de mhodhanna neamhoilte an ghadaí agus de *Mhodhanna Oilte* Shichirí. Teastaíonn ón ngadaí sonas a aimsiú trí bhíthin gadaíochta. Dar leis bíonn sé níos éasca maoin a ghoid ná é a thuilleamh le hobair chrua, mar sin is fearr leis gadaíocht a dhéanamh. Tá sé réidh fiú foréigean a úsáid chun a chuspóir a aimsiú.

I gcontrárthacht leis na modhanna neamhoilte seo, téann Sichirí i muinín modhanna oilte agus dá bhrí sin taispeánann sé féile don bhuirgléir nuair a roinneann sé a chuid airgid leis, agus tugann sé meas an aoi oinigh air nuair a labhraíonn sé leis go lách macánta. De thoradh a chuid gníomhartha críonna uile, cuidíonn Sichirí leis an mbuirgléir trí huaire. An chéad uair, seachnaíonn gníomhartha Sichirí an foréigean. An dara huair nuair a dhiultaíonn Sichirí gadaí a thabhairt ar an bhfear – féile eile a chothaíonn leigheas. agus ina dhiaidh agus uile ba é Sichirí a chuir an síol cuí in intinn an bhuirgléara mar i ndeireadh na dála d'éirigh an gadaí ina dheascabal ag Sichirí. Ba Mhodhanna Oilte iad as ar bhain Sichirí Cójún feidhm chun an droch-karma a dhíbirt agus ina ionad, léargas agus dea-karma a bhaint amach do chách.

Skillful Means
Modhanna Oilte

Chögyam Trungpa

There is no way of developing that sense of inner teacher if you fail to relate with daily living situations directly, because without that, there is no interchange with your world.

Níl slí ar bith ann chun brí an oide inmheánaigh a fhorbairt, mura n-éiríonn linn caidreamh díreach bheith againn lenár ndomhan féin.

Je Tsongkhapa

Even if a Bodhisattva investigates the highest wisdom, one is not a proper Bodhisattva unless one applies Skillful Means for the benefit of other sentient beings.

Fiú má fhiosraíonn an Bodhisattva an ghaois is airde, ní Boddhisatva ceart é mura gcuireann sé Modhanna Oilte i bhfeidhm ar son tairbhe neach mothaitheach eile.

Nyoshul Khenpo Rinpoche

Not only compassion, but tremendous Skillful Means can be born when you realise the nature of the mind.

Ní shaolaítear comhbhá amháin, ach Modhanna Oilte taibhseacha nuair a thuigtear nádúr na hintinne

Andrew Smith

Skillful Means ultimately are the presentation of absolute truth, which is very hard to get to just with language or the presentation of information.

Ar deireadh is léiriú na fírinne absalóidí é Oilteacht i Modhanna, agus is rud an-deacair é a leithéid a bhaint amach trí bhíthin teanga nó trí eolas a chur ar fáil.

18
Who Will Teach Him if I Will Not?
Cé A Bheidh á Mhúineadh Mura Mé?

Pupils came from far and wide to attend Bankei's meditation retreats. During one of these retreats a pupil was discovered stealing and the affair was immediately reported to Bankei. Bankei, however, ignored the matter. Later the same pupil was caught stealing again. This time the other pupils sent a written petition requesting that the culprit be dismissed; if not, the rest of the student body would all leave.

Bankei called all the pupils before him and he spoke thus: 'You are all wise brothers. You know what is right and wrong. You may go somewhere else to study if you wish. But this poor brother doesn't know right from wrong. Who will teach him if I do not? I am going to keep him even if all the rest of you leave.'

Then the brother who had been stealing began weeping profusely and any desire to steal was removed from his heart from that moment on.

—

Chuir Baincé seachtainí tearmainn ar siúl agus tháinig daltaí ó gach aird den tSeapáin chun freastal orthu. Le linn ceann de na cruinnithe seo, fuarthas dalta amháin i mbun gadaíochta. Cuireadh an scéal ar eolas Baincé le hiarratas go gcuirfí an dalta ciontach chun bealaigh. Níor thug Baincé aon aird ar a n-iarratas. Níos déanaí, fuarthas an dalta céanna ag gadaíocht arís, agus arís eile rinne Baincé beag is fiú den ghnó. Chuir easpa gníomhaíochta Baincé fearg ar na daltaí eile agus chuir siad achainí scríofa chuig Baincé, ina ndúirt siad mura gcuirfeadh Baincé an gadaí chun bóthair láithreach, go bhfágfadh siadsan, na daltaí uile eile, in éineacht mar agóid.

Ghaoigh Baincé na daltaí go léir chuige agus ar seisean leo: 'Is bráithre críonna sibhse. Tuigeann sibh cad tá ceart agus cad tá mícheart. Is féidir libh dul áit ar bith eile ach an bráthair bocht seo nach dtuigeann cad tá ceart nó mícheart, cé a bheidh á mhúineadh mura mise? Táim chun é a choimeád anseo fiú má imíonn an chuid eile agaibh uaim.'

Thosaigh an bráthair a bhí i mbun na gadaíochta ag sileadh na ndeor go fras agus d'imigh aon dúil ghadaíochta as a chroí ón lá sin amach.

Right and wrong

Bankei regularly greets,
Students to his Zen retreats.
At one retreat a thief was caught,
And this to his attention brought,
But Bankei didn't say a word,
As though the theft had not occurred.
Again the thief was caught red-handed,
'Expel this thief!' his peers demanded,
'It's unacceptable to thieve!

Either he goes or else we leave!'
Bankei spoke to the student throng:
'You do what's right the whole day long,
But this poor lad, it's very sad,
Fails to discern what's right from wrong,
You may go but he shall stay,
So I can help him find his way.
Bankei's words struck to the core,
The thief reformed and robbed no more.

Ceart agus mícheart

Cuireann Baincé fáilte roimh gach dalta,
A thagann chuig a chúrsaí spioradálta,
Ach beireann daltaí maol ar bhráthair lá,
'An gcreidfeá é? Ag gadaíocht atá!'
Iarrtar ar an saoi an scéal a mheá,
Ach ní dhéanann Baincé faic, fiú rud a rá,
Ní fada go n-athnochtar a chalaois,
Ag bradú is ag gadaíocht arís,
'Cuir ruaig láithreach ar an ngadaí bréan,
nó imeoidh muidne as seo araon!'
Ghlaoigh Baincé ar a raibh i láthair:
'A dhaltaí, tá bhur mbráthair bocht i ngátar,
Cé gur léir daoibh cad é ceart is cóir,
Tá bhur mbráthair seo gan fios, gan treoir,
Cé a thaispeánfaidh dósan, seachas mé?
Go n-imí sibhse uaim, ach fanadh sé.'
Ar chlos don bhráthair briathra na gaoise,
Chaoin sé go géar is leáigh gach fonn mailíse.

Commentary

Buddhist practice is not about getting rid of 'difficult people' but deal-
ing with difficult situations. There may always be people who cause

us concern and those with whom we find it 'impossible' to get along. Buddhism teaches us how to change our approach when dealing with unpleasant occurrences. We do not have to compromise our moral principles to placate others but we must learn to feel and show compassion for them.

In this koan, the pupils are outraged by the immoral behaviour of one amongst them and demand that Bankei dismiss this completely 'unacceptable person'. However, Bankei who is enlightened and wise, separates the unacceptable behaviour from the person himself. Unlike the pupils, who are angered by the behaviour of their brother who is stealing from them, the wise Bankei wants especially to hold on to the misguided young man so that he can help him distinguish right from wrong. For Bankei, the thief is the one who requires help, far more than any of the other students. This koan emphasises the educational and healing power of compassion. When the erring brother appreciates that he is truly loved and valued in spite of everything he has done, he is immediately awakened and released from the suffering of ignorance and fear.

Plé

Baineann an cleachtadh Budaíoch le modhanna chun ruaig a chur ar chásanna achrannacha agus ní ar 'dhaoine achrannacha'. Is cinnte go mbeidh daoine ann i gcónaí a bheidh ina n-ábhar imní dúinn, daoine nach féidir linn éirí leo. Léiríonn an Búdachas conas ár gcur chuige a choigeartú lena leithéid d'ócáidí míthaitneamhacha a láimhseáil i gcaoi níos torthúla agus níos tairbhí do chách. Ní bhíonn orainn siléig a dhéanamh inár bprionsabail chun daoine eile a shuaimhniú ach foghlaim conas gníomhú de ghrá taise.

Sa chóán seo, bhí alltacht ar na daltaí de dheasca iompair mhímhorálta de dhuine dá gcomhluadar. D'éiligh siad go dtabharfaí bata agus bóthar don dalta a fuarthas ag goid. Dar leosan, bíonn daoine mar é gan bheith 'inglactha'. Ach ós rud é gur duine tuisceanach agus eolach ar an saol atá in Baincé, déanann seisean idirdhealú idir na gníomhartha agus an duine féin. Murab ionann agus na daltaí, ar a dtagann fearg de bharr iompair a gcomhpháirtí, tagann comhbhá i gcroí Baincé agus teastaíonn uaidh an dalta seachránach úd a choimeád agus gan é a dhíbirt – an créatúr bocht nach féidir leis fiú idirdhealú idir an ceart agus an mícheart. Tuigeann Baincé gurb é an dalta atá chomh caillte sin an té a bhfuil cabhair de dhíth air nach bhfuil de dhíth ar na daltaí eile. Cuireann an cóán seo béim ar chumas leighis agus foghlama a bhíonn mar chuid dílis den chomhbhá. Nuair a thuigeann an bráthair seachránach go dtugtar meas dó mar dhuine, fiú in ainneoin a ndearna sé, ansin dúisítear é agus fuasclaítear é as príosún a aineolais agus a eagla féin.

Love and compassion
Grá agus comhbhá

Chögyam Trungpa

Love is fearless generosity.

Féile gan faitíos is ea an grá.

Dalai Lama

Compassion is the wish for another being to be free from suffering; love is wanting them to have happiness.

Is é an comhbhá ná an fonn go bhfuasclaítear duine eile ón bhfulaingt; is é an grá ná bheith ar lorg sonais dóibh.

Daisaku Ikeda

Compassion is the very soul of Buddhism. To pray for others, making their problems and anguish your own; to embrace those who are suffering, becoming their greatest ally; to continue giving them our support and encouragement until they become truly happy – it is in such humane actions that Buddhism lives and breathes.

Is é an comhbhá anam an Bhúdachais. Bheith ag paidreoireacht ar son daoine eile, ag déanamh ár gcuid féin dá bhfadhbanna agus dá mbuairt, ionbhá a dhéanamh leo siúd a bhíonn i bpian, bheith inár gcomhghuaillí is láidre dóibh, bheith mar thacaíocht agus spreagadh dóibh go dtí go bhfuil siad sona ar fad – is iad gníomhartha an daonnachais mar seo ina bhfuil beatha agus anáil an Bhúdachais.

Aesop

No act of kindness, however small, is wasted.

Ní caillte choíche aon ghníomh cineálta, is cuma cé chomh beag is atá an gníomh sin.

Tracee Ellis Ross

As I get older, the more I stay focused on the acceptance of myself and choose compassion over judgment.

De réir mar a théim in aois, díríonn m'aire níos mó ar mo chumas glacadh liom féin mar atáim agus roghnaím an comhbhá roimh an bhreithiúnas.

Rumi

Grief can be the garden of compassion.

Is féidir le cumha bheith ina ghairdín den chomhbhá.

19
The Path of No Coming and No Going
Conair Gan Teacht agus Gan Imeacht

Ninakawa was coming to the end of his days in this world when the great Zen Master Ikkyu visited him.

'Shall I show you the path?' inquired Ikkyu.

'I came into this world alone and I leave alone. What help could you be to me?' asked Ninakawa.

'If you think that you really come and go, then so be it, that is your delusion' replied Ikkyu, 'However, let me show you the path of no coming and no going.'

With these words, Ikkyu had revealed the path so clearly that Ninakawa smiled and passed away peacefully.

—

Bhí Níonacabha ag teacht chun ceann scríbe a bheatha sa saol seo nuair a tháinig an Zen-Mháistir mór Icciu ar cuairt chuige.

'An dtaispeánfaidh mé an chonair duit?' arsa Icciu le Níonacabha.

'Tháinig mé isteach sa domhan seo i m'aonar agus fágfaidh mé i m'aonar. Cén maitheas an féidir leatsa a dhéanamh dom?' a d'fhreagair Níonacabha.

'Má cheapann tú go dtagann tú isteach agus go n-imíonn tú amach – bíodh sin mar sheachrán céille agat. Ach lig dom an chonair gan teacht agus gan imeacht a thaispeáint duit.'

Ar chlos do Níonacabha na briathra seo, nochtadh an chonair láithreach dó agus d'fhág sé an saol seo go sona suaimhneach.

The right path

Ninakawa isn't well, about to pass away,
When Ikkyu, the Zen Master comes to visit him one day.

'Ninakawa,' enquires Ikkyu,
'Can I show the path to you?'
'I came into this world alone,
and on my own, I have to go.
What help to me, you'd ever be,
Quite honestly, I do not know.'

'If you believe you come and go,
Then please remain deluded so,
But let me show the path of knowing;
- of no-coming and no-going.'
On hearing this, his sorrows cease,
And Ninakawa dies in peace.

An chonair chóir

Is Níonacabha in uair anáis,
Ina luí i leaba ag saothrú báis,

Seo Icciu chuige le druidim an lae,
Chun labhairt leis faoin gconair ghlé,
'Cén maitheas dom, a dhuine lách,
Nach ionann cinniúint saoil do chách?
I m'aonar is mé ag teacht isteach,
I m'aonar is mé ag imeacht amach.'

'Má cheapann tú sin, tá tú meallta go mór,
Arsa Icciu leis; 'Féach an chonair chóir,
Conair gan teacht é,
Conair gan imeacht é,
Conair gach teacht is gan imeacht go brách é.
Ar chloisteáil don fhear tinn na focail mhacánta,
Faigheann sé bás go sámh síochánta.

Commentary

One of the most fundamental teachings in *Advaita Vedanta* (*i.e.* non-*dualism*) is the understanding that 'We are not this.' There is no me and no you. There is no separation of any kind between any of 'us'. To believe such a separation exists is a manifestation of mind. In reality there are no beginnings and no ends. This finite world that we identify with is not the true nature of our being. We become so identified with it, however, that we believe we are this body, that we are these thoughts, that we are these sensations, that we have a beginning, that we become sick and that we eventually get old and die. We are not this. We are, in fact, pure bliss.

When Ninakawa tells Ikkyu that he has come into this world alone and that he will leave it on his own, he believes that he is the person Ninakawa – that he, Ninakawa, is on his own and separate from all 'others'. However, Ikkyu shows him that his true reality and his true essence has 'no coming in and no going out'. Suddenly the veils fall from Ninakawa's eyes and he realises that he is not the finite being 'Ninakawa' , and that 'his' ego, 'his' thoughts, 'his' feelings and sensations are nothing more than arisings within awareness. He is in fact, 'no-coming' and 'no-going'. This awareness is immortal, without any beginnings or any endings. There is no 'other'; there is only the knowing of it. Only when we realise we are that and not this, can real liberation and enlightenment begin.

Plé

Ar na teagaisc is aibí agus is críonna atá *Advaita Vedanta* (*i. neamh-dhéachas*) ina ndeirtear: 'Ní seo sinn – Is sin sinn.' Níl aon mise ná tusa ann. Níl aon scaradh eadrainn de chineál ar bith. Níl aon túsanna agus níl aon chríocha ann. Ní hí an réaltacht an bheatha fhinideach seo lena n-ionannaímid de shíor. Éirímid chomh hiomtamhlaithe leis an saol seo go gcreidimid gur sinne an corp seo, gur sinne na smaointe seo, gur sinne na mothúcháin seo, go mbíonn tús linn, go n-éirímid tinn agus sean. Ach ní seo sinne. Is sinne sonas gan smál gan tús, agus gan chríoch.

Nuair a labhraíonn Níonacabha, creideann sé gurb ionann é féin agus an duine Níonacabha, gurb é an duine atá stoite agus scartha amach ón saol mór, ach taispeánann Icciu dó nach sin mar atá i ndairíre agus go bhfuil a fhíornádúr i gcónaí ina chonair 'gan teacht agus gan imeacht'. Agus leis sin, titeann mar a bheadh dallóga de shúile Níonacabha agus léirítear dó nach neach finideach é in aon chor agus nach bhfuil ina fhéin, ina smaointe, ina mhothúcháin, ina bhraistintí ach oibiachtaí nó feiniméin; ní hiadsan é. Is é an 'gan teacht agus gan imeacht'. Is é an sonas síoraí – gan túsanna agus gan chríocha. Níl aon *'eile'* ann ach an fheasacht féin a mbíonn aithne againn air. Ní thiocfaidh fuascailt ná léargas chugainn go deo go dtí go dtuigfimid é sin go huile agus go hiomlán, inár gcroí istigh.

Non–Dualism
Neamhdhéachas

Ira Schepetin

The witnessing consciousness in everyone is the exact same …
It is the witness of all qualities but it has no qualities. So the

witness in me and the witness in you can't be different. The same Self is in everybody.

Is ionann an aithne fhianaiseach i ngach duine... Tá sé ina aithne ar gach tréith ach ní bhíonn aon tréith dá chuid féin aige. Mar sin ní féidir leis an aithne ionamsa agus an aithne ionatsa bheith difriúil. Is ionann an Mise é i ngach duine.

Jeff Foster

What we are trying to do when we say 'non-duality' is point to life as it is right now, before the appearance of concepts and labels, before thought creates a world of things: table, chair, hand, foot, fear, me, you, past, future.

An rud atáimid ag iarraidh a dhéanamh nuair a deirimid 'neamh-dhéachas' ná an saol a léiriú mar atá sé díreach anois, sula dtagann coincheapa agus lipéid i láthair, sula gcruthaíonn smaointe domhan de rudaí: bord, cathaoir, lámh, cos, eagla, mise, tusa, inné, amárach.

Rupert Spira

Only that which is always with you can be said to be your 'Self' and if you look closely and simply at experience, only aware-nesss is always with you.

An t-aon rud a bhíonn leat i gcónaí – is é sin an t-aon rud amháin inar féidir an 'Mise' a fháil agus má bhreathnaíonn tú go cúramach simplí ar do thaithí féin, feicfidh tú nach bhfuil ach an fheasacht leat i gcónaí.

20
Where Are Heaven and Hell?
Cá Bhfuil Neamh agus Ifreann?

The samurai Nobushige comes to the Zen Master Hakuin one day and inquires:

'Where is heaven and where is hell?'

'Who are you?' asks Hakuin.

'I am a samurai warrior,' replies Nobushige.

'You a warrior?!' says Hakuin, 'What kind of ruler would have you as his guard? You look more like a beggar to me.'

At these words, the samurai draws his sword.

'And I see your sword looks more like a blunt kitchen knife!'

On hearing this, the samurai becomes enraged and is just about to cut off the Zen Master's head with one blow, when Hakuin speaks thus:

'Here open the gates of hell.'

When the samurai hears these words, he immediately realises his own foolishness, replaces his sword back in its scabbard and bows to Hakuin who smiles, saying:

'Here open the gates of heaven.'

———

Tagann an samúraí Nobuisige chuig an Zen-Mháistir, Hacúin, lá agus fiafraíonn sé de:

'Cá bhfuil neamh agus cá bhfuil ifreann?'

'Cé tusa?' arsa Hacúin leis.

'Is gaiscíoch samúraí mise,' arsa Nobuisige

'Tusa gaiscíoch?!' arsa Hacúin, 'Cen sórt rialtóra a d'fhostódh do leithéidse mar gharda dó féin?! Tá dealramh an bhacaigh ortsa.'

Tarraingíonn an samúraí a chlaíomh amach ar chloisteáil dó an chaint mhaslach seo.

'Agus féach, tá cosúlacht de scian mhaol cistine ar do chlaíomh!'

Leis sin, tagann buile ar an samuraí agus é ar tí an Zen-Mháistir a dhícheannadh le haon bhuille fíochmhar amháin, nuair a deir Hacúin leis:

'Oscail anseo geataí ifrinn.'

Nuair a chuala an samúraí na briathra seo thuig sé méid a amaidí féin. Chuir sé a chlaíomh ar ais ina thruaill agus chlaon sé a cheann roimh Hacúin.

'Oscail anseo geataí neimhe,' arsa Hacúin le miongháire.

Heaven and hell

'Master Hakuin can you please tell,
Where is heaven and where is hell?'
'Who are you?' comes the reply,
'I'm Nobushige, the samurai.'
'A samurai, I don't believe it,
You look to me more like an eejit.'
Such insults cannot be ignored,
So Nobushige draws his sword,

'Is that your sword, upon my life,
It resembles a blunt kitchen knife!'
Anger and pride in the warrior swell,
'Such impudence, my sword will quell!'
His eyes ablaze until Hakuin says:
'Here, open up the gates of hell.'
The samurai's anger then subsides,
He bows his head and lowers his eyes,
'Here, open the gates of paradise.'

Neamh agus ifreann

'A Mháistir Hacúin, abair liom é,
Cá bhfuil ifreann agus flaithis Dé?'
'Cé tusa?' ar Hacúin ag ardú braoi,
'Is mé Nobuisige, an samúraí.'
'Samúraí tusa!. Ní chreidfinnse é,
Tá cosúlacht ort de phleidhce baoth.'
'A leithéid de mhaslaí níor chuala mé riamh!'
Tarraingíonn an samúraí cuthach a chlaíomh.
'Ní claíomh é sin – tá cruth air, is baol,
De sheanscian cistine mheirgeach, mhaol!'
Leis sin, scread an saighdiúir i dtaom buile gránna,
'Bainfead an ceann de bhoc an bhéil dhána!'
Ach cloiseann sé focail a reonn gach géag,
'Bealach chun ifrinn a fuair tú gan bhréag.'
Nuair a thuigeann an laoch, tránn buile a chroí,
Toisc gur léir dó go bhfuair sé an freagra cuí,
'Fuair tú bealach ar neamh anois,' arsa an saoi.

Commentary

This notion of heaven and hell is a very common understanding in most modern spiritual paths and Buddhism is no exception – heaven not being a place but rather a state of mind. Hell is the realm of

ignorance and fear, while heaven or nirvana, on the other hand, is a
state of enlightenment and bliss.

In this particular koan there are three important principles
common to most Buddhist teachings. Firstly, questions are usually
answered indirectly or in a manner that reveals a deeper truth behind
the question that is being asked. When, for example, a widow came
to ask the Buddha to bring her only son back to life, the Buddha
agreed to do so if she could bring him just one grain of rice, but,
from a household where no one had lost a loved one. Soon the widow
realised that this kind of suffering was part of all human experience
and became a disciple of Shākyamuni. Secondly, the Zen Master or
the teacher usually replies or reacts in such a way that the person who
asks the question is obliged to discover the answer themselves. This
is the nature and purpose of most koans. Thirdly, and perhaps most
importantly, it is through personal experience and interaction with
the saha world that we discover answers to all the spiritual questions
that both confuse and trouble us.

Plé

Bíonn an tuiscint seo faoi neamh agus ifreann go minic le fáil i
gcuid mhór de bhealaí spioradálta difriúla agus ní eisceacht ar bith
é an Búdachas; ní áit é neamh ach staid léargais agus tuisceana
spioradálta. Ríocht an dorchachta agus aineolais is ea ifreann, agus
neamh nó nirbheána, áit ina mbíonn staid léargais agus sonais.

Sa chóán áirithe seo, tá trí phrionsabal choitianta a bhaineann
leis an chuid is mó den chleachtadh Búdaíoch. Ar an gcéad dul
síos, cuirtear ceisteanna go neamhdhíreach agus ar bhealach ina
nochtar tuiscint níos doimhne taobh thiar den cheist a bhíonn á
cur. Sampla den chur chuige seo is ea an scéal faoi bhaintreach
a thagann chuig an mBúda lá ag iarraidh air a haon mhac a
fuair bás a thabhairt chun beatha arís. Tá an Búda sásta é sin
a dhéanamh di ach ar dtús, caithfidh sí gráinne ríse amháin a
thabhairt chuige ó theaghlach ar bith nár chaill choíche duine
dá muintir. Tuigeann an bhaintreach sula i bhfad gur saothar in

aisce é sin. Ach foghlaimíonn sí freisin gur cuid dílis den saol seo an fhulaingt agus dá bhrí sin éiríonn sí ina leantóir den Bhúda. Sa dara háit, freagraíonn an Máistir, de ghnáth, ar shlí a gcuireann iallach ar an té a chuir an cheist, an freagra é féin nó í féin a fháil. Is minic gurb é sin nádúr agus aidhm na gcóán. Sa tríú háit, agus b'fhéidir gurb é seo an ghné is tábhachtaí den chleachtadh ar fad, ná gur trínár dtaithí phearsanta féin agus trínár n-idirghníomhú leis an saol saha seo a bhfaighimid faoi dheireadh na freagraí is sásúla do na ceisteanna úd a chuireann an imní is mó orainn sa domhan seo.

Heaven and hell
Ifreann agus neamh

Fyodor Dostoyevsky

What is hell? I maintain that it is the suffering of being unable to love.

Cad is ifreann ann? Táimse den tuairim gurb í an fhulaingt í gan bheith ábalta an grá a thabhairt.

Ludwig Wittgenstein

Hell isn't other people. Hell is yourself.

Ní daoine eile ifreann. Is ifreann tusa tú féin.

Henry David Thoreau

Heaven is under our feet as well as over our heads.

Tá neamh faoinár gcosa chomh maith lena bheith os ár gcionn.

21
What Is Moving?
Cad Tá ag Bogadh?

Two monks were having an argument about a temple flag that was waving in the wind.

'The flag is moving,' the first monk said.

'No, it is the wind that moves,' replied the second monk.

They argued back and forth but were unable to agree. While they were arguing, Hui-neng,[93] the sixth patriarch, was passing by and overheard their argument. Hui-neng then turned to them and said:

'Gentlemen, it is not the flag that moves and it is not the wind that moves. It is your mind that moves.' The two monks were awestruck.

---

93 'Enō' in Japanese.

—

Bhí beirt mhanach i mbun argóinte faoi bhratach theampaill a bhí ar foluain sa ghaoth.

Deir an chéad mhanach: 'Tá an bhratach ag bogadh.'

Ach deir an dara manach: 'Ní hea, is í an ghaoth atá ag bogadh.'

Leanann siad ar aghaidh ag plé na ceiste ach ní féidir leo í a réiteach eatarthu féin.

Agus iad ag argóint, gabhann an séú patrarc, Hui-neng[94], tharstu agus cloiseann sé a n-argóint. Stopann sé agus casann sé timpeall á rá leo:

'A dhaoine uaisle, ní hí an bhratach a bhíonn ag bogadh agus ní hí an ghaoth a bhíonn ag bogadh. Is í bhur n-intinn féin a bhíonn ag bogadh.' Thit an bheirt mhanach ina dtost mar bhí ionadh an domhain orthu nuair a chuala siad na briathra sin.

Flags

Two monks were standing, arguing on the spot,
The first said: 'That flag is moving quite a lot.'
The other laughing, disapproving: 'Not a jot,
It's plain to see the wind is moving, the flag is not!'
Like two mad dogs who yelp and bark,
Each claiming the other was in the dark,
Or saying: 'This notion is way off the mark!'
When they heard Hui-neng, the sixth patriarch:
'Gentlemen, it's not the flag,' he grinned,
'Nor indeed, is it the wind,
If both of you sit still you'll find,
The thing that's moving is your mind,'
The two monks cease their agitation,
Awestruck by Hui-neng's observation.

---

94   'Enō' sa tSeapáinis.

Bratacha

Beirt mhanach insan chlamhsa, iad ag plé,
Faoin rud atá ag bogadh – brat nó gaoth;
'Tá an brat, is léir, ag dul ó thaobh go taobh,'
'Ní hea, ach s'é an ghaoth i ngluaiseacht shéimh,'
Mar mhadraí iad ag tafann le farasbarr,
An bheirt ag maíomh: 'Níl mise cearr,'
A n-argóintí go léir ag dul ó mharc,
Gur chuala siad Hui-neng, an patrarc:
'Níl an brat ar foluain insan chlamhsa,
Is níl an ghaoth ag bogadh ná ag damhsa,
Ach suígí go ciúin i machnamh tréan,
Go bhfeicfidh gurb é bhur n-intinn féin.'
Stop na manaigh glan a n-argóintí,
Faoi dhraíocht lán ag briathra an tsaoi.

Commentary

Sometimes when we narrow our focus we can lose a great opportunity to discover alternative possibilities and to think outside the box of our usual thought-routines. From a wider perspective and a more lateral way of thinking, it may very well be possible to find an answer that accommodates all parties in a particular dispute or disagreement. It is very limiting when views are reduced to the formula: 'I'm right and you're wrong' that invariably leads to people digging their heels in and becoming defensive.

In this koan, the two monks are so at loggerheads with one another that neither is able to see that he might conceivably be mistaken. However, when they hear Hui-neng's words they are immediately awoken from their doggedness and self-obsession. Hui-neng advises them to look inwards rather than outwards in order to discover the real truth about how they are perceiving their own reality. It is natural that our views and opinions are shaped by our own personal experiences, prejudices and by our habitual expectations. It is only by changing the narrowness, the inflexibility and lazy thinking that we can free ourselves from dogma and from the chains that we ourselves place upon our own free-thinking and on our true spiritual potential.

Plé

Uaireanta caolaímid ár bhfocas sa tslí go gcaillimid an deis mhór a bhíonn againn chun féidearthachtaí malartacha a bhíonn ar fáil dúinn a nochtadh, chun smaoineamh nua a dhéanamh taobh amuigh de bhosca dár ngnáthaimh choitianta mheabhrach. Go hiondúil, ó pheirspictíocht atá níos leithne agus ón smaointeoireacht chliabhánach is féidir linn teacht ar réiteach a fhreastalóidh ar leasa de gach páirtí maidir le hagóidí nó le heasaontaithe. Éiríonn sé sriantach go leor nuair a chaolaítear ár modhanna smaointe go dtí an fhoirmle: 'Tá mise ceart agus tá tusa mícheart', a thugann daoine i dtreo an éirí in airde nó go dtí meon 'cosa-curtha-i-dteannta' agus iad in adharca a chéile de shíor.

Sa chóán seo, tá an bheirt mhanach in adharca a chéile agus níl siad ábalta teacht ar an tuairim gurbh fhéidir é go bhféadfaidís, an bheirt araon, bheith beagáinín beag mícheart ar bhealach ar bith. Ach ansin, cloiseann siad focail Hui-neng agus dúisítear iad láithreach as a bhféinchúiseacht. Molann Hui-neng dóibh a n-aire a dhíriú isteach iontu féin in ionad bheith ag féachaint amach, más mian leo an fhíorfhírinne a aimsiú faoin saol atá timpeall orthu. Bíonn ár ndearcaí múnlaithe ag ár dtaithí phearsanta féin, ár gclaontachtaí agus ag an tslí ina mbímid ag smaoineamh ar conas a tharlaíonn rudaí sa saol seo. Is nuair a athraímid an chúinge, an righneas, agus ár modhanna smaointe leisciúla, saorfar sinn ansin ónár ndogma agus ó na slabhraí úd a chuirimid féin ar ár saormhachnamh agus ar ár bhfíor-acmhainneacht spioradálta.

Free Thinking
Saormhachnamh

Baruch Spinoza

The highest activity a human being can attain is learning for understanding, because to understand is to be free.

Is é an gnó is uaisle gurbh fhéidir a thabhairt ort féin ná foghlaim ar son na tuisceana, mar is í an tuiscint an tsaoirse.

Joe Blow

Dogma is the defence against the brain's capacity for free thought.

Is é an dogma an modh cosanta i gcoinne cumas na hinchinne i gcomhair saormhachnaimh.

Christopher Hitchens

Every time you silence somebody, you make yourself a prisoner of your own action, because you deny yourself the right to hear something.

Gach uair a chuireann tú cosc ar chaint duine eile, déanann tú príosúnach díot féin de bharr an ghnímh a rinne tú, mar sa tslí sin, diúltaíonn tú cead éisteachta duit féin.

David Bohm

The ability to perceive or to think differently is more important than the knowledge gained.

Bíonn an cumas bheith ábalta mothú nó smaoineamh a dhéanamh ar bhealach difriúil níos tábhachtaí ná an t-eolas féin a fhaightear.

22
Bring Me the Rhinoceros!
Tabhair Chugam an Srónbheannach!

One day, Yanguan Qian summoned one of his assistants.
   'Bring me the rhinoceros-fan,' says Yanguan.
   'The fan is broken,' explains the assistant.
   'Then bring me the rhinoceros.'

———

Lá amháin, ghlaoigh Yanguan Qian ar dhuine dá fhreastalaithe.
   'Tabhair chugam an gaothrán-srónbheannaigh,' arsa Yanguan.
   'Tá an gaothrán briste,' arsa an freastalaí.
   'Más mar sin atá, tabhair chugam an srónbheannach.'

The rhinoceros

'Assistant come here, my good man,'
Shouted Master Yanguan,
'Bring, as quickly as you can,
The beautiful rhinoceros-fan!'
No sooner had these words been spoken,
Than he was told the fan was broken,
'The fan is broken – that's fine – no fuss,
Then bring me the rhinoceros.'

An srónbheannach

Tá Yanguan, an máistir, ina shuí,
Is cuireann sé fios ar a fhreastalaí,
'Tabhair chugam gan ghléaró,
An fean-srónbheannaigh sin go beo.'
'Ní féidir liom cur le do ghuí,
Mar tá sé briste,' arsa freastalaí,
'Má tá sé briste, tabhair, gan mhoill
An srónbheannach chugam, le do thoil.'

Commentary

Much of Buddhist teaching is devoted to 'crazy wisdom'. The idea
behind this kind of wisdom is to shake us out of our complacency
and conventional thinking. It is very easy to become self-satisfied
and content with 'self-evident' truths because 'everybody knows
that'. But the world is rarely as we imagine it to be. In fact, often
the unimaginable turns out to be the case. For many centuries the
majority of people believed that the earth was the centre of the uni-
verse and created by God or by intelligent design. Then scientists
told us that the world was a tiny point in an enormous galaxy, in
an unfathomably immense universe, that itself was just part of a
multiverse. Today philosophers and scientists, such as Nick Bostrom

and Brian Greene, are suggesting that maybe the universe is more likely to be simply an advanced computer simulation of some kind. Where would that then leave us? Back at our original hypothesis of a creator-god and intelligent design? Maybe it's 'turtles, turtles, turtles, all the way down'.

This koan alludes to the interrelationship between all phenomena. There is nothing independent or separate in the universe that can stand alone. The discriminating mind suggests that there is 'two' when there is only one. With self and other forgotten, how can we even speak of them as two? The wholeness of crazy wisdom includes the whole universe, the whole rhinoceros and the whole fan.

Plé

Déantar cuid mhór sa Bhúdachas den 'gaois chraiceáilte'. An smaoin-eamh atá taobh thiar den chineál gaoise seo ná sinn a mhúscailt as ár réchúis agus as ár ngáthmhodhanna smaointe. Bíonn sé éasca go leor titim isteach i meon aigne na féinsástachta ina gcreidimid go mbíonn na tuairimí a bhíonn againn 'dóshéanta' agus go dtuigeann fiú 'madraí na sráide' é sin. Is minic áfach, nach mbítear mar a shíltear. Leis na céadta chreidtí gurbh é lár na cruinne an domhan, agus gur chruthaigh Dia gach rud a raibh ann. Ansin dhearbhaigh na heolaithe nach raibh sa domhan ach plainéad amháin i gcóras gréine, agus nach raibh sa chóras gréine sin ach pointe beag amháin i réaltra mór, agus go raibh an réaltra sin i gcruinne a bhí beagnach dochuimsithe. Inniu bíonn saine-olaithe áirithe, amhail Nick Bostrom agus Brian Greene, ag moladh gurbh fhéidir go bhfuilimid ag maireachtáil in ionsamhlú sárfhorbartha ríomhaire éigin. Cá bhfágann sé sin an cine daonna, más ea? Ar ais ag an téis thosaigh a bhí againn – cruthaitheoir éirimiúil?

Tagraíonn an cóán seo don idirghaolmhaireacht idir feiniméin uile an tsaoil. Níl aon rud neamhspleách ann, ná 'stoite amach'. Tuigeann an intinn idirdhealaitheach go bhfuil an dá rud ann nuair nach mbíonn ann ach an t-aon rud amháin. Má dhearmadtar an 'féin', ní féidir linn labhairt faoin 'dá' rud. Cuimsíonn iomláine na gaoise craiceáilte iomláine na cruinne uile: an srónbheannach uile agus an fean uile.

Ways of Thinking
Modhanna Smaointe

Voltaire

Judge a man by his questions rather than by his answers.

Déan do bhreithiúnas ar fhear de réir a chuid ceisteanna, ní a chuid freagraí.

Albert Einstein

The world that we have created is a process of our thinking. It cannot be changed without changing our thinking.

Is toradh dár modhanna smaointe é an domhan a rinneamar. Ní athrófar an domhan seo gan ár modhanna smaointe a athrú.

Terry Pratchett

The trouble with having an open mind, of course, is that people will insist on coming along and putting stuff in it.

Is í an fhadhb a bhaineann le hintinn oscailte bheith agat ná go dtagann daoine chugat de shíor a dteasaíonn uathu rud éigin a chur ann.

Samuel Beckett

Words are the clothes thoughts wear.

Is iad focail na héadaí a chaitheann smaointe.

23

Subjectivity and Objectivity
Suibiachtúlacht agus Oibiachtúlacht

One day Master Hogen overheard two monks discussing subjectivity and objectivity. He decided to join them in their discussion.

'Here is a large rock. Do you consider it to be inside or outside your mind?' enquired the Zen Master.

'According to the Buddhist viewpoint, everything is an objectification of mind, and so in my opinion, that stone is inside my own mind,' replied one of the monks.

'Alas, your mind must feel very heavy if you have to carry around a rock like that all day,' smiled Master Hogen.

—

Lá amháin chuala an Máistir Hógan beirt mhanach ag plé eisint na hoibiachtúlachta agus na suibíochtúlachta. Shocraigh sé ar pháirt a ghlacadh ina gcaibidil.

'Féachaigí ar an gcloch mhór os bhur gcomhair amach! An measann sibh go bhfuil sí laistigh nó lasmuigh de bhur n-intinn?' a fhiafraíonn an Seanmháistir Zen.

'De réir dhearcadh an Bhúdachais, is oibiachtú intinne atá i ngach rud. Mar sin i mo thuairimse, tá an chloch sin laistigh de m'intinn féin,' arsa duine de na manaigh leis an Seanmháistir.

'Faraor, ní mór ach go bhfuil d'intinn an-trom ar fad agus í ag iompar a leithéid de chloch mhór mar í timpeall ar feadh an lae,' arsa an Máistir Hógan le miongháire.

The heavy rock

Two monks discussed with great proclivity,
Whether reality had objectivity,
Were all objects really there?
Or mere constructs of our being aware?
Hogen hearing their debate,
Decides to set the matter straight,
'That large rock that's rather wide,
Is it in your mind or here outside?'
'The Buddhist point of view is clear,
All objects in the mind appear,
So I am certainly inclined,
To say it's only in my mind.'
'If that is so, I have to say,
You must be weary, carrying it around all day.'

An chloch throm

Beirt mhanach iad ag plé go hintleachtúil,
'bhfuil réaltacht an domhain seo go hoibiachtúil?

189

An domhan ábharach atá sa bhith?
Nó an constráid intinne an saol lasmuigh?
Chuala an Máistir Hógan iad ag caint,
Is theastaigh uaidh a gconbharsáid a roinnt,
'An bhfeiceann sibh an chloch mhór – cad tá ann?
An rud sa saol amuigh é nó sa cheann?'
'De réir an Bhúda, níl substaint ann ar bith,
'Sé oibiachtú intinne a bhfuil lasmuigh.'
'Is trua!', arsa Hógan, 'nach mór do bheann,
Ag siúl le cloch chomh mór sin i do cheann.'

Commentary

This koan is about non-duality. As soon as we create opposites, or positions that oppose one another, we are already in duality, or in the finite mind. In the absolute, there are no 'insides' or 'outsides'. All our concepts are relative and conditioned by a set of finite circumstances, and as time progresses, circumstances change, as do our concepts. Only the absolute is changeless; it has no beginning, no end. It is infinite as is our true essence.

The monks are discussing an 'either or' situation of the sort: 'We know the moon is made of green cheese or it's not – we know that it's not, so therefore it is.' Master Hogen points out to the two monks that reality is both subjective and objective and yet also neither. Their concept of 'inside' and 'outside' is determined by the monks' present state of awareness, but such constructs are arbitrary and relative, like lines on a political map of the world – very real to the human mind but not there at all in the mind of a migrating bird.

There is also an additional point being made by Master Hogen. Buddhism is not to be found by philosophising, but in being awake. When we discover our true Buddha-nature, then we shall laugh where once we argued and complained.

Plé

Tá an cóán seo mar gheall ar an neamhdhéachas. Chomh luath agus a chruthaímid contrárthachtaí a bhíonn ina seasamh i gcoinne a chéile, bímid cheana ansin san intinn neamhdhéach fhinideach. San absaláid, ní bhíonn aon 'istigh' nó 'amuigh' ann. Ríochtaíonn cúinsí coibhneasta finideacha ár gcoincheapa uile agus de réir mar a imíonn an t-am thart, athraítear na cúinsí sin. Dá bhrí sin, de réir a chéile, tagann athrú ar ár gcuid coincheap freisin. Tá an absalóid gan athrú; ní bhíonn tús ná deireadh léi. Is rud gan teorainn í agus is é sin ár bhfíoreisint.

Tá na manaigh ag plé na ceiste: 'É sin nó é seo?; tá an ghealach déanta den cháis ghlas nó níl sé déanta den cháis ghlas – tá a fhios againn nach bhfuil, mar sin tá.' Léiríonn an Máistir Hógan go mbíonn an réaltacht oibiachtúil agus suibíochtúil, agus ag an am céanna gan bheith ceachtar acu. Bíonn an coincheap den 'taobh istigh' agus den 'taobh amuigh' ag brath go hiomlán ar ár bhfeasacht ag an nóiméad áirithe seo. Ach bíonn na línte teorann seo gan buaine ar bith, amhail línte ar léarscáil pholaitiúil an domhain – an-tábhachtach don chine daonna ach gan tábhacht ar bith don éanlaith i mbun imirce.

Tá pointe breise eile ag an Máistir Hógan anseo freisin. Níl an Búdachas fréamhaithe i bplé fealsúnachta ach i ndúiseacht chroí an duine. Nuair a bheidh ár nádúr Búdaíoch nochtaithe againn – ár n-eisint – beimid ag gáire in ionad is bheith ag argóint nó ag gearán.

Truth
Fírinne

Marcus Aurelius

Everything we hear is an opinion, not a fact. Everything we see is a perspective, not the truth.

Gach rud a chloisimid – is tuairim atá ann, ní fíric é. Gach rud a fheicimid is peirspictíocht atá ann, ní fírinne é.

Lao Tzu

The truth is not always beautiful, nor beautiful words the truth.

Ní den scéimh i gcónaí an fhírinne, agus ní i gcónaí go mbíonn an fhírinne i bhfocail scéimhe.

Maya Angelou

There is a world of difference between truth and facts. Facts can obscure the truth.

Tá difríocht ollmhór idir na fírící agus an fhírinne. Is minic a dhoiléiríonn fírící an fhírinne.

John Keats

Beauty is truth, truth beauty – that is all ye know on earth and all ye need to know.

Is í an áilleacht fírinne, fírinne áilleacht – sin a bhfuil ar eolas agaibh ar an domhan seo agus is leor daoibh an t-eolas sin.

William Butler Yeats

Man can embody truth, but cannot know it.

Is féidir leis an bhfírinne bheith corpraithe ionat, ach ní féidir fios na fírinne bheith agat.

Tim O'Brien

That is what fiction is for. It's for getting at the truth when the truth isn't suffient for the truth.

Sin feidhm an fhicsin. Tá sé ann chun teacht ar an fhírinne, nuair nach leor an fhírinne chun an fhírinne a aimsiú.

Wallace Stevens

Perhaps the truth depends on a walk around the lake.

B'fhéidir go mbraitheann an fhírinne ar shiúlóid timpeall an locha.

24
Ordinary Mind – That Is the Way
Gnáthintinn – Sin an tSlí

One day Joshu asked Nansen: 'What is the Way?'

'Your ordinary mind – that is the Way,' replied Nansen.

'Can it be known?' enquired Joshu.

'The more you pursue it, the more it slips away,' responded Nansen.

'How can you know it is the Way?' Joshu asked once more.

'The Way does not belong to knowledge, nor does it belong to non-knowledge. All knowledge is illusion and non-knowledge is beyond discrimination. When you arrive at this Way without doubt, you are then free, like the vastness of space, an unfathomable void, so how can you explain it by a 'yes' or a 'no'?'

On hearing this, Joshu was awakened.

———

Lá amháin, fiafraíonn Joisiú de Nainsean: 'Cad é an tSlí?'

'Do ghnáthintinn – sin é an tSlí,' arsa Nainsean.

'An féidir eolas a fháil uirthi?' fiafraíonn Joisiú.

'Dá mhéad do thóraíocht uirthi is é is mó a imíonn sí uait,' arsa Nainsean.

'Conas arbh fhéidir eolas a fháil ar an tSlí?' arsa Joisiú.

'Ní bhaineann an tSlí le heolas, ná le neamh-eolas. Is seachmall é an t-eolas agus tá an neamh-eolas taobh thall den idirdhealú. Nuair a aimsíonn tú an tSlí seo gan aon amhras bheith ort, ansin beidh tú saor, amhail ollmhéid an spáis, an folús dothomhaiste, mar sin conas arbh fhéidir an tSlí a mhíniú le 'tá' nó 'níl'?'

Ar chlos do Joisiú é sin, dúisíodh é.

The way

Joshu asked Nansen one day,
'Can you please explain the Way?'
Nansen told him he would find,
That it is his ordinary mind.
'Can it be known?' then Joshu asked,
'The more you seek, the less it's grasped.'
Again he asked without delay,
'Please, Nansen, how is this the Way?'

'Knowledge – illusion's battlefield,
In it, the Way is not revealed,
And all non-knowledge or negation,
Lies far beyond discrimination,
So none can say, this is the Way,

The Right Path
An Chonair Cheart

Simon van Booy

Coincidences mean you're on the right path.

Ciallaíonn na comhtharluithe go mbíonn tú ar an gconair cheart.

Mehmet Murat İldan

It is a great privilege to travel alone on the right path knowing in your heart that one day millions too will travel on that same road.

Is mór an pribhléid í bheith ag taisteal i 'd'aonar ar an gconair cheart agus ag an am céanna, a fhios i do chroí agat go mbeidh lá éigin eile ann, nuair a bheidh na milliúin ag taisteal ar an gconair chéanna.

Gautama Buddha

If you do not change direction, more than likely you will not end up where you are heading for.

Mura n-athraíonn tú do threo – Gach uile sheans nach n-éireoidh leat an ceann scríbe a bhíonn uait a bhaint amach.

Priya Ardis

But remember, nothing comes without a price; paths are not mapped, they're made.

Ach ná déan dearmad nach bhfaightear aon rud gan praghas a íoc. Ní bhíonn ár gconairí mapáilte; déantar iad.

25
A Mirror from a Brick
Scáthán ó Bhríce

The Zen Master Mazu was an attendant to Nanyue and had received the mind seal from him. Before this, he was in the Kaiyuian Monastery, and practised zazen daily. Because Mazu was a *Dharma vessel*, Nanyue went to visit him and to ask what he intended by his practice of zazen

'I intend to become a buddha,' replied Mazu.

Nanyue, on hearing this, picked up a brick and began polishing it.

'What are you doing?' enquired Mazu.

'I am trying to make a mirror,' replied Nanyue.

'How can you make a mirror by polishing a brick?' asked Mazu.

'How can you become a buddha by doing zazen,' remarked Nanyue. 'Think about driving a cart. When it stops moving do you whip the cart or the horse? Zen is not about sitting or lying down. If you practise sitting as Buddha, you must kill the Buddha. If you are attached to the sitting form, you are not yet mastering the essential principle.'

When Mazu heard Nanyue's admonition, it was as nectar on his lips.

———

Bhí an Zen-Mháistir Mazú ina fhreastalaí ar Nainiu óna bhfuair sé an séala intinne. Roimhe sin, bhí Mazú ina chónaí sa mhainistir Caíjuán agus chleacht sé zazen go laethúil ansin. Ós rud é go raibh Mazú ina *shoitheach Dharma*, chuaigh Nainiu ar cuairt chuige agus d'fhiafraigh sé de cad a bhí ar intinn aige lena chleachtadh zazen.

'Tá sé ar intinn agam éirí i mo bhúda,' arsa Mazú.

Ar chloisteáil do Nainiu an méid sin, phioc sé bríce suas agus thosaigh sé ag cur snasa air. 'Cad tá á dhéanamh agat?' arsa Mazú agus ionadh air.

'Táim ag déanamh scátháin,' arsa Nainiu.

'Cén chaoi ar féidir leat scáthán a dhéanamh as bheith ag cur snasa ar bhríce?' arsa Mazú.

'Conas arbh fhéidir leatsa éirí i do bhúda as bheith ag cleachtadh *zazen*,' arsa Nainiu. 'Smaoinigh ar bheith ag tiomáint cairte. Nuair a stopann sé ag bogadh; an bhfuipeálann tú an chairt nó an capall? Ní hé bheith i do shuí nó bheith i do luí an Zen. Má chleachtann tú Búda ina shuí, caithfidh tú an Búda a mharú. Má chloíonn tú leis an bhfoirm shuite, níl máistreacht agat fós ar an bprionsabal eisintiúil.'

Nuair a chuala Mazú foláireamh Nainiu, bhí sé mar neachtar ar a bheola.

Polishing a brick

Because Mazu was a Dharma vessel,
Nanyue went to help him wrestle,
With his seeking Buddhahood.
Nanyue showed the massive chasm,

Between Buddhahood and doing zazen,
'I'll polish this brick and make a mirror,
Then things for Mazu might be clearer,'
Still Mazu didn't understand.

'Think about driving a horse and cart,
Which do you whip to make it start?
The essential principle is, I warn,
Not attached to the sitting form.'
Mazu hears these essential tips,
That taste like nectar on his lips.

Ag cur snasa ar bhríce

Cheap Nainiu go mba chóir go ndearna,
Cuairt ar Mhazú, a shoitheach Dharma,
'Cad tá á dhéanamh agat, a chroí?'
Ar Nainiu le Mazú a bhí ina shuí
D'fhéach Mazú air amach faoi húda,
'Tá mise ag iarraidh bheith i mo bhúda.'
'Den bhríce anseo déanfaidh mise scáthán,'
Arsa Nainiu le Mazú, á chuimilt le snasán,
'Ní féidir,' ar Mazú, 'sin gairm ghalldúda.'
Amhail cleachtadh an zazen le bheith i do bhúda?!

'Dá stopfadh do thrucail nuair a rachfá ar truip,
An mbuailfeá do chapall nó an trucail le fuip?
Ná cloígh leis an suí mar an t-aon fhoirm chuí,
Mar phrionsabal bunaidh i gcleachtadh an dlí,'
Nuair a chuala Mazú an teagasc a seoladh,
Bhí sé mar neachtar a bhlaisfeadh a bheola.

Commentary

Unlike other religions, Buddhism does not specify any dogma, any one single or predetermined set of rules that must be followed meticulously in order to free ourselves from dukkha or suffering, be it zazen, adhering to the Eighfold Path, or joining a particular Buddhist sect. All these may help but there are no guarantees that anything we choose to do will free us from our own ignorance, fears and clouded perceptions. What Buddhism of any hue tries to get us to do is to wake up and smell the coffee.

This a very profound koan and so there are many messages within it. There are, however, three messages that are very clearly expressed by Nanyue. Firstly, the path of awakening is the *Middle Way*. Endless zazen will not bring enlightenment by itself. Secondly, we should not be trying to turn a 'sow's ear into a silk purse'. When Nanyue picks up a brick and starts polishing it to make a mirror, Mazu immediately sees how ludicrous this is, and yet he fails to see the absurdity of his own zazen practice. Finally, Nanyue repeats the old Buddhist dictum: 'If you meet the Buddha on your path, kill him' – this is to say, trust nothing from any teacher, guru or the like, unless you, yourself know it to be true from your own personal experience. Mazu's stubborn approach to zazen brings to mind Neil deGrasse Tyson's hammer analogy: if all you have is a hammer, then all your problems start looking like nails.

Plé

Murab ionann agus reiligiúin eile, ní shonraíonn an Búdachas dogma ar bith, aon sraith speisialta de rialacha réamhbheartaithe go gcaithfí a leanúint go cruinn chun éalú ón bhfulaingt agus ón dukkha, is cuma cad é: zazen, Conair na n-Ocht Rian, nó ballraíocht a ghlacadh i seict Bhúdachais éigin. Ní bhíonn dearbhú ar bith go dtógfaidh aon rud amháin faoi leith sinn as ár n-aineolas, as ár n-eagla ná ár mbraistintí scamallacha. Ní bhíonn an Búdachas ag iarraidh ach aon rud amháin a dhéanamh – sinn a dhúiseacht.

Bíonn a lán teachtaireachtaí sa chóán seo ach anseo féachaimis ar thrí cinn. Ar an gcéad dul síos, is é an *Bealach Meánach* atá ina chonair chun na dúiseachta. Ní thugann zazen gan staonadh amháin aon duine chun an léargais iomláin. Sa dara háit, mar a deir an seanfhocal 'Ní dhéanfaidh an saol capall rása d'asal' – nuair a thosaíonn Nainiu snas a chur ar bhríce le súil scáthán a dhéanamh de, feiceann Mazú láithreach gur diomailt aimsire é sin ach ag an am céanna, ní thuigeann Mazú go mbíonn sé féin ag iarraidh abhrais ar phocán nuair a fhéachann sé lena nádúr Búdaíoch a aimsiú trí zazen amháin. Faoi dheireadh, déanann Nainiu athrá ar an seanráiteas Búdaíoch: 'Má bhuaileann tú leis an mBúda ar do chonair, maraigh é.' Ciallaíonn sin gan do mhuinín a chur in aon rud a deirtear leat nó a léann tú mura dtagann sé le do thaithí phearsanta féin.

Zazen
Zazen

Pema Chödrön

Meditation practice isn't about trying to throw ourselves away and become something better, it's about befriending who we are.

Ní bhíonn cleachtadh an mhachnaimh ag iarraidh ruaig a chur orainn féin agus éirí níos fearr, is é aidhm an mhachnaimh ná bheith caradaithe leis an duine atá ionainne.

Mooji

All you need to do is to recognise your true position as the witness. You only have to do this for some time, until the spell is broken. Even after the spell is broken, these mental tendencies may arise, but without any power, just like you can see the moon in the daylight.

An t-aon rud gur gá duit a thuiscint ná gur tú an breathnóir. Ní gá é sin a dhéanamh ach ar feadh tamaillín ghairid go dtí go bhfuil an draíocht briste. Fiú ina dhiaidh sin beidh na claontaí meabhrach ionat anois is arís ach beidh siad go hiomlán gan chumhacht: díreach mar is féidir leat an ghealach a fheiceáil i lár an lae ghil.

26
The Other Side of the River
An Taobh Thall den Abhainn

One day a young monk was making his way home when he came to the bank of a wide river. He sat there for some time contemplating how he might cross over to the other side. He was reluctant to swim across because the current seemed too strong.

Suddenly, he noticed a renowned Zen Master on the other side of the river, so the young monk called out at the top of his voice:

'Oh honorable teacher, could you tell me how I might cross over to the other side of this wide and mighty river?'

The teacher listened carefully to the request. He then looked up and down the long wide river. When he had done this, he called back to the young monk in reply:

'But, young man, you are already on the other side.'

———

Lá amháin bhí manach óg ar a bhealach abhaile nuair a tháinig sé go dtí bruach abhann leithne. Shuigh sé ar bhruach na habhann ar feadh tamaill fhada ag smaoineamh is ag machnamh ar conas arbh fhéidir leis dul trasna go dtí an taobh eile. Ba leasc leis féachaint le snámh trasna na habhann mar chonacthas dó go mbeadh an sruth róláidir.

Go tobann thug sé Máistir Zen faoi deara ar an taobh eile den abhainn. Mar sin, bhéic an manach óg amach in ard a ghutha:

'A oide chóir, an bhféadfá a rá liomsa conas arbh fhéidir liom dul trasna go dtí an taobh eile den abhainn leathan seo?'

D'éist an t-oide go cúramach le hachainí an mhanaigh óig. Ansin bhreathnaigh sé suas agus síos an abhainn leathan mhór. Agus sin déanta aige, ghlaoigh sé ar ais ar an mhanach óg:

'Ach a dhalta, tá tú cheana féin ar an taobh eile.'

The other side

A young monk who was wandering on his journey home,
Found his way impeded by a river wide and long,
'How will I be able to cross it on my own?,
I'm not a first-rate swimmer and the current's very strong',
He was just about to give up when something caught his eye,
On the far side of the river, was a teacher passing by,
'Sir, I've need of your assistance!' the young monastic cried,
'Please, tell me how to cross this river to the other side.'
The teacher slowly turns his head and looks from end to end,
Then shouts across the river as though he doesn't comprehend,
'But are you not already on the other side, my friend?'

An taobh thall

Téann manach óg abhaile tráthnóna breá go leor,
Go dtí go sroicheann abhainn atá leathan, fada, mór,
'Ní féidir liom snámh trasna, go dtí an bruach 'tá thall,
Mar tá an abhainn leathan, agus níl a sruth go mall,'

Bhí an manach ar tí imeacht nuair chonaic go tráthúil,
Go raibh taobh thall den abhainn mhór oide Zen ag siúl,
'A oide, 's mé ag dul abhaile, tá an abhainn ina fál,
Inis domsa conas trasnú chuig an mbruach 'tá thall.'
Sheas an t-oide ar an mbruach, is d'fhéach ó rinn go rinn,
'Mar a fheicim, ó mo thaobhsa, tá tú cheana thall ansin.'

Commentary

This koan is about relative truth and non-duality. It is obvious that we all see the world from our own particular point of view. To the young monk, the 'other' side is the side opposite him across the river, but to the teacher, it is the young monk who is on the 'other' side. Furthermore, all our emotions, sensations and thoughts are continuously being moulded by our own idea of 'self'. The money is dear because it's 'my' money, the friend is dear because she is 'my' friend, the house is dear because it is 'my' house. Everything is dear because of the 'self'. So it is important to know what the 'self' really is.

The second message is that we are not this body that has its own perception of the world it inhabits. We are the observer of the feelings, sensations, thoughts, experiences, etc. What sees is not seen. What hears is not heard. What feels is not felt and what knows is not known. The bigger picture painted by this powerful koan is the insightful message of the teacher to the young monk. Home is always present. We don't ever have to come home, because we are already home and never leave home. The 'incompleteness' that searches for 'completeness' is the illusion. There is no river to be crossed. We, like the young monk, are already on the other side.

Plé

Tagraíonn an cóán seo don fhírinne choibhneasta agus don neamh-dhé-achas. Tá sé soiléir go bhfeicimid go léir an domhan seo ónár ndearcadh pearsanta féin. Don mhanach óg, tá an 'taobh thall' ar an taobh eile den abhainn atá os a chomhair amach, ach don oide, is é an manach óg atá ar an 'taobh thall'. Mar aon leis sin, bíonn ár mothúcháin, ár gcéadfaí, ár smaointe, ár dtaithí, agus eile, de shíor á múnlú de réir ár dtuisceana ar an 'mise'. Is breá an t-airgead, mar is 'liomsa' an t-airgead. Is breá an cara, mar is 'liomsa' í. Is breá an teach é, mar is 'liomsa' an teach. Bíonn gach rud go breá mar gheall ar an 'mise'. Mar sin, tá sé rí-thábhachtach dúinn fáil amach cad é an 'mise' seo.

An dara teachtaireacht sa chóán is é sin nach sinne an corp seo ag a mbíonn a bhraistint féin den domhan seo. Is sinne 'breathnóir' na mothúchán, na gcéadfaí, na smaointe, na n-eispéireas, agus eile. An rud a fheiceann – ní fheictear é, an rud a chloiseann – ní chloistear é, an rud a mhothaíonn – ní mhothítear é agus an rud a aithníonn – ní aithnítear é. Is é an pictiúr mór a phéinteáiltear anseo den neamhdhéachas atá ina theachtaireacht ag an oide don mhanach óg. Bíonn ár mbaile i gcónaí i láthair anois. Agus ní gá dúinn teacht abhaile, mar bímid go buan sa bhaile, agus ní fhágaimid choíche é. Is seachmall é an 'neamhiomláine' a bhíonn ar lorg na 'hiomláine'. Níl aon abhainn le trasnú againn. Táimidne go léir, amhail an manach óg, cheana féin ar an taobh thall.

Home
An Baile s'againne

Pierce Brown

Home isn't where you're from. It is where you find light when all grows dark.

Baile – ní áit í as a dtagann tú. Is áit í ina bhfaigheann tú solas nuair a éiríonn gach rud dorcha.

George Moore

A man travels the world over in search of what he needs and returns home to find it.

Taistealaíonn fear ar fud an domhain ar fad ar lorg an ruda a bhíonn de dhíth air agus filleann sé abhaile lena fháil ansin.

Rumi

If light is in your heart, you will find your way home.

Má tá solas i do chroí, gheobhaidh tú do bhealach abhaile.

Nora K. Jemisin

Home is what you take with you, not what you leave behind.

Baile – sin a dtugann tú leat ní a bhfágann tú taobh thiar díot.

Terry Pratchett

You haven't really been anywhere until you have got back home.

I ndáiríre ní raibh tú riamh in áit ar bith, go dtí gur fhill tú abhaile.

Howard Lawn

Home is not a place – it is living alongside the people who are dearest to us.

Ní háit é an baile – is é atá sa bhaile ná do bheatha bheith á chaitheamh agat leis na daoine is ionúine leat.

27
An Angry Student Seeks Wisdom
Lorgaíonn Dalta Feargach Gaois

A young student of Zen, Yamaoka Tesshu, was seeking enlightenment. He visited master after master accumulating more and more wisdom. Eventually he went to see the Zen Master Dokuon of Shokoku.

'Oh great Master, I have come to seek wisdom.' explained Yamaoka.

'Tell me what you have already learned,' responded Dokuon.

'I have learned that the mind, Buddha, and all sentient beings do not, after all, exist. The true nature of phenomena is emptiness. There is no realisation, no delusion, no wisdom, no mediocrity. There is no giving and nothing to be received.'

Dokuan was listening quietly all the while, serenely smoking his pipe. Then suddenly he smacked Yamaoka with his bamboo pipe. This made the young student very angry.

'If nothing exists,' enquired Dokuan, 'where did this anger come from?'

———

Bhí dalta an Zen, Iamaóca Tessiu, ar lorg léargais iomláin. Thug sé cuairt ar mháistir ina dhiaidh mháistir, ag bailiú gaoise de réir a chéile. Faoi dheireadh, chuaigh sé chun cuairt a thabhairt ar an Mháistir Docúán, as Seócócú.

'Tháinig mé ar lorg gaoise, a Mháistir mhóir!' arsa Iamaóca.

'Inis dom cad tá foghlamtha agat cheana,' a d'fhreagair Docúán.

'D'fhoghlaim mé i ndeireadh na dála nach bhfuil eiseadh ar bith ag an intinn, ná ag an mBúda, ná ag neacha mothaitheacha – gurb é fíornádúr na bhfeiniméan uile an fhoilmhe, agus nach bhfuil aitheantas, ná seachrán, ná saíocht, ná measarthacht ann. Níl aon rud le tabhairt ná le fáil ach oiread.'

Bhí Docúán ag éisteacht leis an bhfear óg ar feadh an achair agus é ag caitheamh a phíopa bhambú. Gan choinne, thug sé smeach géar dá phíopa ar aghaidh Iamaóca. Tháinig fearg láithreach ar an bhfear óg.

'Mura bhfuil aon rud ann,' arsa Docúán, 'cad as ar tháinig an fhearg sin?'

An angry student

Yamaoka Tesshu, a student, most industrious,
Visited Zen Masters from the ranks of the illustrious,
He went once to Dokuon of Shokoku on a visit,
'Great Master, I've come to ask: enlightenment, what is it?'
'Tell me first what you've been taught, and what that teaching means?'
'I've learnt there is no Buddha, no mind, or sentient beings,
Emptiness is form and form is empty, I believe,
That there isn't anything to give or even to receive.'
The master listened to the lad as he puffed his bamboo pipe,
Then suddenly he smacked him with an unexpected swipe,

Immediately, Yamaoka fell into a rage,
'From where then, did your anger come?'
enquired the smiling sage.

Dalta feargach

Bhí Iamaóca Tessiu ina mhac léinn tráth ó shin,
Is thug sé cuairt ar mháistrí ar lorg léargais chruinn,
Ar chlos dó faoi Dhocúán, do bhuail sé leis gan mhoill,
'Cad é léargas iomlán, inis domsa le do thoil?'
'Inis tusa dom ar dtús, cad is eol duit, a mhic léinn?'
'Tuigim nach bhfuil Búda ann, intinn ná an duine féin,
Is feiniméan an fhoilmhe agus foilmhe gach feiniméan,
Níl seachrán, saoi, ná aithne, is déarfainnse go gairid,
Ní bhíonn rud le tabhairt nó le fáil againn ach oiread.'
Chaith an saoi a phíopa ag éisteacht leis gan néal,
gur thug sé smeach go tobann dá phíopa ar a bhéal,
Bhuail fearg Iamaóca, 'Cad sa diabhal, in ainm chroim!'
'Más folamh é an saol, a mhic, cad as ar tháinig sin?'

Commentary

If we were to provide some brilliant university professor who had an excellent memory but who had never been to London, with a list of the names of all the streets of London, then even if the professor did eventually manage to learn them off by heart, the learning would be so disassociated from the actual streets of the city that, to all intents and purposes, it would be useless. However, taxi-drivers learn the street-names fairly quickly, by getting people to where they need to go. If we want to learn to drive a car, we have to get into a car and start driving it. The more we drive, the more experience we will acquire and hopefully the better drivers we can become. It's 'ordinary mind' (koan 24).

Yamaoka Tesshu is a young and conscientious student of Zen who believes that he can master the teachings through study alone. Dokuon of Shokoku points out that knowing the teachings is not the same as understanding them. It is through regular practice of Zen in our day-to-day living that we acquire the experience and become masters of the practice. This koan places study and practice in harmony with one another. It is a combination of the two that is best, but practice is the only way to verify that we have properly understood the teaching. The sting of Dokuan's pipe wakes Yamaoko up from the arrogance of his academic complacency.

Plé

Dá dtabharfaimis d'ollamh Ollscoile nach raibh riamh lena bheatha i Londain, ach ag a raibh cuimhneamh éachtach aige, imleabhair de liostaí le hainmneacha shráideanna uile Londan, agus dá n-iarrfaimis air iad go léir a fhoghlaim de ghlanmheabhair, fiú dá bhféadfadh sé a leithéid a dhéanamh, ní móide go mbeadh sé ar a chumas camchuairt trí Londan a thabhairt do chuairteoir ar bith. Ach foghlaimíonn gnáththiománaithe tacsaí bóithre agus lánaí uile Londan go han-tapa ar fad toisc go dtugann siad paisinéirí chuile háit Domhnach is dálach ar fud na príomhchathrach céanna. Má theastaíonn uainn foghlaim conas carr a thiomáint, ní mór dúinn suí isteach i gcarr agus é a thiomáint – is i gcleachtadh na ceirde go bhfoghlaimítear í.

Is mac léinn díograiseach an Zen, Iamaóca Tessiu, a chreideann gur féidir máistreacht a fháil ar an teagasc ón staidéar féin amháin. Taispeánann Docúán as Seócócú don fhear óg nach ionann foghlaim an teagaisc agus é a thuiscint. Is de bharr cleachtaidh rialta an Zen sa saol go bhfaighimid faoi dheireadh an taithí riachtanach chuí chun éirí inár bhfíormháistrí ar an gcleachtadh. Cuireann an cóán seo an staidéar agus an cleachtadh i gcomhghaol lena chéile. Is meascán den dá rud an tslí is fearr, mar fíoraíonn ár gcleachtadh Zen inár nghnáthshaol laethuil. Dhúisigh an smeach ó phíopa Dhocúáin an mac léinn, Iamaóca, as a shotal is a réchúis acadúil.

Practice
Cleachtadh

Anton Chekhov

Knowledge is of no value unless you put it into practice.

Ní fiú tada an t-eolas mura gcuireann tú i gcleachtadh é.

Aristotle

For things we have to learn before we can do them, we learn by doing them.

Chun rudaí a dhéanamh sula bhfuil a fhios againn conas iad a dhéanamh, foglaimíonn muid iad á ndéanamh.

Ernst F. Schumacher

An ounce of practice is usually worth more than a ton of theory.

Is minic gur móide únsa cleachtaidh ná tonna den teoiric.

Johann Sebastian Bach

What I have achieved by industry and practice, anyone else with tolerable natural gift and ability can achieve.

An rud gur bhain mé amach le teann dúthrachta agus cleachtaidh is féidir le duine ar bith eile a dhéanamh má bhíonn an cumas agus tallann nádúrtha de leibhéal réasúnta ag an duine sin.

28
Explaining Death and Dying
Míniú ar Bhás agus ar Dhul in Éag

Late one evening the Buddha went to visit an old faithful servant who was close to death.

'Master, soon I must die. Can you please tell me about death?'

'Death is letting go,' replied the Buddha, 'Do not grasp at thoughts, at your relatives, at your possessions or at anything else whatsoever. Death is nothing to grasp at or to cling to because there is no 'self', no 'me' nor 'mine' to possess it. All these dissolve in death.'

'How then, Master, should I now engage with death?'

'Let go of knowing and having known. Let your composed mind dwell in each breath you take. Let each breath be the sole object of all knowing. Let your mind become subtle, your feelings insignificant, and you will discover an arising of a great inner clarity and wakefulness.'

When the old servant heard these words, he closed his eyes and thereafter did not speak another word. He died peacefully before the sun had risen the following day.

———

Amach sa tráthnóna chuaigh an Búda ar cuairt chuig seansearbhónta dílis dó a bhí ag comhrá leis an mbás.

'A Mháistir, táim ar tí imeacht ón saol seo. Ar mhiste leat a insint dom faoin mbás?'

'Ligean uait is ea an bás,' a d'fhreagair an Búda, 'Ná beir greim ar smaointe, ná ar do mhuintir, ná ar do mhaoin shaolta, ná ar aon rud eile. Ní féidir greim a fháil ar an mbás, ní féidir cloí leis an mbás mar níl aon 'mise' ná 'agam' ná 'liomsa' gur féidir greim a fháil orthu. Imíonn siad go léir leis an mbás.'

'Conas mar sin, a Mháistir, ba chóir dom dul i ngleic leis an mbás?'

'Lig uait gach rud ar eol duit agus arbh eol duit. Lig do d'intinn shuaimhneach cónaí a fháil i ngach anáil a thógann tú. Lig do gach anáil bheith ina hábhar amháin feasachta duit. Lig do d'intinn éirí fíneálta, do mhothúcháin bheith gan aird, agus aireoidh tú breith na soiléire agus na múscailteachta.'

Nuair a chuala an seansearbhónta na briathra seo, dhruid sé a shúile agus níor labhair sé arís. Fuair an seansearbhónta bás roimh éirí an lae nua.

Dying

The Buddha paid a visit to a servant old and dear,
Who was very weak and from this life about to disappear,
'Master Budhha,' cried the servant, 'What is death? I'd like to know.'
'Death, my friend, is not the end but basically a letting go,
Do not grasp at family, at thoughts, possessions or such things,
There is no "me" no "mine" no "self" to which habituation clings,
'How should I engage with death?' the servant asked most modestly,
'Let go of what you've known and know and let your mind be free,
Let each breath subsume all knowing that consciousness can be,
Then you'll discover wakefulness and inner clarity.'
The servant didn't speak again – he closed his eyes to pray,
And died before the sun had risen on the following day.

Dul in éag

Bhí seanfhreastalaí an Bhúda tinn, a bheatha lag i mbaol,
Gur thug an Búda cuairt air sular imigh sé den saol,
'A Mháistir,' arsa 'n freastalaí, 'Inis dom faoin éag.'
'Níl san éag ach ligean uait mar ghreim agat ar ghéag.
Ná gabh greim ar smaointe, ar chlann ná fós ar mhaoin,
Níl "liom", "agam" ná "mise" ann ná aon rud lena gcloíonn.'
'Conas dul i ngleic le bás?' a fiafraíodh de le bá,
'Lig uait gach rud ar eol duit agus arbh eol duit tráth,
Lig do d'intinn shuaimhneach cónaí i ngach anáil,
Go gcuire duit soiléire is lán-mhúscailteacht ar fáil.'
Níor labhair arís an freastalaí, do dhruid a shúile glé,
Is fuair sé bás, gan aon dólás roimh éirí úr an lae.

Commentary

Death always seems to be the final frontier in this life, and although
there is much anecdotal evidence from those who have returned from
states of clinical death, there is, apparently, no agreement yet in the

scientific world about the true nature of this transition. But what do Buddhists believe about death? Well firstly, that death is a great teacher. It allows us to have a better perspective and a greater understanding of our present lives. When someone we love dies, we become more sensitive, more aware. Death can be a joyful experience and a peaceful one too, if we are spiritually prepared for our own earthly demise.

In this koan, the old faithful servant can be seen as any one of us who wishes to follow the path of wisdom and enlightenment from this life to the next. The Buddha suggests that we learn to let go, remembering that in every moment of life there is an arising and dissolving, like waves on an endless sea of events, nothing more than that. And this joyful impermanence of everything in this life is the nature of every experience in the world. When dying, if we allow our attention to dwell on each and every breath we take, then we shall discover the great clarity and wakefulness that transcends all we know and have ever known in this life.

Plé

Bíonn an chuma de shíor an an mbás gurb é an post teorann deiridh sa saol seo, agus cé go bhfuil neart de scéalta ann faoi dhaoine a tháinig ar ais chun beatha tar éis bás cliniceach a fháil, bíonn gach dealramh ar an scéal go dtí seo, go bhfuiltear gan aon chomhaontú tuairime i measc lucht eolaíochta faoi cad a tharlaíonn tar éis bhás an duine. Ach cad é a chreideann Búdaigh faoin mbás? Bhuel, ar an gcéad dul síos, creidtear gur oide den scoth é an bás mar ligeann an bás dúinn peirspictíocht agus tuiscint níos fearr a fháil ar ár mbeatha. Nuair a fhaigheann duine atá an-ghar dúinn bás, éirímid níos tuisceanaí agus níos stuama maidir lenár saol i gcoitinne. Is féidir leis an mbás bheith ina eispéireas dearfach sona fosta, má bhímid ullmhaithe go spioradálta dár n-imeacht den saol seo.

Seasann an seansearbhónta sa chóán seo d'aon duine againn atá ag iarraidh conair na saíochta agus an léargais a leanúint. Molann an Búda dúinn go mb'fhearr dúinn foghlaim conas ligean do rudaí an tsaoil seo imeacht uainne, agus gan dearmad a dhéanamh go mbíonn éirí agus leá i ngach nóiméad. Amhail tonnta na farraige ollmhóire atá eachtraí an tsaoil seo – faic eile a bhíonn iontu ach sin amháin. Is í an neamhbhuaine nádúr ár n-eispéiris uile sa saol. Agus sinn ag fáil réidh lenár saol, má ligimid dár n-aire díriú isteach ar gach uile anáil a thógaimid, nochtfar dúinn gan teip soiléire agus múscailteacht a tharchéimníonn gach rud ar eol agus arbh eol dúinn sa saol seo riamh.

Death and Dying
Bás is Dul in Éag

Isaac Asimov

Life is pleasant. Death is peaceful. It's the transition that's troublesome.

Bíonn an bheatha go haoibhinn. Bíonn an bás go suaimhneach. Is é an próiseas aistrithe ó bheatha go bás atá achrannach.

Sylvia Townsend Warner

It is best as one gets older to strip oneself of possessions, to shed oneself downward like a tree, to be almost whole earth before one dies.

Is é is fearr a dhéanamh de réir mar a théann tú in aois ná na rudaí ar leat iad a chur uait amhail crann a chuireann de, síos go talamh, a chuid duilleog. Ba chóir nach mbeadh ionatsa ach do chré féin roimh do dhul isteach sa tsíoraíocht.

29
Let Me Finish Then Kill Me
Lig Dom Críochnú
ansin Maraigh Mé

Zenkai, the son of a samurai, travelled to Edo and became a servant to an important official there. Zenkai fell in love with the official's wife and one day this was discovered. In self-defence, Zenkai killed the official and then ran off with the unfaithful wife. The two lived as thieves but the woman became so greedy that Zenkai eventually left her and became a beggar in the province of Buzen.

In Buzen there was a dangerous mountain cliff-passage where many travelers lost their lives, and Zenkai decided to build a road through the mountain to atone for his past. Thirty years he laboured, but two years before he was done, the son of the official whom he had killed came to avenge his father's death.

'You may kill me, but first let me finish this work.'

The son agreed and after some time, tired of doing nothing, started to help in completing the tunnel. When it was finished and a safe passage had been created for travelers, Zenkai bowed before the official's son.

'Now you may kill me. My work is done.'

'How can I kill my teacher?' replied the official's tearful son.

—

Thaisteal Zencaí, mac de shamúraí, go dtí Edó agus d'éirigh sé ina shearbhónta d'fheidhmeanach tábhachtach ansin. Bhí Zencaí ag suirí le bean an fheidhmeannaigh agus fuarthas amach iad. Mharaigh Zencaí an feidhmeannach i dtroid, ansin d'éalaigh sé leis an mbean. Tháinig an bheirt acu i dtír ar an ngadaíocht ach d'éirigh an bhean chomh sainteach sin gur fhág Zenchaí í agus bhí air dul i mbun na déirce sa phroibhinse Buzan.

Sa Bhuzan bhí conair chontúirteach ar feadh aille caoile thar shliabh ónar thit a lán taistealaithe chun a mbáis. Shocraigh Zencaí ar shlí tríd an sliabh a thochailt mar leorghníomh dá ndearna sé. Chaith sé tríocha bliain ag sclábhaíocht ach dhá bhliain roimh dheireadh na oibre, tháinig mac an fheidhmeannaigh mhairbh ar lorg éirice.

'Maraigh mé ach lig dom ar dtús an obair seo a chríochnú.'

Bhí an mac sásta fanacht ach tar éis tamaill, d'éirigh sé tuirseach as gan faic a dhéanamh mar sin thosaigh sé ag cuidiú leis an obair. Nuair a bhí an tollán tochailte acu agus an pasáiste réidh do thaistealaithe, chlaon Zencaí a cheann roimh mhac an fheidhmeannaigh.

'Maraigh anois mé,' arsa Zencaí, 'Tá m'obair déanta.'

'Conas arbh fhéidir liom m'oide a mharú?' arsa mac deorach an fheidhmeannaigh.

The tunnel

Zenkai had a love affair,
With the wife of a highly-placed official,
They slyly played forbidden games,

And found this mutually beneficial.
The husband saw the two in bed,
He drew his sword to strike them dead,
But Zenkai, master of the sword,
Killed the dishonoured lord and fled.
The unfaithful wife and Zenkai lived,
by stealing money they misspent,
But she got greedy, life got seedy,
They separated in the end.

Zenkai, now a mendicant,
thinks about the karma sowed,
For penance, he will, through a mountain,
excavate a tunnel-road.

Two years to go, the official's son
Arrives to even out the score,
'My life is yours, but please before,
Let me complete this corridor.'
The son nods, 'It's not much to ask.'
And soon helps Zenkai with the task.

When finally, the road is built,
Zenkai kneels to meet his fate.
'Take vengeance – it is time I died,
To pay for my crime of homicide.'
But the son stands still with tearful eyes,
'I cannot kill my teacher' he replies.

An tollán

D'fhostaigh feidhmeannach ó Edó
Zencaí, mac an tsamúraí,
Go bhfuair gan choinne, bean a chlainne
Lena fhostaí ag suirí,

Bhí an feidhmeannach ar buile,
Theastaigh uaidh an bheirt a mhilleadh,
Faoi mhaidhm a rachta, throid gan tlás,
Ach fuair an feidhmeannach féin bás.
Rith an bheirt ó lár an bhaoil,
Is mhair an bheirt ar mhionbhradaíl,
Le himeacht féile, t'réis an mhéala,
Scar na leannáin óna chéile.

D'éirigh Zencaí ina dhéirceach,
I mbaile Buzan do chaith a bheo,
Do chinn ar leorgníomh a dhéanamh,
As a ndearna sé fadó.

Tríocha bliain, bhí sé ag tochailt,
Slí trí shliabh, a aidhm uilig,
Dhá bhliain sular chríochnaigh Zencaí,
Tháinig mac an fheidhmeannaigh.
'Zencaí an Fhill!' a bhéic an leaid,
'Táim anseo faoi bhás mo dhaid.'
'Is leor mo rás – cóir bonn do cháis,
Ach lig dom críochnú roimh mo bhás.'
An mac lánsásta feitheamh dó,
Fiú ghlac sé páirt i mbun gnó,
Dhá bhliain ag obair lena chéile,
Ag caitheamh cloch, comhrá is béilí,
Faoi dheireadh, is an obair déanta,
Sheas Zencaí ar a ghlúine claonta,
'Anois don bhás tá mise réidh,
Bain cúiteamh asam ar do áis!'
Ach dúirt an mac, 'Ní fhéadfainn é,
m'oide féin a chur chun báis.'

Commentary

The actions we take are relative to the point in the time we find ourselves in. Our reactions to events are also relative to the level of wisdom and awakening we've attained. How often have we heard from an older person, 'If I were in the same situation today, I would handle it so differently.' Also, things that are viewed without the advantage of a fuller perspective of contingent events often change our long-term assessment of any situation. Added to this is impermanence – 'We cannot step into the same stream twice.'[95] The boy who served in the Hitler Youth is not the same person who eventually becomes Pope.

When in this koan the official's son arrives seeking revenge, he doesn't find the man he has been expecting to find and, after some time in Zenkai's company, he even comes to realise that the once-hated killer of his father has become his guide and teacher. This is the true nature of this life; everything is fluid and changing. Human beings may look solid but all people and all situations are in constant flux. The son of the official was still hurt and even upset about the loss and betrayal of his father, but the person who had betrayed and killed his father was long since dead.

Plé

Bíonn an tslí mar a ghníomhaímid de shíor ag brath ar an bpointe sa líne ama ina mbímid. Bíonn an tslí ina dtéimid i ngleic le heachtraí a bhaineann dúinn ag brath go mór ar ár leibhéal tuisceana féin agus ar leibhéal ár ndúiseachta ag an am úd ina dtarlaíonn na heachtraí céanna. Cá mhinic a chualamar an ráiteas: 'Dá mbeinnse ina leithéid de chás arís nach difriúil go láimhseálfainn anois é.'

Is minic a bhíonn sé deacair breithiúnas cuí a thabhairt nuair nach mbíonn na hiarmhairtí uile agus himeachtaí comhtheagmhálacha uile ar eolas againn. Ina theannta sin, bíonn an neamhbhuaine de shíor ann

---

95 This Zen-like observation was made by the Ancient Greek Philosopher Heraclitus c. 500 BCE.

– 'Ní féidir linn ár lámh a chur dhá uair sa sruthán céanna.'[96] Ní hionann an buachaill óg bhí in Ógra Hitler agus an fear go ndearnadh Pápa de.

Sa chóán seo tháinig mac an fheidhmeannaigh a bhí maraithe ag Zencaí chun díoltas a bhaint amach. Ach nuair a thagann sé i láthair Zencaí, is amhlaidh nach bhfaigheann sé an fear lena raibh sé ag súil. Tar éis dó tamall áirithe a chaitheamh i gcuideachta mharfóir a athar, tuigtear dó fosta gur thiontaigh marfóir gránna a athar ina threoraí agus ina oide maith dó. Sin é nádúr na beatha, bíonn gach rud go saoráideach ag síorathrú gan staonadh. Fiú má bhí mac an fheidhmeannaigh buartha fós faoi bhás fill agus bhrath a athar, bhí an marfóir sin a athar marbh le fada anois cheana.

Impermanence
Neamhbhuaine

Albert Einstein

The world as we have created it is a process of our thinking. It cannot be changed without changing our thinking.

Is próiseas dár smaointeoireacht an domhan mar atá sé cruthaithe againn. Ní féidir é a athrú gan ár mbealach smaointeoireachta a athrú.

Lao Tzu

Life is a series of natural and spontaneous changes. Don't resist them – that only creates sorrow. Let reality be reality.

Is sraith d'athruithe nádúrtha spontáineacha an bheatha. Ná bí ag cur ina gcoinne – ní chruthaíonn sin ach brón. Lig don réaltacht bheith ina réaltacht.

---

96 Tagann an ráiteas tuisceanach 'Zen' seo ón fhealsamh sa tSeanGhréig, Heraclitus, c. 500 RCR.

Kiran Desai

The present changes the past. Looking back you do not find what you have left behind.

Athraíonn an t-am i láthair an tráth a d'imigh uainn. Ní bhfaigh-fidh tú an rud atá imithe uait ag féachaint siar.

Angelina Jolie

Happy endings are just stories that haven't finished yet.[97]

Ní bhíonn i gclabhsúir shona ach scéalta nach bhfuil críochnaithe fós.

Barack Obama

We are the ones we've been waitng for. We are the change that we seek.

Is sinne na daoine úd lena raibh muid ag fanacht.   Is sinne an t-athrú atá á lorg againn.

Heraclitus

There is nothing permanent except change.

Níl aon rud buan ach athrú.

---

97   Spoken by the character she played in *Mr & Mrs Smith* (2005).

30
I Am Awake!
Táim i Mo Dhúiseacht!

On seeing Shākyamuni,[98] the Brahmin priest, Dona, approached him and said:

'Master, are you a god?'
'No,' replied Shākyamuni.
'Are you a celestial being?'[99]
'No, I am not.'

---

98   Gautama Buddha, c. 563 BCE – 483 BCE, also known as Siddārtha Gautama.
99   i.e. 'gandhabba' can be translated as a lower god or celestial being.

'Are you a magician?'[100]
'No.'
'Are you a human-being?'
'No, Brahmin, I am not.'
'What are you then?'
'I am awake.'

—

Nuair a chonaic an Bráimín Dona, Seacaíamúnaí, chuaigh sé ina fho-
chair agus labhair sé leis:

'A Mháistir, an Dia thú?'
'Ní hea,' arsa Seacaíamúnaí.
'An beith neimhe thú?'
'Ní hea.'
'An asarlaí thú?'
'Ní hea.'
'An duine thú?'
'Ní hea, a Bhráimín, ní duine mé.'
'Cad tá ionat mar sin?'
'Tá mé i mo dhúiseacht.'

Awake

A puzzled Brahmin scratched his head,
And approaching Shākyamuni, said:
'I'd like to know, are you a god?'
'No,' said the Buddha with a nod.
'A celestial being from the sky?'
'No,' again came the reply,
'Are you some kind of wizard-leader?'
'No, I'm not a wizard either.'

100 i.e. 'yakkha' can also be translated as a trickster or playful spirit who enjoys
deceiving others with pranks.

'Are you then just a human being?'
'Nor am I that, my dear Brahmin.'
'Then what are you, for goodness sake?'
'I am awake.'

Dúiseacht

Bhí ceist ag Bráimín a bhí á chrá
Gur labhair sé leis an mBúda lá:
'An dia thú, a Mháistir chóir?,
'Ní hea, níl sin ionamsa ná deoir.'
'An beith ó neamh thú, mar sin féin?'
'Ní hea, ná gar leis sin, mo léan.'
'An bhfuil tú i do dhraíodóir?'
'Ní hea, ná é ar aon chaoi mhór!'
'An duine thú, an sin mar atá?
'Ní hea, ní féidir sin a rá,'
'Cad é ina bhfuil tú?' arsa an Bráimín,
'I mo dhúiseacht atáim.'

Commentary

In a well-known interview between the astrophysicist, Dr Trinh Xuan Thuan and Thich Nhat Hanh, the former asks whether or not cats and dogs have the same level of consciousness as human beings. After all, 'we don't see cats producing a Beethoven symphony or a Monet painting', so it surely stands to reason that humans have a higher consciousness than cats or dogs? Thich Nhat Hanh sums up all these arguments as a reflection of a 'discriminative mind'. The scientist has become a prisoner of the language he is using to describe reality. He is separating that which is inseparable because it is impossible to talk about any thing except in relation to something else. Any words we may use both free us and enslave us at the same time. It is the nature of thinking.

The Buddha does not cling to erroneous concepts that limit or solidify the fluidity of life. What we are in our essential nature cannot be defined, because once a definition is given, it dictates limitations. In fact, what we all are is boundless, limitless and so essentially indefinable. We are not any 'thing', be that a god, a celestial being or even a person. The mind-set of placing everything in boxes and categories can never match up with what transcends language and the terms of any category we could ever imagine.

Plé

San agallamh iomráiteach idir an réaltfhisiceoir, an Dr Trinh Xuan Thuan agus Thich Nhat Hanh, fiafraíonn an fisiceoir de arbh fhéidir go mbeadh an leibhéal céanna feasachta bheith ag an gcat nó ag an madra mar a bheadh ag an duine. Tar éis tsaoil 'ní dhearna cat ná madra riamh siansa Beethoven ná pictiúr amhail ceann a rinne Monet'. Dá bhrí sin nach seasann sé le réasún nárbh fhéidir go mbeadh an leibhéal céanna feasachta ag ainmhí mar a bheadh ag an duine? Tugann Thich Nhat Hanh léiriú cruinn ar a bhfuil ráite ag an bhfisiceoir nuair a deir sé gur sampla maith a chuid cainte den intinn idirdhealaitheach. Tá an saineolaí éirithe ina chime dá theanga féin. Bíonn sé ag iarraidh a bhfuil dodheighilte a dheighilt óna chéile. Ní féidir labhairt faoi aon rud gan tagairt do rud éigin eile, díreach nó go neamhdhíreach. Saorann agus daorann ag an am céanna aon fhocail a úsáidimid. Sin nádúr ár smaointeoireachta. Tá an t-eolaí éirithe ina phríosúnach den teanga a úsáideann sé chun cur síos a dhéanamh ar an réaltacht nó ar an saol.

Ní chloíonn an Búda le coincheapa bréagacha a theorannaíonn nó a chruann saoráid éasca na beatha. Ní féidir ár n-eisint a shainmhíniú, mar chomh luath is go soláthraítear sainmhíniú ar rud ar bith, cuirtear teorainn leis an rud sin. Agus ní 'rudaí' sinn. Ní 'déithe' sinn agus fiú ní 'daoine' sinn. Sa phictiúr mór, ní bhíonn i bhfoirmeacha ná sna catagóirí uile seo ach foilmhe. Ní sheasann an intinn idirdheal-aitheach suas i láthair a dtarchéimníonn teanga nó coincheap ar bith gur féidir linn riamh a shamhlú dúinn féin.

The Infinite
An Éigríoch

Amit Ray

Your greatest awakening comes when you are aware of your infinite nature.

Is é do dhúiseacht is mó a bhíonn agat ná nuair a thagann tú ar an eolas faoi do nádúr eigríochta.

Anna Freud

We are imprisoned in the realm of life, like a sailor on his tiny boat, on an infinite ocean.

Bímid faoi choinneáil i ríocht na beatha, amhail mairnéalach ina bhád beag bídeach, ar bhóchna gan teorainn.

Blaise Pascal

Nature is an infinite sphere of which the centre is everywhere and the circumference is nowhere.

Tá an nádúr ina sféar gan chríoch ag a bhfuil a lár i ngach áit agus a imlíne gan bheith in áit ar bith.

Francis Bacon

Beauty itself is but the sensible image of the infinite.

Ní bhíonn san áilleacht féin ach íomhá chiallmhar den éigríoch.

31
The Flower Sermon
Seanmóir an Bhlátha

As Shākyamuni was approaching the end of his life, he brought his disciples to a quiet lakeside and there they formed a small semicircle in front of him. They waited to hear his words of wisdom but the Buddha said nothing. Then he picked a wild white flower that was growing beside him and held it up silently before them.

All the disciples sit confused, not knowing what to say or to think. Suddenly Mahākāśyapa starts to smile and then starts laughing. On seeing this, the Buddha hands the white flower to Mahākāśyapa and speaks thus:

'What I have said, I have said to you and what cannot be said I have given to Mahākāśyapa.'

Mahākāśyapa became the Buddha's successor from that day forward.

———

Nuair a bhí Seacamúnaí ag teannadh chun deireadh a shaoil, bhailigh sé a lucht leanúna le chéile in aice le loch ciúin agus ansin shuigh siad i leathchiorcal os a chomhair amach. D'fhan siad lena bhriathra críonna a chloisteáil ach ní dúirt an Búda tada. Ansin phioc sé bláth bán fiáin a bhí ag fás in aice leis agus thug sé suas é lena thaispeáint dóibh, fós gan tada a rá.

Bhí mearbhall ar a lucht leanúna uile, gan a fhios acu cén chiall ba chóir dóibh a bhaint as seo nó cad ba chóir dóibh a rá faoi. Ansin tháinig miongháire ar aghaidh Mhahacaiseapa agus ansin thosaigh sé ag gáire. A luaithe is a chonaic an Búda é sin, thug sé an bláth bán do Mhahacaiseapa agus labhair mar a leanas:

'A ndúirt mé libh, dúirt mé libh, agus sin nach féidir a rá, tá sé tugtha agam do Mhahacaiseapa.'

Bhí Mahacaiseapa ina chomharba ar an mBúda ón lá sin amach.

Wordless transmission

Shākyamuni before he died,
Called his disciples to his side,
They sat to hear his every word,
But not a syllable they heard,
He plucked a flower silently,
Then held it up for all to see,
The puzzled monks looked in dismay,
'What is the Buddha trying to say?'
Then Mahākāśyapa gently smiled,
And after laughed, just like a child,
'I've spoken about what I am able
And give to you what is unsayable.'
When Mahākāśyapa took the bloom he,
Became the successor to Shākyamuni.

Seachadadh neamhbhriathartha

Bhí SeanSeacaíamúnaí fós ag múineadh,
Is ghlaoigh sé chuige a lucht leanúna,
Bhailigh timpeall air neart daoine,
Chun éisteacht leis, ar cheann cipíní,
Ach cé gur shuigh sé rompu fada,
Ní dúirt an Búda leosan tada,
Phioc an Búda bláithín bán,
go ciúin á thaispeáint dá raibh ann,
Níor thuig na manaigh cad é an chaoi,
Go bhféadfaidís teacht ar a bhrí,
Thit gach fear i dtost le náire,
Gur bhris Mahacaiseapa amach ag gáire,
'Dúirt mé libhse a bhféadfainn a rá,
Tugaim duitse nach féidir, i mbláth.'
Nuair a fuair Mahacaiseapa an bláithín bán,
Ba chomharba an Búda é amach ansan.

Commentary

In this story, we find perhaps the koan of all koans, because its essential aim is to communicate the ineffable nature of the deepest Buddhist wisdoms by direct transmission alone, i.e. by an understanding beyond words. As the Buddha sits silently holding up the white flower, no one amongst the assembled, except for Mahākāśyapa, comprehends this special wordless transmission.

This tale is of course, strictly speaking a sūtra and not a koan but it is included because for many Zen practitioners, this is the earliest example (c. 11th century) of the non-verbal teaching tradition which has since been very central to all forms of Zen Buddhism. Added to this, is the fact that this silent wisdom is being transmitted by Shākyamuni himself which gives further legitimacy to this practice. In this particular teaching, the Buddha clearly separates what can be communicated by words, and the much greater and infinite wisdoms that can only be experienced by a practitioner and never conceptualised.

Plé

Faighimid sa chóán seo cóán atá chun tosaigh ar gach cóán eile, nó b'fhéidir, seanathair na gcóán uile, arb é a aidhm príomha ná an tsaíocht Bhúdaíoch dho-inste agus is doimhne a chur in iúl trí sheachadadh díreach a tharchéimníonn briathra nó teanga ar bith. Fad is a shuíonn an Búda go tostach leis an mbláithín bán ardaithe aige, bíonn mearbhall ar gach duine dá lucht leanúna, ach amháin ar Mhahacaiseapa. Is é Mahacaiseapa an t-aon leanúnach amháin gur féidir leis an seachadadh tostach speisialta seo ón mBúda a thuiscint.

De réir na rialacha is daingne, ní bhaineann, gan dabht, an *sútra* seo le cnuasach traidisiúnta na gcóán, ach ós rud é go dtuigtear do neart cleachtóirí Zen gurb é seo an éiseamláir is luaithe (c. 11ú haois) den seachadadh neamhbhriathartha sa traidisiún Zen, is cóir é a lua sa bhailiúchán seo freisin. Mar aon leis sin, is é Seacamúnaí é féin a sheachadann an tsaíocht neamhbhriathartha seo – rud a thugann creidiúint bhreise don traidisiún seo sa Zen. Sa teagasc áirithe seo, idirdhealaíonn an Búda go soiléir idir ar féidir a chur in iúl trí bhíthin briathra nó teanga amháin, agus an méid saíochta gan teorainn nárbh fhéidir riamh a bhlaiseadh ach amháin trí thaithí phearsanta an chleachtóra féin. Is saíocht Bhúdaíoch é nach bhféadfaí choíche a chur in iúl trí choincheap intinne ar bith.

The Ineffable
An Diamhracht

Kathleen Norris

I was taught that I had to master subjects, but who can 'master' beauty, or peace, or joy?

Múineadh domsa go gcaithfinn máistreacht a fháil ar ábhair ach cé hé gur féidir leis 'maistreacht' a fháil ar an áilleacht, ar an suaimhneas, nó ar an sonas?

Willa Cather

It seems to me that the pleasure one feels in a work of art is just one thing that one does not have to explain.

Feictear domsa gurb é an t-aon rud nach gá dúinn a mhíniú ná an sonas úd a spreagann saothar ealaíne ionainn.

Henry Miller

Through light and joy is the world opened to us, revealed for what it is: ineffable beauty, unending creation.

Osclaítear an domhan dúinn trí sholas agus shonas, agus is tríothu a nochtar an rud atá ann: áilleacht dhiamhair gan insint béil uirthi, cruthú gan deireadh.

Rumi

Although I may try to describe love, when I experience it I am speechless.

Cé go ndéanaim iarracht cur síos a dhéanamh ar an ngrá, nuair a mhothaím an grá bímse gan cumas cainte.

32
Too Old to Tie Laces
Róshean le hIallacha a cheangal

When Ryokan became old he passed on the management of the family estates to his nephew. One day Ryokan received news from relatives that his nephew was living in a dissolute manner, wasting the family's fortune on debauchery and frequenting the house of a courtesan. The relatives asked Ryokan to go to speak with his nephew as he was not taking the slightest heed of any of their numerous admonitions.

So Ryokan decided to take upon himself a long and arduous journey across Japan to visit his nephew. When he eventually arrived, his nephew was pleased to see that he had made such a long journey to visit him. Ryokan spent the night meditating and on the following morning before departing, he said to his nephew: 'Now that I am getting old, my hands are shaking. Could you please help me to tie the laces of my straw sandals?'

The nephew helped his uncle willingly.

'Do you see how feeble I am becoming in my old age? Take good care of yourself!' said Ryokan and then left, not having mentioned the courtesan or any of the family's complaints. But from that day on, the nephew desisted from frequenting the courtesan's house and from all other unworthy activities.

—

Nuair a d'éirigh Reocan sean, chuir sé bainistíocht eastát a mhuintire féin i lámha a nia. Lá amháin chuala sé scéala ó ghaolta go raibh a nia, in ainneoin a n-agóidí uile, ag scaipeadh maoin na n-eastát ar ragairne agus ar chuairteanna chuig teach mná luí. D'iarr na gaolta uile ar Reocan labhairt lena nia sula raibh an mhaoin go léir ídithe aige.

Rinne Reocan aistear fada éilitheach chun cuairt a thabhairt ar a nia. Nuair a chonaic an nia a uncail, bhí cuma ar an scéal go raibh áthas air é a fheiceáil. Rinne Reocan dianmhachnamh fada ar feadh na hoíche sin agus ar an maidin dár gcionn roimh imeacht dó, dúirt sé lena nia: 'Is amhlaidh go bhfuilim ag éirí sean mar bíonn mo lámha ar creathadh. An bhféadfása cabhrú liom iallacha mo chuarán tuí a cheangal?'

Bhí an nia sásta cuidiú leis.

'Féach chomh leochaileach is a d'éirigh mé i mo sheanaois. Tabhair aire duit féin,' arsa Reocan lena nia agus leis sin d'fhág sé gan an bhean luí ná fiú gearáin a mhuintire faoi scaipeadh na maoine a lua. Ach ón lá sin amach d'éirigh an nia as teach na mná luí a ghnáthú agus chuir sé stop lena ragairne uile fosta.

Reformation

Master Ryokan delegates,
the management of his estates,
Of which his nephew 's taking care,
But relatives are in despair,
They're screaming, pulling out their hair.

Instead of wise administration,
he lives a life of dissipation,
The relatives implore Ryokan,

who says he'll help as best he can,
He travels right across Japan,
to meet this profligate young man,
The lad is glad to greet his kin,
and warmly welcomes Ryokan in.

Ryokan meditates till dawn,
not mentioning what's going on,
'I'm old and cannot bend with ease,
I wonder could you help me, please,
To tie my sandals?' Ryokan wheezed.

The young man willingly agrees,
And does so, bent down on both knees,
And since he tied his uncle's shoes,
He's turned away from lust and booze.

Leasú

Thuig SeanReocan, mór le saíocht,
gur mhithid dó lánbhainistíocht,
Estát a mhuintire, dar fia,
a chur faoi chúram lán a nia,
Ach níorbh fhada ina dhiaidh,
gur scréach na gaolta le teann scaoill,
Mar ragairne is drabhlás baoth,
a chleacht an nia mar chaitheamh saoil.

D'iarr siad ar an Mháistir dil,
cuairt a thabhairt air gan mhoill,
Chuaigh, tháinig sean-saoi manaigh,
luath i láthair an ógánaigh.
Chuir an nia, pé scéal é,
roimh a uncail, fáilte ghlé,
Is chaith an t-uncail tráth faoin ré,
I mbun zazen go breacadh lae,

Níor luaigh Reocan olc na ngaolta,
níor labhair sé faoi aon rud saolta,
'Táim sean, ag dul i gclaon,
Mo lámh ar creathadh, mé go faon,
An nascfá dom m'iallacha bróg,
a nia liom, atá láidir óg?'

D'ísligh an nia ar a ghogaide,
d'fhonn cabhrú lena uncail bomaite,
Ansin bhuail Reocan róid is raonta,
Sásta go raibh a obair déanta,
T'réis cuairt a uncail, tá 'n nia go fóill,
Éiríth' as suirí agus caitheamh alcóil.

Commentary

Sometimes when those we love say something or do something unworthy of their true nature, it can be better to remain silent. In such cases, quite often, nothing needs to be said because, in the majority of situations, when somebody behaves badly or immorally, the last thing they actually need is a rebuke. Far better it is to listen silently and offer support when asked for it. We do not condemn or condone what has been said or done, but rather by our example show a better way forward. This is why the idea of 'punishment' is not in the vocabulary of Buddhist teachings, but is rather replaced by wisdom and compassion. Poor behavior is always rooted in ignorance and fear. When ignorance and fear are removed, then the poor behaviour also dissipates.

To achieve the level of sophisticated teaching practice that Ryokan has demonstrated in this koan, we need to acquire Skillful Means. There are no hard and fast rules for healing and bringing about a personal revolution into our own lives and the lives of others. But in this koan, the Master Ryokan exercises extraordinary skill, by using his own frailty to ask for assistance from his nephew. So, to slightly misquote the St John Gospel, the young man bows before his wise uncle 'the straps of whose sandals he has been found worthy to tie' and in so doing uncovers or, perhaps, rediscovers his own basic goodness.

Plé

Uaireanta nuair a dhéanann duine rud atá mímhorálta nach gcloíonn le fíornádúr an duine sin, is fearr fanacht ciúin. I mórán cásanna tuigeann na daoine iad féin cad a rinne siad agus má thosaíonn duine eile á gcáineadh, cuireann siad na ballaí suas agus iad ar lorg leithscéalta in ionad bheith réidh le freagracht a ghlacadh as a ndearna siad. Sin an chúis nach bhfeictear an focal 'pionós' sa teagasc Búdaíoch, mar is fearr na focail 'saíocht' agus 'comhbhá' a úsáid ina áit. Bíonn drochiompar fréamhaithe san aineolas agus san eagla. Má bhánaítear aineolas agus eagla, imíonn an drochiompar leo.

Chun an leibhéal den sofaisticiúlacht atá ag Reocan a bhaint amach, bíonn orainn *Modhanna Oilte* a fhoghlaim. Ní bhíonn aon rialacha daingne ag baint le leigheas, le cneasú nó le réabhlóid phearsanta a thabhairt chun críche ionainne féin nó i ndaoine eile. Sa chóan seo, úsáideann an Seanmháistir Zen a laige féin chun ceacht a mhúineadh dá nia. Iarrann Reocan ar a nia iallacha a chuarán a cheangal ó tá sé féin dulta i gclaon na haoise anois. Agus nuair a chabhraíonn an nia lena uncail, téann sé síos ar a ghlúine roimh an Mháistir Mór Zen agus, chun athfhriotal míchruinn a dhéanamh ar shliocht as Soiscéal Eoin, fuarthas 'gur fiú é iall a chuaráin a cheangal'. Sa tslí seo aimsíonn nó athaimsíonn an nia a mhaitheas bunúsach atá ann féin, buíochas le Modhanna Oilte Ryokan.

Forgiveness
Maithiúnas

St John's Gospel

He who is without sin among you, let him first cast a stone at her.

An duine atá saor ó pheaca eadraibh, caitheadh seisean an chéad chloch léi.

Gautama Buddha

Holding on to anger is like drinking poison and expecting the other person to die.

Bíonn an té a chothaíonn agus a choimeádann fearg ina chroí, cosúil leis an duine a ólann nimh le súil go bhfaighidh an duine eile bás.

John Ruskin

True forgiveness means understanding that the original blame was wrong, not the granting of a pardon for what we mistakenly believe someone has done to us.

Is é an fíormhaithiúnas an tuiscint nár cheart sa chéad áit an milleánú a rinneamar, ní pardún mearbhallach é a thugaimid do dhuine sa chreid-eamh bréagach go ndearna an duine sin rud éigin orainne.

Martin Luther King Jr.

Forgiveness is not an occasional act, it is a constant attitude.

Ní gníomh ó am go chéile é an maithiúnas. Is meon buan é.

Mahatma Gandhi

The weak can never forgive. Forgiveness is the attribute of the strong.

Ní féidir le daoine laga maithiúnas a thabhairt. Is tréith an duine láidir é an maithiúnas.

John Ruskin

When we are blaming, we give up our right to autonomy.

Nuair a bhímid ag milleánú, tugaimid suas ár gceart bheith féin-rialaitheach.

33
A Quick-Tempered Pupil
Dalta Teasaí

A Zen student came to master Bankei seeking help:

'Master, I have an uncontrollable temper. How can I heal this?'

'What you have is very bizarre,' replied Bankei. 'Show me this temper of yours.'

'Just now, I cannot show it to you,' responded the student.

'When then, can you show it to me?' asked Bankei.

'It arises in me when I least expect it,' says the student in reply.

'Then,' remarks Bankei, 'it cannot be of your own true nature.

If it were of your own nature, you would be able to show it to me any time. When you were born, you did not have it, and your parents did not give it to you. This temper does not belong to you and yet you cling to it.'

—

Tháinig dalta Zen go dtí an Máistir Baincé ar lorg a chúnaimh:

'A Mháistir, tá an teasaíocht gan smacht ionamsa. Cén leigheas a bheadh air sin?'

'Nach ait an rud é sin atá ionat,' arsa Baincé. 'Taispeáin dom an teasaíocht seo.'

'Díreach anois, ní féidir liom í a thaispeáint duit,' arsa an dalta.

'Cathain, mar sin, arbh fhéidir leat í a thaispeáint dom?' arsa Baincé ansin.

'Éiríonn an teasaíocht ionam nuair nach mbíonn coinne ar bith agam léi,' arsa an dalta.

'Más ea, arsa Baincé, ní féidir léi bheith ina cuid dílis de do nádúr fírinneach féin. Dá mbeadh sí mar chuid de do nádúr féin, d'fhéadfása í a thaispeáint dom am ar bith. Nuair a rugadh thú, ní raibh an teasaíocht mar chuid díotsa agus níor thug do thuismitheoirí duit í. Ní leatsa an teasaíocht seo. Cén fáth go gcloíonn tú léi?'

Rage

'Master Bankei, I've a temper that is really off the gauge,
Could you tell me how to govern my unmanageable rage?'
'How strange a thing this rage must be,
Please, demonstrate it here for me.'
'I honestly do not know how,
to show it to you here and now,'
'When can you make it reappear?'
'It's unpredictable I fear.'
'If you can't find it when you call,
It can't be part of you at all,
You were not born to so behave,
It's not a gift your parents gave,
Don't cling, that's all you have to do,
To any thing that isn't part of you.'

Buile

'A Mháistir, tá mé cráite ag an mbuile,
Ní féidir liomsa broic leis sin a thuilleadh,'
'Nach ait é!' arsa Baincé, 'tá sin ar fad gan deil,
Mar sin gan aga moille, t'speáin dom, le do thoil!'
'Ní fhéadfainn sin a dhéanamh – sin an buille,
Imíonn sí gan a rá cén uair go bhfille,'
'Cén uair go bhfeicfinn é, mar sin, a dhuine?'
'Níl 'fhios agam mar tagann sí gan choinne.'
'Is léir nach cuid díot féin an deargbhuile,
Is coimhthíoch é go hiomlán is go huile,
Ní hé de do dhúchas é, ná tabhartas gaoil,
Cén fáth go gcloífeá leis ar feadh do shaoil?'

Commentary

One of the initial teachings in *Vajrayāna* is that the 'observer' is not
the author of the thoughts it perceives. Thoughts arise and fade away.
But who is it who chooses to think these thoughts? If we investigate
where a thought comes from, we discover it is not something that we
choose ourselves. We are witnesses to these ever-changing thoughts.
But when we look back, we attribute ownership to any sequence of
thoughts in the past. We say 'These were *my* thoughts', but in actual
fact, we did not choose them at all. They simply arose in the presence
of the eternal observer.

In this koan, Bankei, through skillful questioning, gets the student
to realise that this 'anger' is a phenomenon like all other phenomena
that arise and disappear in the light of his own awareness – his true
essence. This awareness has no colour, taste, feeling or sensations
but rather it is the knowing of all of these. Bankei asks the student
why he clings to something that is not *his* and, in fact, does not
need to be. In other words, he asks the student not to identify his
real, unchanging and eternal essence with what is transitory, finite
and unreal.

Plé

Ceann de na fírinní tosaigh a bhaineann le teagaisc *Vajrajana* is ea nach é an *'breathnóir'* (i. an Mise), údar na smaointe a bhíonn á dtabhairt faoi deara aige. Éiríonn smaointe agus imíonn siad. Ach cé a roghnaíonn na smaointe seo? Má dhéanaimid mionscrúdú cúramach ar cad as a dtagann smaoineamh ar bith, faighimid nach rud é in aon chor a roghnaímid féin. Is finnéithe sinn ar na smaointe síorathraitheacha a éiríonn, ach mar sin féin, nuair a fhéachaimid siar is fíor go mbronnaimid úinéireacht orthu. Deirimid 'ba *"liomsa"* na smaointe sin'. Ach i ndáiríre ní raibh, agus ní bheidh choíche, aon pháirt againn i rogha na smaointe. Ní tharlaíonn choíche ach go n-éiríonn siad i láthair an bheathnóra shíoraí.

Sa chóán seo, le ceisteanna innealta, éiríonn le Baincé cur ina luí ar an dalta, nach mbíonn sa teasaíocht a éiríonn ann ach feiniméan, amhail gach feiniméan eile a thagann agus a imíonn faoi sholas na feasachta síoraí – atá ina fhíoreisint dó. Níl dath, ná blas, ná boladh, ná tréith inairithe eile ag an bhfeasacht seo ach is í aithint na bhfeiniméan uile í. Fiafraíonn Baincé den dalta cén fáth go gcloíonn sé le rud nach leis féin é agus nach gá dó cloí leis. Lena rá ar chaoi eile, iarrann sé ar an dalta gan bheith ag ionannú a fhíoreisinte neamhathraithe síoraí le rud atá bréagach, teoranta agus nach maireann.

Reality
An Réaltacht

Søren Kierkegaard

Life is not a problem to be solved but a reality to be experienced.

Ní fadhb le réiteach atá sa saol, ach eispéireas atá le maireachtáil againn.

Albert Einstein

Reality is merely an illusion, albeit a very persistent one.

Níl sa saol seo ach seachmall, cé gur seachmall mar sin féin é a théann i gcionn go mór orainn.

George Orwell

Reality exists in the human mind and nowhere else at all.

Maireann an réaltacht in intinn an duine agus ní in áit ar bith eile.

John Keats

Nothing ever becomes real 'til it is experienced.

Is as an eispéireas amháin a n-éiríonn gach rud réalaíoch.

The Bhagavad Gita

The unreal never exists: the real doesn't ever not exist.

Ní bhíonn neamhréaltacht ann riamh: ní bhíonn an réaltacht gan bheith ann riamh.

34
Insulted by a Blessing
Maslaithe ag Beannacht

A rich man came to the great Japanese Zen Master Sengai Gibon and requested a blessing from him that would bring continued prosperity to his family, from generation to generation.

Sengai took a large sheet of paper and on it he wrote:

'Father dies, son dies, grandson dies.'

The rich man immediately became angry as soon as he read this. 'I asked you to write something for the prosperity of my family from generation to generation and you joke!'

'I did not intend to make a joke,' explained the Zen Master. 'If your son dies before you, then this would be grief. If your grandson were to die before your son and before you, then both you and your son would be grief-stricken. If your family dies in the natural order that I have specified, generation following generation, then all lives will run their natural course. This is true prosperity.'

—

Tháinig fear saibhir go dtí an Zen-Mháistir mór Seapánach Sangaí Geabón, le hachainí go gcumfadh sé beannacht a bhronnfadh séan agus sonas ar a theaghlach ó ghlúin go glúin ón lá sin amach.

Thóg Sangaí leathanach mór bán agus air sin a scríobh:

'Faigheann an t-athair bás, faigheann an mac bás, faigheann an garmhac bás.'

Bhuail fearg an fear saibhir láithreach chomh luath agus a léigh sé seo. 'D'iarr mé ort beannacht an tséin agus an tsonais a chumadh don ghlúin seo agus do na glúine a leanann í agus scríobh tusa a leithéid de rud. An ag magadh fúm atáir?!'

'Ní ag magadh atáim,' arsa an Máistir Zen, 'Dá bhfaigheadh do mhac bás romhatsa, nár mhór an briseadh croí a bheadh ort? Agus dá bhfaigheadh do gharmhac bás nár mheasa fós an bhuairt is briseadh croí a bheadh ortsa agus ar do mhacsa. Má fhaigheann baill do theaghlaigh bás faoi seach, ina n-ord cuí agus ritheann cúrsa nádúrtha na beatha mar ba chóir, nach mór an séan agus sonas a bheidh ar do theaghlachsa ó ghlúin go glúin?'

Misunderstanding

A rich man stands and is addressing,
Sengai, asking for his blessing,
'Please pen a prosperity-notation,
A *hand-me-down* of jubilation,
From generation to generation.'
What Sengai writes is some surprise:
'Father, son, then grandson dies.'
The man has rage he cannot cloak,
'Is this some kind of gruesome joke?'
'I do not joke,' replies Sengai,

'What tragedy to see your own son die,
And worse the day grandchildren pass away,
Prevail, you will, o'er storm and great austerity,
Each generation blessed with deep sincerity,
For dying in order of age is true prosperity.'

Míthuiscint

Tagann fear saibhir le hachainí mhór,
Ar lorg beannachta ó Shangaí cóir,
Beannacht a bhronnann séan agus sonas,
Ó ghlúin go glúin le caomhnú ón donas,
Ach scríobh Sangaí guí a chothaigh uafás:
'Go bhfaighe athair, mac is garmhac bás.'
'Cad é seo! A leithéid de stráisiún!
An bhfuil tú, a Mháistir, ag magadh fúm?!'
'Nílim ag magadh,' dáiríre mo ghuí,
Dá n-éagfadh do mhac romhat, bhrisfí do chroí,
Dá n-éagfadh do gharmhacsa, scriosfaí do thigh,
Nach sonas is séan é an bás in ord cuí?!'

Commentary

There are two central messages in this short tale. Firstly, that reality has no substance without the presence of the observer. The squiggles and symbols on this page for example, only mean something because they have a meaning to you, the reader. But more importantly, the message that one reader discovers will be quite dissimilar to that of another. Often a book read at the age of fifteen is understood differently at twenty-five or forty years of age. The book has not changed, only the reading of it. Secondly, every loss is also a gain, every end – a new beginning. Within every phenomenon and every event there is both light and shadow. The brighter the light, the longer the shadow it casts. Light and darkness are not opposites but are, in truth, aspects of the one phenomenon.

In this koan, what appears to be a curse is, when seen from a different viewpoint, clearly a blessing. At first the wealthy man is outraged and fears that he is being mocked by Sengai. His understanding of the text evokes anger and dismay until Sengai explains the intended meaning. Sengai has, in the words he has written, provided both a blessing and celebration of natural human prosperity.

Plé

Feictear dhá theachtaireacht lárnacha sa scéilín suimiúil seo. Sa chéad áit, ní bhíonn substaint ar bith le haon rud gan an 'breathnóir' bheith i láthair. Bíonn ciall, mar shampla, ag na scríoba agus na rianta dúigh ar an leathanach seo ó thuigtear don léitheoir iad; gan tusa, an léitheoir, ní bheadh ciall ar bith ag baint lena bhfuil scríofa anseo. Ach níos tábhachtaí fós ná sin, ní léann beirt léitheoirí riamh an rud ceanann céanna; an brí a bhaineann léitheoir amháin as na 'scríoba' ní bhainfeadh léitheoir eile. Agus nach minic freisin go dtuigeann na léitheoirí céanna an téacs céanna go difriúil ag aoiseanna éagsúla dá mbeatha. Ní athraíonn an leabhar ach athraíonn léamh an leabhair. Sa dara háit, ní bhíonn 'laistigh d'aon daoirse ach saoirse ón daoirse sin'[101] mar a deir an file Seán Ó Ríordáin linn; i ngach críoch bíonn tús nua agus i ngach bás – breith nua. Laistigh de gach feiniméan bíonn an solas agus an scáth agus dá ghile an solas is é is faide a scáth. Ní sheasann an solas agus an scáth os comhair a chéile – is gnéithe follasacha den fheiniméan céanna iad.

Sa chóán seo, feicimid an ráiteas a bhfuil dealramh mallachta air mar bheannacht ó léamh eile. Ar dtús, chonacthas don fhear saibhir go raibh Seangaí ag déanamh fonóide faoina achainí go dtí go léiríonn an Máistir Zen dó an chiall agus an rún a bhí i gceist aige sa ghuí. Sholáthair Seangaí an dá rud sa ghuí a chum sé don fhear saibhir: beannú agus ceiliúradh séin de réir na staide nádúrtha a bhíonn i saol an duine.

---

101 Frank O'Brien, *Duanaire Nuafhilíochta*, clólann Uí Mhathúna, 1969, lch. 111.

The Right View
An Dearcadh Ceart

Steve Hagen

Right view is wholesome – that is, it's of the whole.

Bíonn an dearcadh ceart – iomlánach – is é sin is den iomlán é.

Brooks Atkinson

The most fatal illusion is the settled point of view. Since life is growth and motion, a fixed point of view kills anybody who has one.

Is é an dearcadh socraithe an t-iomrall is marfaí. Ós rud é gur fás agus gluaiseacht atá sa bheatha, maraíonn an dearcadh reoite aon duine ag a mbíonn a leithéid.

Toba Beta

We begin to live wisely when we are willing to see the world from other people's perspective.

Tosaímid ag caitheamh ár saoil go gaoiseach ciallmhar nuair a bhímid toilteanach an saol a fhéiceáil ó pheirspictíocht dhaoine eile.

Matshona Dhliwayo

Learn to see things as they are, not as you are.

Foghlaim conas rudaí a fheiceáil mar a bhíonn siad, ní mar a bhíonn tusa tú féin.

35
Cutting the Strings
Gearradh na dTéad

There were two friends who lived in China long ago. One friend played the harp very skillfully and the other listened very skillfully.

When the former played a tune about a mountain, the latter would say: 'I can see the mountain standing before us.' When the first friend played music about water, the second friend would say: 'Here is the running stream.' When the music revealed fire, the skillful listener would exclaim: 'I see the flames dancing in the night.'

But one day, the listener became sick and died soon afterwards. When this happened, the first friend cut the strings of his harp and never played from that day forward. Since that time the cutting of harp-strings has been a sign of losing a close friend.

—

Fadó, fadó ó shin, bhí beirt charad ina gcónaí sa tSín. Sheinn duine amháin acu an chláirseach go hoilte álainn ar fad agus bhí ardchumas éisteachta ag an gcara eile.

Nuair a sheinn an chéad chara píosa ceoil mar gheall ar shliabh – dúirt and dara cara leis: 'Feicimse sliabh álainn os ár gcomhair amach.' Agus nuair a sheinn an chéad chara loinneog lingeach a bhain le huisce, d'inseodh a chara dó: 'Féach ar an sruthán sciamhach seo á sruthú síos.' Nuair a sheinn an chéad chara séis mar gheall ar thine, chonaic an dara fear na lasracha arda beo ag damhsa san oíche.

Lá amháin, áfach, d'éirigh éisteoir an cheoil tinn agus níorbh fhada ina dhiaidh sin go bhfuair sé bás. Nuair a tharla sin, ghearr an chéad chara téada a chláirsí agus níor sheinn sé choíche arís ón lá sin amach. Ón tráth sin, bíonn sé de nós téada cláirsí a ghearradh mar chomhartha gur cailleadh dlúthchara.

Friendship

Two friends who lived in China long ago,
One with a harp would make fine music flow,
The other listened and knew beyond all doubt,
What the melody, being played, was all about,
The first might play a water-theme,
His friend would see a running stream,
The first then played a melody of light,
His friend would see flames dancing in the night,
Tragically, the listener became ill,
His condition going gradually downhill,
Until alas, one day, he passed away,
The player, who now lost his will to play,
Cut the harp-strings so he might convey,
A sorrow, that he could not comprehend,
And a tribute in remembrance of his friend.

Cairdeas

Bhí beirt charad ann fadó sa tSín,
Chas duine acu an chruit go binn,
A chara – fear éiste éirimiúla
'chum scéalta ar a fhoinn shíodúla,
Má sheinn mo dhuine mar gheall ar thine,
D'inis a chara faoin lasair a rinneadh
Má sheinn sé i dtaobh uisce lán beatha,
Dúirt fear a chléibh gur shnígh sruthán reatha,
Ach d'éirigh cara na scéalta breoite,
Ag feo is ag feo, ag éirí níos dreoite,
Go dtí gur tháinig ceann scríbe dá rás,
Is fuair an fear meathlach cnaíte bás,
Níor sheinn an ceoltóir aon cheol a thuilleadh,
D'fhág sé a chruit ina seasamh gan filleadh,
Is ghearr sé na téada mar shiombail dhóláis
Rud fós a chleachtar tr'éis buille an bháis.

Commentary

This is an allegorical koan as it has two very distinct messages. On
the surface, the koan is about a friendship between two men, both of
whom have a great passion for music. What one man could play, the
other could explain. We can see however, that the story also points us
towards the truth that nothing stands alone and only exists in rela-
tion to all other things. The interdependence of all phenomena is
expressed in the symbiotic relationship of the two friends. At a deeper
level, however, this koan refers to the non-dualist nature of reality.
The player and the listener are not two, but one. If there were only
light and no shadows or shading whatsoever, then we would all be
blind, just as much as if we were sitting in total darkness.

This koan also reminds us of the story of Gautama Siddhartha who
sees a sitar-player and realises that if the strings on his intrument are too
loose they will not make any sound, and if they are too tight, then they

will snap. Only the right tautness of the string produces the correct note – i.e. the Buddhist 'Middle Way'. At the end of the koan, the strings of the harp are cut, and so like the snapped sitar string, they will no longer make music. In other words, without the presence of awareness or conscious knowing (i.e. the friend who understands and explains the music), there is no music that can ever be played or heard.

Plé

Tá dhá bhrí bhunúsacha ag baint leis an gcóán fáthchiallach seo. Ag leibhéal amháin, baineann sé le cairdeas idir beirt fhear a mbíonn paisean acu don cheol. An rud a sheinneann fear amháin, míníonn i bhfocail an fear eile é. Is féidir tuiscint ón méid sin nach seasann aon rud ina aonar go neamhspleách. Bíonn caidreamh éigin ag gach rud le gach rud eile – i. an comh-idirspleáchas idir feiniméin atá le sonrú sa chaidreamh siombóiseach idir an cláirseoir agus éisteoir a cheoil. Ag leibhéal eile, tagraíonn an cóán seo do nádúr neamhdhéach na réaltachta. Ní dhá rud ach rud amháin is ea an ceoltóir agus an t-éisteoir. Mura mbeadh ann ach solas gan scáth ar bith, bheimis chomh dall céanna faoi mar a bheimis sa dorchacht iomlán.

Cuireann an cóán seo scéal faoi Ghautama Siddhartha i gcuimhne dúinn. Feiceann Gautama fear seinnte siotáir agus tuigtear dó dá mbeadh téada an tsiotair rótheann bhrisfí iad agus dá mbeidís róscaoilte, ní chloisfí fuaim ar bith. Ní mór mar sin an riteacht chuí bheith ag na téada chun an nóta ceart a fhuaimiú – an *Bealach Meánach* cáiliúl faoina gcloistear chomh minic sin sa Bhúdachas. Ag deireadh an chóáin, tá téada na cláirsí gearrtha, mar sin amhail téada an tsiotáir, ní féidir leo aon cheol a dhéanamh a thuilleadh. Lena rá ar chaoi eile, mura mbíonn feasacht nó aithint fheasach ann (i. an cara a thuigeann agus a mhíníonn an ceol) ní féidir aon cheol a chumadh ná a chloisteáil.

Oneness
Aontacht

Alan Watts

You and I are all as much continuous with the physical universe as a wave is continuous with the ocean.

Bíonn tusa agus mise chomh teagmhálach leis an gcruinne fhisiciúil mar a bhíonn an tonn teagmhálach leis an aigéan.

David Fontana

Consider your own place in the universal oneness of which we are all part, from which we all arise, and to which we all return.

Smaoinigh ar do shuíomh san aontacht chomhchoiteann, dá bhfuilimid go léir páirteach, as a n-eascraímid agus ar a bhfillimid uile.

Eckhart Tolle

In the stillness of your presence, you can feel your own formless and timeless reality as the unmanifested life that animates your physical form. You can feel the same life deep within every other human and every other creature. You look beyond the veil of form and separation. This is the realisation of oneness.

I gciúine do láithreachta féin, is féidir do réaltacht shíoraí gan fhoirm mar bheatha neamhléirithe a bheonn d'fhoirm chorpartha féin a aireachtáil. Is féidir an bheatha chéanna a aireachtáil go domhain laistigh de gach duine agus laistigh de gach créatúr beo. Déanann tú breathnú taobh thall de chuirtín na foirme agus na stoiteachta. Is é sin tuiscint na haontachta.

Erwin Schrödinger

Quantum physics reveals … a basic oneness of the universe.

Nochtann an fhisic chandaim … aontacht bhunúsach na cruinne.

36

It Was Time for Your Cup to Die
Tráth Báis do Do Chupán

The Zen Master Ikkyu was very astute, even when he was a young boy. His elderly teacher owned a teacup, an antique which he greatly valued. One day, when Ikkyu was cleaning the cup, he let it drop, whereupon it broke into pieces. Ikkyu wondered what he should do as the teacher was already on his way.

Ikkyu hid the pieces behind his back and when the teacher arrived asked him:

'Master, why do people die?'

'This is the natural way of all things,' replied the old teacher, 'Everything arises, is manifest for a while, and then when it is time, it is no longer manifest.'

'Alas, it was time for your cup to die,' added Ikkyu, producing the shattered pieces.

—

Duine glic a bhí sa Mháistir Zen Icciu, fiú nuair a bhí sé ina ghasúr óg. Bhí taechupán ag a sheanoide a raibh an-ghean aige air, agus ba sheandacht é fosta. Lá amháin nuair a bhí Icciu ag glanadh an chupáin, thit sé dá lámh agus rinneadh smidiríní de. Bhí Icciu i gcás idir dhá chomhairle cad ba chóir dó a dhéanamh mar bhí an t-oide ar a bhealach.

Chuir Icciu an cupán briste i bhfolach taobh thiar de féin agus nuair a tháinig an t-oide ina láthair, dúirt sé leis:

'A Mháistir, cén fáth go bhfaigheann daoine bás?'

'Sin slí nádúrtha na beatha, a dhalta!' a fhreagraíonn an seanoide, 'Éiríonn gach rud ina bheatha, bíonn sé le sonrú ar feadh tamaill, agus ansin ag am áirithe ní bhíonn sé le sonrú a thuilleadh.'

'Bhí sé in am do do chupán bás a fháil,' arsa Icciu ag taispeáint dá sheanoide iarsmaí an chupáin bhriste.

A clever ploy

Of all the stories of Ikkyu, and really, there are quite a few,
The one about the tea-cup comes to my mind straightaway,
Ikkyu broke an antique cup while he was cleaning it one day,
A treasured cup, fit for display, so there would be all hell to pay,
Hearing footsteps on the way, Ikkyu wondered what he'd say…

'O, Master, you are very wise, why is it that a person dies?'
'It is the natural way of things,' the teacher quietly replies,
'All sentient beings that arise,
Must one day meet with their demise,
And that is why both you and I
And all things on this earth must die.'

'All things must die when their time is up,
And it was time for your favourite cup.'

Cleas cliste

Faoi scéalta ar óige Icciu na gcleas,
Is cuimhin liom eachtra amháin ina measc,
Bhí cupán amháin le glam go spéir,
Ceann a raibh gean a Mháistir air,
Ach bhris sé an cupán de thaisme, ámh,
Á ghlanadh dá oide, do thit as a láimh.

Bhailigh an leaid óg na smidiríní,
É trína chéile is ar cheann cipíní,
Seo an Máistir ag teacht ina threo,
Le fiosrú a dhéanamh cad chuige an gleo,
le heagla roimh léasadh maith dá bheilt,
Chuir Icciu na míreanna uile faoi cheilt.

'Tuige, a Mháistir go dtagann an bás?'
Arsa an gasúr, 'ní thuigim, amás!'
'Sin é an saol é - deireadh gach scéil é,
Gach aon a ritheann, beidh críoch lena rás,
Éiríonn an bheatha mar lasair an-ghlé,
Ach dá ghile an tine, imíonn sí léi,'
'Más fíor sin, a Mháistir, is oth liom do chás,
mar is amhlaidh gur shaothraigh do chupán féin bás.'

Commentary

Laughter and good spirits are a great part of all Buddhist practice. You will often see the Dalai Lama laughing and this is an important lesson about how not to take ourselves too seriously all the time. As we have heard many times before: 'Laughter is the best medicine.' It is even used by some yoga gurus and therapists to help people who have become depressed or lonely or to raise the spirits of those who feel overwhelmed by the seemingly insurmountable obstacles in their lives.

This koan points to the pitfall of getting so close to a problem, or a set of problems, that we fail to see the needs of others except as being part of our own 'problems'. We get angry over a broken vase that was a family heirloom, or over low grades in a school report, or when someone scrapes the side of our car. Perhaps the next time any of these things happen, we can stand back for a moment and see the bigger picture of our lives and the lives of others. Ikkyu cleverly focuses his teacher's attention on the impermanence of all things in this life with the hope that his teacher will be able to accept the loss of his favourite cup as yet another part of life's natural transience. Perhaps, the old Zen teacher may have even laughed at Ikkyu's cunning and ingenuity. Do you think you would have laughed?

Plé

Bíonn an gáire agus dea-ghiúmar mar chuid den inne agus ionathar i gcleachtadh an Zen-Bhúdachais. Nach minic a fheicimid an Dalai Lama féin agus é ag gáire. Is ceacht tábhachtach é sin dúinne go léir ar conas nach cóir ár bhfadhbanna féin a thógáil ródháiríre an t-am ar fad. Chualamar uile go minic an sean-nath: 'Is é an gáire an leigheas is fearr.' Agus úsáideann gúrúnna ióga agus teiripeoirí áirithe an gáire mar chógas leighis[102] le daoine ar a mbíonn dúlagar nó uaigneas, nó le daoine a mhothaíonn go mbíonn an saol sa mhullach ar fad orthu agus go mbíonn baic dhosháraithe ina seasamh rompu.

Féachann an cóán seo le léargas éigin a thabhairt ar an gceap tuisle lena mbuailimid uile ag amanna éagsúla dár saol nuair a théimid róchóngarach d'fhadhb, nó do shraith fadhbanna agus caillimid an cumas riachtanais dhaoine eile a fheiceáil ach amháin mar chuid dár 'bhfadhbanna' féin. Éirímid feargach de bharr gur briseadh vása a bhí le fada an lá sa teaghlach, tagann fearg orainn de bharr grád íseal i dtuairisc scoile, nó nuair a

---

102 TG4 (2004) Tháinig an Dr Madan Katariz go Gaeltacht i nDún na nGall. Cf. Gurú an Gháire (YouTube)

scríobtar péint an chairr. B'fhéidir an chéad uair eile go dtarlódh a leithéid, d'fhéadfaimis seasamh siar tamaillín agus an pictiúr mór iomlán dár saol agus de shaol an duine eile a fheiceáil. Díríonn Icciu aire a sheanoide Zen ar neamhbhuaine an tsaoil seo agus ar a bhfuil mar chinniúint ar gach rud atá ann, le súil go nglacfaidh sé le caill an chupáin bhreá ghalánta mar chuid den díomuaine saoil agus b'fhéidir go n-éireoidh lena sheanoide Zen fiú gáire a dhéanamh faoi bheartaíocht agus chlisteacht a dhalta, Icciu. Ina leithéid de chás, an mbeifeása ag gáire?

Laughter
Gáire

Audrey Hepburn

I love people who make me laugh. I honestly think it's the thing I like most, to laugh. It cures a multitude of ills. It is probably the most important thing in a person.

Is breá liom daoine ar féidir leo mé a chur ag gáire. I ndáiríre, is é an rud is fearr liom, bheith ag gáire. Leigheasann sé an iliomad fadhbanna. Is é, is dócha, an rud is tábhachtaí sa duine.

Charles Dickens

There is nothing in the world so irresistibly contagious as laughter and good humour.

Ní bhíonn aon rud sa domhan chomh tógálach tarraingteach ná an gáire agus an dea-ghiúmar.

George Bernard Shaw

If you want to tell people the truth, make them laugh, other-wise they'll kill you.

Má theastaíonn uait an fhírinne a rá le daoine, cuir ag gáire iad, mura ndéanann tú sin, maróidh siad thú.

Robert Frost

If we couldn't laugh, we would all go insane.

Mura mbeimis ábalta gáire a dhéanamh, rachaimis uile as ár meabhair.

Mark Twain

The human race has only one effective weapon and that is laughter.

Ní bhíonn ach arm éifeachtach amháin ag an an gcine daonna agus is é sin an gáire.

Billy Joel

I'd rather laugh with sinners than cry with the saints.

B'fhearr liom bheith ag gáire le peacaigh ná ag gol le naoimh.

37
Gasan Stands Firm
Seasann Gasan an Fód

In the era of the Tokugawa, there was a Zen Master by the name of
Gattan. Gattan used to say to his pupils:

'There are three kinds of disciple: those who teach Zen to others,
those who look after the temples and the shrines, and then there are
the rice-baggers and the clothes-hangers.'

Gasan, having heard this teaching, expressed the same idea when
he was under the tutelage of Tekisui. Tekisui was a very severe teacher
of Zen and he beat Gasan when he heard what he had to say. Other
pupils would not put up with such severity and left the tutelege of
Tekisui. However, Gasan remained, and explained thus:

'A poor disciple uses a teacher's influence. A fair disciple has respect
for a teacher's kindness. A good disciple becomes stronger under a
teacher's discipline.'

—

In aimsir Tocúgava, bhí Zen-Mháistir darbh ainm Gattan. Deireadh sé lena chuid daltaí:

'Bíonn trí chineál de lucht leanúna ann: iad siúd a mhúineann an teagasc Zen do dhaoine eile, iad a thugann cúram agus aire do na teampaill agus do na scrínte, agus ansin na pacálaithe ríse agus lucht crochta éadaí.'

Ar choisteáil do Ghasan an teagasc seo, chuir sé in iúl an smaoineamh céanna nuair a bhí sé faoi oiliúint ag Teacaísúí. Ba dhian an t-oide é Teacaísúí agus nuair a chuala sé cad a bhíodh le rá ag Gasan, bhuaileadh sé buille leis. Ní bhíodh na daltaí eile sásta cur suas leis an oiliúint dhian seo and d'fhagaidís Teacaísúí duine i ndiaidh a chéile. Ach d'fhan Gasan gan imeacht á rá:

'Úsáideann an dalta lag anáil a oide. Bíonn meas ag an dalta cothrom ar chineáltas a oide. Éiríonn an dalta maith níos láidre faoi smacht a oide.'

Disciples

Teachers, carers and the lay, Master Gattan used to say,
Make three disciple-types, but who are they?
First – enlightened teaching men, who impart the ways of Zen,
Next, those attending all the time, to the temple and the shrine,
Then finally, we come to those, who bag the rice and hang the clothes.

When Gasan's master Tekisui,
Heard what Gasan thought was true,
He told him not to speak such hooey
And beat the poor lad black and blue.
Many students were dismayed,
Found such teaching weird and fled,
Yet Gasan persevering stayed,
Until the very end and said:
'Poor disciples bow to words they foolishly believe,

Fair disciples appreciate the care that they receive,
And discipline will fortify good students who'll achieve.'

Deisceabail

In aimsir Tocúgava, dúirt an t-oide Gattan cóir,
Go raibh i measc leantóirí Zen an tsaoil, trí chatagóir,
Ar dtús tá oidí caoine a mhúineann teagasc críonna,
Ansin lucht glanta teampall agus cóirithe na scrínte,
Sa tríú háit, fir ríse is lucht crochta brat ar línte.

Chuaigh Gasan óg ag foghlaim Zen ó Theacaísúí,
Ag míniú teagasc Zen sa tslí mar Ghattan cóir a luaigh,
Bhuail fearg Teacaísúí nuair a chuala sé an chaint,
Is thug sé léasadh lasta dó as a amaidí a roinnt.
Ba leasc le daltaí Zen sa tSín,
Bheith faoi smacht a bhí chomh dian,
Cháinidís an Máistir Zen is d'fhágaidís d'aon bhuíon.

Ba chuma le Gasan an crá, is cloisimis anois cén fáth:
'Titeann dalta lag go mór faoi anáil oide reatha,
Tugann dalta cothrom meas don láiche dó sna featha,
Is tugann smacht don dalta maith cumas tréan dá bheatha.'

Commentary

A common Zen allegory is that we are like bakers learning to bake. We are not receiving a cake from the master-baker to slice and hand out to others as our own. Each time the cake is baked, it will be a fresh cake, with the individual stamp of its own baker on it. Although all the cakes may look similar, they are not the same. Each one is unique. At first, Gasan was simply repeating what he had heard from his teacher Gattan, believing this to be true Zen wisdom and understanding. He was taking his teacher's words to be his own and Tekisui considered this as worthless folly.

Tekisui also is the personification of the rough and tumble of life. Often life trips us up and shakes us out of our complacent self-satisfaction. Just as we feel we seemingly have everything sewn up, we find our world falling apart at the seams. Are we going to be like the rest of his pupils and walk away or are we going to struggle on? Although at the end of this koan, the structure of Gattan's teaching remains the same – i.e. the three types – the content has radically been changed to express Gasan's own personal experience: a good disciple of Zen should not parrot his master's teaching, he should respect what is loving and true, and must use rigid discipline to achieve enlightenment.

Plé

Is minic sa Zen go ndéantar allagóire go mbímidne cosúil le báicéirí a bhíonn ag foghlaim conas císte a bhácáil. Ní bhímid ag fáil císte ón mháistir-bháicéar le gearradh ina shlisní agus na slisní sin a roinnt amach amhail ár gcíste féin. Gach uair a bhácáiltear an císte, ullmhaítear as an nua é, mar chíste úrbhácáilte le stampa a bháicéara le blaiseadh air. Cé go bhféadfadh an dealramh céanna bheith ar an gcíste, bíonn gach ceann acu difriúil, úr agus blasta ar a bhealach féin. Ar dtús, ní bhíonn ar bun ag Gasan ach athrá á dhéanamh aige ar ar chuala sé ó Ghattan, toisc go gcreideann sé gurb é seo fíortheagasc agus tuiscint chruinn an Zen. Ghlac sé le briathra a oide faoi mar a bheidís ina bhriathra féin, agus dá dheascsa sin, níor mheas Teacaísúí go raibh i dtuairimí Ghasan ach deargamaidí.

Is pearsantú é Teacaísúí de chora agus chastaí an tsaoil i gcoitinne. Nach minic a chuireann an saol dár mbuille sinn. Nach minic nuair a bhímid cinnte go mbíonn an cluiche sa mhála againn, go dtarlaíonn casadh gan choinne san am breise agus iompraítear an roth ar fad orainne. An dtréigfimid an comhrac nó an mbeimid cosúil le Gasan a fhanann ann chun sracadh ar aghaidh? Cé go bhfanann struchtúr ráitis Ghattan ag deireadh an chóáin – i. na trí chineál – tá ábhar an ráitis athruithe go huile agus go hiomlán aige, mar rinne sé a chuid féin den teagasc as a eispéireas pearsanta féin: ní ceart aithris lom a dhéanamh ar a ndeir an t-oide; ba chóir meas a thabhairt dá bhfuil lách agus ceart, ach is as an diansmacht a n-eascróidh ár gcleachtadh rathúil agus ár léargas féin.

Learning and Education
Oiliúint

Alexandra K. Trenfor

The best teachers are those that show you where to look but don't tell you what to see.

Is iad na múinteoirí is fearr ná iad siúd a dhíríonn ár n-aire ar cad ba chóir dúinn féachaint air, ach gan a rá linn cad ba chóir dúinn a fheiceáil.

Aristotle

Educating the mind without educating the heart is no education at all.

Oiliúint don intinn gan oiliúint don chroí ní oiliúint ar bith é.

Benjamin Disraeli

The greatest good you can do for another is not just to share your riches, but to reveal to him his own.

Is é an maitheas is fearr gur féidir leat a dhéanamh do dhuine eile, ní amháin do mhaoin a roinnt leis ach an mhaoin úd atá aige féin a nochtadh dó.

Daisaku Ikeda

Knowledge alone does not produce wisdom. Transforming knowledge into wisdom requires input from the heart.

Ní chruthaíonn an t-eolas amháin an tsaíocht. Bíonn ionchur ón gcroí ag teastáil chun an t-eolas a iompú ina shaíocht.

The Prophet Muhammad

'Who are the learned? It is they who practise what they know.'

'Cé hiad na daoine léannta? Iad siúd a chleachtann a mbíonn ar eolas acu.'

38
Does a Dog Have a Buddha-Nature?
An Bhfuil Nádúr an Bhúda ag Madra?

One day a monk asked Master Joshu:
'Does a dog have a Buddha-Nature?'
Joshu answered:
'Mu!'
The monk was immediately enlightened.

———

Lá amháin d'fhiafraigh manach de Joisiú:
'An bhfuil nádúr an Bhúda ag madra?'
D'fhreagair Jóisiú:
'Mú!'
Músclaíodh an lánléargas sa mhanach láithreach.

Mu

A monk asked Joshu: 'Could you say, Sir,
Has a dog got Buddha-Nature?'
The monk heard Joshu answer: 'Mu!'
From which, enlightenment he drew.

Mú

A Mháistir Joisiú, gan chlúdú,
'Bhfuil Búda-nádúr ag an gcú?'
D'fhreagair Joisiú lom le 'Mú!'
A spreag sa mhanach dúiseacht súl.

Commentary

In the Japanese Rinzai School of Zen Buddhism, the Mu-koan is known as hosshin or 'resolve to attain enlightenment', and so it is often associated with those setting off on the path in search of kensho, i.e. to get the very first insights into one's own Buddha nature. 'Mu' has been translated in many ways: 'non-being', 'original non-being', 'nothingness', or simply 'without'. However, probably the most informed interpretation of 'Mu' would be 'pure awareness prior to experience and knowledge'. 'Mu' is a clear allusion to non-duality, pointing to an awareness in which all phenomena arise and disappear.

In her spiritual autobiography, Satomi Myōdō (1896 – 1978) speaks of how she received guidance from Yasutani Roshi (1885 – 1973) who used this 'Mu' koan to help her achieve kensho. Satomi Myodo writes: 'The bedding, the wall, the column, the sliding door – these too are Mu! This, that and everything is Mu! Ha ha! Ha ha ha ha Ha! That Roshi is a rascal! He's always tricking people with his 'Mu, Mu, Mu!' [103] The koan presses listeners or readers to see what is not seen and to know what is not known but is revealed by focusing

---

103 Satomi, Myōdō, et al. *Journey in search of the way: the spiritual autobiography of Satomi Myōdō.* State University of New York Press, New York, 1993, p.106.

the light of our attention inwards, onto our limitless awareness – the seer and knower of all that is – Mu.

Plé

Bíonn cáil ar an gcóán 'Mú' nó 'Mú-chóán' i gcleachtadh Rinzaí na Seapáine de bharr hóissin a chiallaíonn 'socrú ar léargas a aimsiú'. mar sin is iondúil go mór go mbíonn baint aige le ceinseó, nó an chéad spléachadh a fhaighimid ar ár nádúr Búdaíoch féin. Aistrítear an focal 'Mú' ar a lán bealaí. Ar na haistriúcháin is minice atá: 'easpa na beithe', 'bun-eisint', 'faic' agus 'gan'. Is é an t-aistriúchán is faisnéisí, áfach, ná 'an fheasacht ghlan roimh eispéireas agus eolas'. Is tagairt shoiléir é seo don neamh-dhéachas, ina n-éiríonn agus n-imíonn feiniméin uile an tsaoil.

Insíonn Satomi Myōdō (1896 – 1978) ina dírbheathaisnéis spioradálta go bhfuair sí treoir ó Jasutainí Róisí (1885 – 1973) trí bhithín an chóáin 'Mú' a chuidigh léi ceinseó a bhaint amach. Mar a scríobhann sí féin: 'An chóir leapa, an balla, an colún, an doras sleamhnáin – is iad freisin 'Mú' Seo, sin, is 'Mú' gach rud! Ha ha! Ha ha ha ha Ha! Nach é an rógaire atá sa Róisí úd! Bíonn sé i gcónaí ag bualadh bob ar dhaoine le 'Mú, Mú, Mú' dá chuidse!.' Spreagann an cóán seo lucht a éiste nó a léite an rud a fheiceáil nach bhfeictear, an rud a chloisteáil nach gcloistear ach gur féidir a nochtadh dá ndírímis solas ár n-aire isteach ionainn féin ar ár bhfeasacht féin gan chuimse – aitheantóir agus eolaí an uile ní is ea Mú.

Awareness
Feasacht

Dōgen

You should learn not only how to become a mother when your child is born, but also how to become a child.

Ba chóir duit, ní amháin, foghlaim conas bheith i do mháthair nuair atá do pháiste beirthe agat ach conas bheith i do pháiste freisin.

Yasutani Roshi

The fundamental delusion of humanity is to suppose that I am here and you are out there.

An siabhrán is bunúsaí a bhíonn ar an gcine daonna ná an creid-eamh go bhfuil mise anseo agus go bhfuil tusa amuigh ansin.

Chögyam Trungpa

Mind and body are one thing rather than separate. Body is mind, mind body.

Is ionann iad intinn agus colainn ní nithe ar leith iad. Is intinn colainn, is colainn intinn.'

Ts'ai Ken T'an

Water that is too pure has no fish.

An t-uisce a bhíonn ró-ghlan, bíonn sé gan iasc.

Zen Saying

A heavy snowfall disappears into the sea. What silence!

Imíonn titim throm den sneachta isteach san fharraige. A leithéid de chiúnas!

39
Your Original Face
D'Aghaidh Bhunaidh

The monk Emyo was envious of the Sixth Patriarch, Enō, who had received the bowl and robe of the Fifth Patriarch, Master Hung-jen. Emyo chased after Enō through the mountains and when he eventually found him, threatened to take these symbols of office away from Enō by force if he didn't voluntarily hand them over.

Enō placed the bowl and the robe on the ground inviting Emyo to take them. However, when Emyo tried to take them up, he found that they were far too heavy to lift. Overwhelmed by shame, Emyo asked to be given the teaching instead. On hearing this, Enō replied:

'Without thinking of good or evil, in this very moment, show me your original face – the face you had before your parents were born.'

Bhí formad ag an manach, Emyo, leis an Séú Patrarc, Enó, a fuair babh-
la agus róba an Chúigiú Patrarc – an Máistir Hung-jen. Téann Emyo sa
tóir ar Enó trí na sléibhte go dtí go dtagann sé suas leis faoi dheireadh
thiar thall. Ansin bagraíonn sé ar Enó go mbainfidh sé an babhla agus
an róba de le lámh láidir mura dtugann sé suas dó iad dá dheoin féin.

Cuireann Enó an babhla agus an róba síos ar an talamh agus deir sé le
hEmyo iad a thógáil. Déanann Emyo a dhícheall iad a ardú ach in aisce,
mar tá siad róthrom dó. Trína chéile ar fad de bharr náire, iarrann Emyo
ar Enó teagasc a thabhairt dó. Arsa Enó leis, nuair a chloiseann sé sin:

'Gan smaoineamh a dhéanamh ar an mhaith ná ar an olc ag an
nóiméad seo díreach anois, taispeáin dom d'aghaidh bhunaidh – an
aghaidh a bhí ort sular rugadh do thuismitheoirí.'

What is your original face?

Emyo becomes envious when Enō gets the Master's role,
For Enō is now Patriarch and has the sacred robe and bowl.
Emyo follows Enō through the mountains with great stealth,
Determined that he'll soon purloin these items for himself.
When Enō sees that Emyo will not waver from his goal,
He places them in front of him: 'Please take the robe and bowl!'
But Emyo finds them heavy, he can't lift them, it's bizarre,
So he's obliged to leave them there, exactly where they are.
The sheer disgrace, he loses face, and bows his head in shame,
'I am not worthy of your role, but can you teach me all the same?'
'Without thinking good or evil, show the face that once was worn,
Your original face, the one you had before your folks were born.'

Cad é d'aghaidh bhunaidh?

Is mór le hEmyo ardchéim Enó
ó tugadh mias is róba dó,
Post an Phatrarc – b'in go cruinn,
An rud gur theastaigh uaidh ó shin.

Téann Emyo ar thóir Enó,
trí na sléibhte, amhail sleá,
'Tógfad mias is róba liom,
le neart mo chlaímh más gá.'

Feiceann Enó é ag teannadh,
claonann sé a cheann le beannú,
a rá, ag cur na n-earraí síos:
'Tabhair leat an róba agus mias.

Ach tá na hearraí sin ró-throm…
Ní féidir iad a thabhairt as san,
Tá náire mhór ar Emyo bocht,
Admhaíonn sé gan mhoill a locht.

Ansin ar Enó leis go beo:
'Inis dom, anois Emyo,
Cén aghaidh ' bhí ort in imigéin,
sular saolaíodh do thuistí féin?'

Commentary

The first message of this famous koan is somewhat similar to the Christian wisdom that 'the meek shall inherit the earth'.[104] In other words, the world and all its riches belong to the gentle-hearted, not to those who wield weaponry. Indeed, when we look closer, we see that it is those who live their lives in gentleness and kindness who are most likely to reap the fruits of happiness and peace. Often the more desperately we strive to achieve, the further away we push the things and people we most value in our lives.

The second important message in this koan is in understanding Eno's request at the end: 'Show me your original face, the face you had before your parents were born.' There is much that has been written about this seemingly absurd but actually very profound question, that refers the reader to the nonduality of awareness – i.e. what

---

104 Cf. Matthew 5:5 (Bible)

were we before we were born? Awareness itself cannot be described in colours, in taste, or in feelings. Awarness is not in space-time, it has no beginning or any end, therefore, it can never be an object in the finite world. Pure awareness is always the subject and when the finite world eventually disappears, the original face will still remain. So Eno's request refers the reader to when body-mind drops away, and our original face becomes manifest.

Plé

Tá cosúlacht idir an chéad teachtaireacht den chóán cáiliúil seo agus saíocht na Críostaíochta: 'Is beannaithe na daoine ceansa, mar gheobhaidh siad a domhan mar oidhreacht.'[105] Lena rá ar chaoi eile, is móide go mór gur le lucht lách, dea-chroíoch agus ní le lucht an chlaímh agus comhraic a bheidh torthaí na síochána agus fíorshaibhreas an tsaoil seo. Go minic, dá dhéine a rithimid i ndiaidh ár n-aidhmeanna pearsanta, is é i mó a ritheann siadsan uainn agus má bhímid de shíor róghafa lenár gcúraimí leithleacha féin, tiomáinfimid uainn na rudaí agus na daoine is ionúine linn inár saol.

An dara teachtaireacht láidir sa chóán seo ná an cheist choimhthíoch a chuireann Enó ag an deireadh. Tá neart scríofa agus ráite faoin gceist dhomhain seo a bhfuil, ar an gcéad radharc, cuma nó dealramh na héigéille uirthi. Ach i ndáiríre, baineann an cheist Zen seo le neamhdhéachas na feasachta, i. cad é an fheasacht a bhíonn ionainn sular rugadh sinn? Ní féidir a rá go mbaineann dath, boladh, ná mothúchán le feasacht. Ní bhíonn an fheasacht sa chontanam spáis-ama ach oiread. Ní bhíonn tús ná deireadh leis an bhfeasacht, agus dá bhrí sin, ní féidir léi bheith ina hoibiacht ar bith mar gan í, níl aon oibiacht ann. Tuigtear dúinn mar sin, nuair a théann an saol finideach seo in éag, go mbeidh ár n-aghaidh bhunaidh fós ann mar atá anois agus mar a bheidh i gcónaí. Agus sin é an fáth go ndíríonn Enó aire an léitheora ar chealú na colainnintinne agus ar theacht i láthair a aghaidhe bunaidh.

---

105 Cf. Matha 5:5 (Bíobla)

Unchanging Self
Mise Gan Athrú

Ira Schepetin

That unchanging light (i.e. awareness) is the Self – that's the only reality. Why? Because it never changes.

An solas gan athrú (i. feasacht) is ea an Mise – sin an t-aon rud atá ann. Cén fáth? Mar ní athraíonn sé choíche.

Franz Kafka

Many a book is like a key to unknown chambers within the castle of one's own self.

Is iomaí leabhar atá cosúil le heochair i gcomhair seomraí iargúlta laistigh de chaisleán an 'mise' ionat féin.

Elizabeth Gilbert

We don't realise that within us all, there does exist a supreme Self who is eternally at peace.

Ní thuigimidne go bhfuil i ngach uile dhuine againn, Mise ard-cheannasach atá ar a shuaínhneas gan staonadh.

40
Letter to a Dying Man
Litir chuig Fear
atá ag Fáil Bháis

Bassui heard that one of his disciples was gravely ill and was about to die so he decided to write him a letter. In the letter he wrote:

'The essence of your mind is not born, so it will never die. It is not an existence that is perishable. It is not an emptiness like a mere void. It has neither colour nor form. It enjoys no pleasures and suffers no pains.

I know you are very ill and like the good student of Zen that you are, you are now facing your sickness with courage and a resolute spirit. You may not know who it is who is suffering, but ask yourself this question: What is the essence of this mind? Think only of this. You shall need no more than this. Desire nothing. Your end, which is endless, is as a snowflake dissolving in fresh air.'

—

Chuala Bassúí go raibh duine dá lucht leanúna an-tinn ar fad agus ar tí bás a fháil. Mar sin, shocraigh sé ar litir a scríobh chuige. Seo ar scríobh sé sa litir sin:

'Ní bheirtear eisint d'intinne, mar sin ní fhaigheann sí choíche bás. Ní bhíonn d'eiseadh inlofa. Ní foilmhe cosúil le folús í. Ní bhíonn ceachtar dath ná foirm uirthi. Ní bhaineann sí taitneamh as pléisiúir na beatha agus ní fhulangaíonn sí pianta an tsaoil.

Tá a fhios agam go bhfuil tú an-tinn, agus fearacht an dalta mhaith Zen atá ionatsa, tabharfaidh tú d'aghaidh ar do bhreoiteacht le misneach agus le meon diongbháilte. Seans nach bhfuil a fhios agat cé tá ag fulaingt, ach cuir an cheist seo ort féin: Cad é eisint na hintinne seo? Smaoinigh amháin air seo. Ní bheidh aon rud eile de dhíth ort ach sin. Cuir uait mianta uile do chroí. Tá an deireadh atá chugat gan bheith ina dheireadh ach amhail calóg shneachta a bhíonn ag leá san aer úr.'

A letter

Bassui heard that his disciple was sick and dying in his bed,
And so he wrote to him a letter and in the letter this he said:
'Immortal is the essence of the mind, it never dies,
It is colourless and nothing to which any form applies,
It doesn't enjoy pleasure and it doesn't suffer pain.'
'But then, who is it suffering? What is this fellow's name?'
'Ask yourself one question to achieve immortal bliss,
What is your essential mind, only think on this,
Desire no more, pass through Death's door,
to joy beyond compare,
And like a snow-flake as it falls, dissolve into the air.'

Litir

Bhí dalta Bassúí ina luí
Ar a leaba bháis go fann,

Sheol Bassúí litir óna chroí,
Is seo a scríobh sé ann:

'Tá eisint intinne bithbheo,
Ní bhlaisfidh sé an bás go deo,
Níl foirm air ná dath ansan,
Ní folús é ná fásach lom,
Ní ábhar pléisiúir aon rud di,
Ní fhulaingíonn sí aon ní.

Tuigim údar maith do cháis:
Cé 'tá, mar sin, ag saothrú báis?,
Ná bac leis sin, seo ceist, a dhuine;
Ceist ar fiú í ór na cruinne;
Ceist a scaipeann ceo léirstine:
Céard í eisint bheo d'intinne?

Cuir uait mianta eile do chroí,
Ní críoch an bás ach tairseach spraoi,
Amhail an chalóg sneachta taoi,
Ag leá go mánla ar an ngaoth.

Commentary

It is easy for our minds to play tricks on us, especially when we are weak from sickness and even more so when we are approaching death. Sometimes one single salutary thought, however small, can break through all our confusion. That thought can be simply one of letting go or some personal realisation that no one else might ever be aware of. How we think of death, whether as an adventure, something to be feared, or neutrally, depends perhaps on our physical and mental health at the time of our dying, or on the presence or absence of particular personal religious convictions.

In this koan Bassui pin-points the very question that is key in Zen Buddhism to making a peaceful transition from this life through the doors of death: 'What is the essence of your mind?' An insight into the Zen understanding of the true nature of mind is suggested earlier in Bassui's letter when he writes: 'The essence of your mind is not born, so it will never die ... It has neither colour nor form. It enjoys no pleasures and suffers no pains.' This again is a clear message about the non-duality of the true 'Self' that is not born and does not die because it is immortal. He is also pointing out that the 'Self' is the observer of all things, not the doer, or even the experiencer of pleasure and pain. This, Bassui tells his dying disciple, is the one salutary Zen-thought that can break through all his confusion.

Plé

Is éasca dár n-intinn cleasa a imirt orainn nuair a bhímid in ísle brí de dheasca tinnis éigin agus go háirithe nuair a bhímid ag druidim leis an mbás féin. Uaireanta, is féidir le haon smaoineamh fiúntach amháin an mearbhall a shárú. Is féidir don smaoineamh sin bheith, go simplí, ina scaoileadh gaid le naisc an tsaoil seo, nó i dtuiscint thobann phearsanta nach dtuigfeadh duine ar bith eile. Má cheapaimid gur aistear eachtraíochta é, eispéireas eaglach nó neodrach é, ní hannamh go mbraitheann an meon sin ar ár sláinte fhisiciíil agus mheabhrach, ar ár gcreideamh nó ar easnamh ár gcreidimh ag am ár mbáis.

De réir an Zen-Bhúdachais, leagann Bassúí a mhéar go cruinn ar an gceist atá ina eochair don trasnú síochánta ón saol seo thar thairseach an bháis: 'Céard é fíoreisint d'intinne féin?' Tugtar leid dúinn ar fhíor-nádúr na hintinne níos luaithe sa litir chéanna nuair a scríobhann Bassúí: 'Ní bheirtear eisint d'intinne, mar sin ní fhaigheann sí choíche bás ... Ní bhíonn ceachtar dath ná foirm uirthi. Ní bhaineann sí taitneamh as pléisiúir na beatha agus ní fhulaingíonn sí pianta an tsaoil seo.' Tagairt arís anseo don neamhdhéachas agus don 'Mise' fíor nach mbeirtear agus nach bhfaigheann bás choíche. Leiríonn Bassúí freisin go mbíonn an 'Mise' ina 'bhreathnóir' ar gach uile rud, ach ní déantóir na ngníomhartha é ná fiú an té a mhothaíonn pléisiúr nó pian. Is é seo, dar le Bassúí, an t-aon Zen-smaoineamh amháin lenar féidir mearbhall uile an bháis a scaipeadh go hiomlán.

Dying
Ar Thairseach an Bháis

Epicurus

The art of living well and the art of dying well are one.

Is ionann na healaíona iad an bheatha a chaitheamh go maith agus bás a fháil go maith.

Albert Camus

What is called a reason for living is also an excellent reason for dying.

'An rud a nglactar leis mar chúis bheatha, atá ina chúis shár-mhaith le bás a fháil freisin.

Jim Elliot

When the time comes to die, make sure that all you have to do is die.

Le teacht an bháis, bí cinnte nach bhfuil aon rud eile le déanamh agat ach bás a fháil.

Gautama Buddha

Even death is not to be feared by one who has lived wisely.

Fiú ní bhíonn gá le heagla roimh an mbás don té a chaith a shaol le saíocht.

41
Inside or Outside the Gates
Laistigh nó Lasmuigh de na Geataí

One day, Prince Mañjusrī,[106] the Yidam[107] and acclaimed embodiment of prajñā,[108] was standing outside the gates of the temple when the Buddha called to him:

'Mañjusrī, Mañjusrī, why do you not enter?'

To which Mañjusrī replied:

'I do not see myself as outside. Why enter?'

---

106 Mañjusrī (see Glossary).
107 Yidam – type of deity associated with the Vajrayāna school of Buddhism.
108 Prajña – 'wisdom'.

—

Lá amháin, bhí an Prionsa Manjúsraí[109], an *Jideam*[110] agus ionchollú prajñā[111] ina sheasamh taobh amuigh de gheataí an teampaill. Agus ghlaoigh an Búda air:

'Manjúsraí, Manjúsraí, cad ina thaobh nach dtagann tú isteach?'
Agus d'fhreagair Manjúsraí:
'Ní fheicim go bhfuilim lasmuigh. Cén fáth teacht isteach?'

Outside

The Buddha saw Mañjusrī, Prince and Yidam of acclaim,
Standing just outside the gates and called to him by name,
'Mañjusrī, Mañjusrī, why don't you come inside?'
'But I do not see myself outside,' the noble prince replied.

Lasmuigh

Chonaic Búda Manjúsraí, Prionsa arbh ard a ghlóir,
Ina sheasamh taobh amuigh de chlós an teampaill ábhalmhóir,
'Tar isteach, a Mhanjúsraí, bí istigh a Phrionsa lách!'
Ní léir go bhfuilimse amuigh, cad chuige domsa teacht isteach.'

Commentary

The idea of being in a particular place is only relative to our perceptions. Those of us who frequently travel by train may have had the experience of feeling as though our train was beginning to move, when it was the train we saw outside of our own carriage-window that was in fact moving, while our own train was still quite stationary. Perhaps, from where Mañjusrī is standing, he sees himself as being inside the world and the Buddha as being outside or divorced from the *saha world*. Or maybe, in his

---

109 Manjúsraí - bodhisattva na saíochta.
110 Jidem - cineál dé a bhaineann leis an scoil Vajrayāna.
111 Prajña - gaois.

non-dualist understanding, there cannot be any idea of an inside or an outside?

Many Zen wisdoms are counterintuitive or may seem that way when we first approach them with our habitual ways of thinking. This is why in Buddhism, especially in Zen, we are encouraged to foster a *'Beginner's Mind'* – to develop the ability to see everything with fresh eyes and not laden down with the baggage of earlier experiences which may prejudice our view or even prevent us from having a wholesome and fresh experience untainted by our own world-weary attitudes. Something that can seem self-evident to us may just be one more thing in our lives that needs a fresh pair of eyes.

Plé

Braitheann an smaoineamh go bhfuilimid in áit faoi leith ar an suíomh óna mbímid ag féachaint. Más minic tú ag taisteal ar thraein, beidh cuimhneamh cinnte agat ar amanna nuair a mhothaigh tú gur bhog an traein ina raibh tú suite agus tú ag féachaint amach trí fhuinneog an charáiste ach, i ndáiríre, ba é an traein eile in aice leat a bhí ag gluaiseacht. B'fhéidir ón suíomh ina raibh Manjúsraí ina sheasamh, chonacthas dósan gurbh é an Búda a bhí stoite lasmuigh den *saol saha*, agus go raibh sé féin 'istigh' sa domhan sin, nó b'fhéidir ó thaobh an neamhdhéachais de, ní bhíonn aon 'istigh' nó 'lasmuigh' gur féidir bheith ann?

Bíonn neart den tsaíocht Zen frithiomasach go leor, nó ar a laghad, sin é mar a bhíonn an scéal ar an gcéad amharc nuair a thagaimid i láthair an teagaisc lenár seanmhodhanna smaointe agus lenár dtuairimí seanchaite. Sin an chúis, mar sin, go moltar do lucht cleachta Zen, *'Meon an Tosaitheora'* a chothú agus an cumas an saol seo de shíor a fheiceáil le súile úra – gan bheith brúite faoi ag seanbhagáiste imeachtaí atá imithe ónár saol le fada an lá. Sa tslí seo beidh taithí aibí nua againn ar imeachtaí uile ár mbeatha nach mbeidh salaithe ag ábhair dhíomá éigin a tharla roimhe sin. Agus dá thoradh, aon rud a mbíonn cuma rófhollasach air, b'fhéidir gur mithid dúinn seasamh siar beagáinín agus breathnú ar an rud, ar an duine nó ar an deis sin uair amháin eile le súile úra an linbh.

Beginner's Mind
Intinn an Tosaitheora

Shunryū Suzuki

In the beginner's mind there are many possibilities, but in the expert's there are few.

In intinn and tosaitheora bíonn a lán féidearthachtaí, ach in intinn an tsaineolaí níl ach beagán.

Howard Lawn

Treat every moment as though it were the very first and the last time you will ever experience it, because that is exactly how it is.

Féach ar gach nóiméad faoi mar gurbh é an chéad uair agus an uair dheiridh a bhlaisfidh tú é, toisc gurb é sin go díreach mar a bhíonn sé.

Pema Chödrön

'If your mind is expansive and unfettered, you will find yourself in a more accommodating world, a place that is endlessly interesting and alive.'

Má bhíonn d'intinn go leathan fairsing agus gan srian uirthi, beidh fáil agat ar shaol a bheidh i bhfad níos cuidiúla, áit a bheidh beo agus suimiúil ar bhealaí as cuimse ar fad.

Glossary

This a short list of common vocabulary used in Buddhism and Hinduism that primarily contains terms and names mentioned in this book. Some frequently-used Buddhist terms have also been included to provide a reference to the more commonly known Buddhist terms. All information about the head-words has been limited however, to explain their meaning in the most basic terms. For certain words, extended commentaries have been added to avoid too many footnotes.

A

Abhisheka – (*Sanskrit*) '*Anointing*' process of transmission or empowerment in Tibetan Buddhism into *Vajrayāna* practice.

Advaita – (*Sanskrit*) '*not two*' this teaching, also called '*non-dualism*' goes right back to the Upanishads, sacred Hindu texts, that have their origins dating from c. 800 – 200 BCE. The teaching refers to an understanding that there is no 'self' and no 'other', but only pure awareness from which all phenomena arise.

Aham – the '*I am*', the pure essence of awareness of being.

Ahankara – the '*ego*', the belief that there is a '*self*', the doer.

Aggregate – (*see: Skandha*)

Ānanda – '*bliss*', the essence of *nirvana* and one of the three aspects of *turiya*. (*see: nirvana*)

Anicca – (*see: Impermanence*)

Arjuna – a brave respected warrior in the Bhagavad Gita who no longer wants to do battle and receives advice on this matter from Lord Krishna.

Ati-yoga – (*Tibetan*) '*extraordinary yoga*' (*see: Dzogchen*)

Ātman – (*Sanskrit*) '*essence, breath*' refers to the '*Self*' or the 'inner soul' – i.e. the part of us that is aware of being present. This in reality is not individual, but universal.

Avidya – (*Sanskrit*) ignorance of the true nature of *Advaita* (i.e. non-dualism)

B

Banzan – (720 – 814 CE) Chinese master of Ch'an (*Japanese: Zen*) who lived in the North of China.

Bardo – (*Tibetan*) a place that connects death and the rebirth that follows.

Baso – (*Chinese: Matsu Tao-i*) (709 – 788 CE), one of the most important Chinese Zen Masters. He had over 139 dharma successors. After Hui-neng, Baso/ Matsu or Mazu is probably the most shaping influence on the development of Zen in its early years.

Bassui – (*also: Bassui Tokusho*) (1327 – 1387), one of the outstanding Zen-Masters of the Rinzai school.

Beginner's Mind – This is a Zen teaching that urges students to see everything, always, with fresh eyes. We should live every experience as though we had never lived it before. (*see also: Prayer* and *Sin*)

Ben'en – (*also known as: Shoichi Kokushi*) (1202 – 1280), Japanese Zen Master.

Bhagavad Gita – (*Sanskrit*) lit. *'The Song of the Lord'* Hindu scripture.

Bliss – (*see nirvana* and *ānanda*)

Blue Cliff Record – a collection of Zen Buddhist koans originally compiled in China in 1125 CE. One of the two most well-known sources of classical koans. (*see also: Wu-men-kuan*)

Bodhi – (*Sanskrit*) (*see: enlightenment*)

Bodhichitta – (*Sanskrit*) *'awakened mind'*

Bodhidharma – The 28th patriarch after Shākyamuni Buddha (470 – c. 543) and first Chinese patriarch of Chan (*Japanese: Zen*).

Bodhisattva – (*Sanskrit*) a person who seeks Buddhahood through the practice of perfect virtues but who vows not to enter nirvana before all sentient beings are liberated.

Bokatsu – (*Japanese*) *'Stick & Yell'* consists of blows administered by a stick or a *kyosaku* (*slipper*) to prevent students dozing off during meditation, customary in the Rinzai school of Zen.

Brahman – (*Sanskrit*) In the *Vedas*, it is the word used to describe the ultimate reality, the Universal Principle and in the Upanishads, it is referred to as *sat-cit-ānanda* (*i.e. truth- consciousness- bliss*). (*see: also Ātman*).

Brahmin – (*Sanskrit*) Hindu priest or teacher, protector of sacred learning.

Buddha – (*Sanskrit*) the awakened one. (*see also: Shākyamuni*)

Buddha-dharma – Buddha teachings, generally the teachings of Shākyamuni.

Buddhahood – the innate nature of all sentient beings – a state of complete enlightenment.

Buddha-Nature: – the immutable and eternal nature of all that is.

Buddhism – religion of the awakened-one.

Butsudan – (*Japanese*) 'house of the Buddha' in Nichiren Buddhism, a small wooden closet in which the *Gohonzon* is kept. (*see: Gohonzon*)

Butsugu – (*Japanese*) items placed in the vicinity of a *Butsudan*. (*see: Butsudan*)

Butsumu – (*Japanese*) room in which *Butsudan* is kept. (*see: Butsudan*)

C

Chakra – (*Sanskrit*) 'Wheel', term used to describe the points of subtle energy (*prāna, kundalinī*) in the astral body.

Ch'an – comes from the Sanskrit *'dhyāna'* which loosely translates as *'meditative state'*. This form of *Mahāyāna* Buddhism developed in China from around the 6th century CE and flourished in the T'ang dynasty. The Japanese word for *Ch'an* is *Zen* and the word Zen is mostly used in this book along with Japanese names rather than their original Chinese forms: *Enō* instead of *Hui-neng* and *Baso* instead of *Matsu or Mazu*. However, either the Chinese or the Japanese names do appear in the text and in some references wherever it has been considered to be preferable. (*see: Zen*)

Chit – (*see: cit*)

Chitta – centre of the emotions.

Cit – *'awareness, consciousness'*

Chögyam Trungpa (1940 – 1987) one of the principle teachers of Buddhism in the West and the founder of *Shambhala* International.

D

Dai-anjin – (*Japanese*) *'Complete enlightenment'*

Daimoku – (*Japanese*) Title-mantra used in *Nichiren* Buddhist practice.

Dalai Lama – (*Tibetan*) *'teacher whose wisdom is great as the ocean'* Buddhist leader of Tibet.

Delusion – (*also: avidyā*) in Buddhism delusion is not just a belief that contradicts reality but is also equated with *ignorance*, i.e. a lack of awareness of true Buddha-nature/ non-duality.

Deva (*Sanskrit*) celestial being or god.

Dharma (*Sanskrit*) the wheel of the immutable cosmic law. In Hindu tradition, it is the values and behaviours that are in keeping with a basic natural order in the universe that makes life possible. In this tradition, dharma consists of inherent laws, duties, rights, virtues and a correct manner of living one's life. In Buddhist tradition, *dharma* consists of the teachings of Shākyamuni.

Dharma vessel – a person who has been deemed capable of learning Dharma.

Dhyāna (*Sanskrit*) Meditation, absorption or any state of mind brought about by deep concentration.

Diamond Sūtra – (*Sanskrit*) a sūtra that shows that all phenomenal appearances (*i.e. the appearances of forms*) are not reality but merely projections of mind. This sūtra is key to Zen Buddhism and is used as its central reference to the teachings of the Buddha.

Discriminative mind – the mind that divides the world up into categories and hierarchies based on its own particular perspective; a mind that makes value-judgements about the *'other';* a mind failing to recognise the wholeness of all existence and being.

Dōan – (*Japanese*) in Zen practice, a travelling companion on the way to *enlightenment.*

Dōgen – (1200 – 1253), Japanese Zen Master who brought the tradition of the *Sōtō* school of Zen to Japan. First native Japanese Zen Master. Obsessed by the question: '*Why do we have to practise Buddhism if we already have Buddhahood?*', he travelled to China and studied under the Master Ju-ching (1163 – 1228). Dōgen became enlightened one day during *zazen* when Ju-ching suddenly shouted '*Zazen means dropping off body and mind!*'. Dōgen's followers built a temple in his honour and named it: 'Eihei-*ji*' (*Eternal Peace*). This temple is still considered to be the centre of Sōtō Zen today. (*see: Sōtō*)

Dokusan – (*Japanese*) in Zen practice, a private interview between student and teacher.

Dorje – (*Tibetan*) '*Lord of Stones*', a thunderbolt used by the Hindu god, Indra. It is also a symbol for the immutable essence of reality.

Drala – (*Tibetan*) A dynamically active invisible force that protects and energises people.

Doshin – (*Japanese*) a novice in a Zen monastery.

Dreaming state – one of the changing states of consciousness. In the *dreaming state* attention is focused inwards towards the activities of the mind. (*cf. Introduction 'emptiness' and see also: waking state and sleeping state*)

Dukkha – (*Sanskrit*) unease, the wheel out of kilter, suffering which is the root of the *Four Noble truths*. (*see: Four Noble Truths*)

Dzogchen – (*Tibetan*) *'great perfection'* also known as *'ati-yoga'* (*i.e. extraordinary yoga*), this is considered to be the definitive and most secret teaching of the Shākyamuni Buddha by its adherents. It is the primary teaching of the Nyingmapa School of Tibetan Buddhism.

E

Ego – (*Latin*) The delusion of being a separate 'self', the concept of 'I' and 'Not-I'.

Eightfold path – the contents of the *Four Noble Truths* (*see: Four Noble Truths*) that provide a cure for suffering, *dukkha*. The eight constituent parts of the path being: (1) right view; (2) right resolve; (3) right speech; (4) right conduct; (5) right livelihood; (6) right effort; (7) right mindfulness; (8) right concentration.

Eisai – (1141 – 1215), Japanese Zen Master of the Rinzai School. A Buddhist monk who travelled to China in 1191, he eventually returned bringing *Rinzai Zen* to Japan. (*see Rinzai*)

Emptiness – (*see: shūnyatā*)

Enlightenment – an awakened state (*Japanese: Satori, Kenshō*) in which the student understands emptiness and the true nature of reality.

Enō – (*Japanese for: Hui-neng*) (638 – 713 CE), Enō is considered one of the most important masters in the whole history of Zen. Enō was extremely poor and looked after his mother. He had to collect firewood to survive. One day he overheard the *Diamond Sutra* being recited and he became enlightened immediately. Though Enō was illiterate, the Fifth patriarch accepted him immediately into the monastery because he recognised Enō's great wisdom. When eventually the fifth patriarch became old, and wanted to find a successor, he asked the monks of the monastery to compose a short verse that would prove their worthiness for assuming his office. The head-monk, *Shen-hsiu*, wrote a verse that compared the mind to a mirror. In the verse *Shen-hsiu* advises us to keep the mirror free from dust otherwise it will not reflect the light:

The Body is the bodhi tree,
The mind – a mirror bright,
Take care to keep it dust-free,
So it may reflect the light.

Then, Enō composed one of the most famous verses ever in Zen Buddhism, where he explains that there is only *emptiness* and also provides one of the keenest insights into essence of Zen teachings:

In truth there is no bodhi tree,
No mirror on a stand,
There is nothing there but emptiness,
No place for dust to land.

Esho funi nini funi – *(Japanese)* *'two but not two, not two but two'* This is a *Nichiren* expression used to refer to non-duality.

F

Five degrees of Enlightenment – *(Japanese: Go-i)* Zen classification of degrees of enlightenment with the real and the unreal being shown as polar aspects of one another: (a) absolute *(real)* – relative *(unreal)*; (b) fundamental *(real)* – phenomenal *(unreal)*; (c) emptiness *(real)* – form *(unreal)*; (d) sameness *(real)* – difference *(unreal)*; (e) one *(real)* – many *(unreal)*; (f) true (Buddha) nature *(real)* – attributes *(unreal)*.

Five types of Zen – (a) **Bonpu Zen** – unenlightened people using Zen practice to improve mindfulness, health, etc. (b) **Gedō Zen** – a religious form of Zen practice but not Buddhist in nature, *e.g.* Yoga, Christian contemplation/ meditation; (c) **Shojō Zen** – Japanese for *Hīnayāna (see: Hīnayāna)*, a practice aimed at attaining personal peace and exiting *Samsara*; (d) **Daijō Zen** – Japanese for *Mahāyanā (see: Mahāyanā)*, a type Zen practice that works for the welfare of all sentient beings. (e) **Saijōjō Zen** – a type of Zen that all the Buddhas practise – the highest and most perfected form of Zen Practice.

Four Noble Truths – The basis of all Buddhist teaching: (1) the truth of dukkha *(suffering)*; (2) the truth of the origin of dukkha; (3) the truth of the end of dukkha; (4) the truth of the path that leads to the end of dukkha. *(see: eightfold path)*

Fukasetsu – *(Japanese)* *'what is not possible to express'* what is experienced in enlightenment eludes all concepts and so cannot be expressed in words. As Mumon Ekai famously explained it *'like a mute who has had a dream'.*

Fukashigi – *(Japanese)* *'what cannot be comprehended by thought'*, i.e. true reality transcends thinking. According to Zen, true Buddhahood is beyond thought.

Fushizen-fushiaku – *(Japanese)* *'not thinking of good, not thinking of evil'* – Zen expression for transcending dualistic thinking *(cf. koan 39 'Original Face')*. The discriminating dualistic mind sees the world in terms of good and bad, desired and not desired. Only the enlightened mind can see the sameness in nature of all phenomena.

Fushō – *'unborn'* used in Zen when referring to the absolute or the true reality that is not born and does not die.

Futan-kū – (*Japanese*) *'not only emptiness'*. The elusive Zen idea that our true nature is neither existence nor non-existence but in fact both, and yet neither, depending entirely from what viewpoint our nature is being observed.

G

Gaki – (*Japanese*) Hungry Ghosts, one of the ten worlds. (*see: ten worlds – see also: preta*)

Garuda – (*Sanskrit*) mythical bird that is half-man and half-bird, sometimes used as a metaphor for the Buddha.

Gassho – (*Japanese*) placing of palms of hands together to express gratitude.

Gateless Gate – a collection of 48 Zen koans compiled by Mumon Ekai (*Chinese: Wumen Huikai*) first published in 1228.

Gati – (*Sanskrit*) *'mode of existence'* referring to the various modes of existence in which rebirth can take place.

Gedatsu – (*Japanese*) *'liberation'* sometimes used as a synonym for *enlightenment*.

Gedō Zen – (*see: Five Types of Zen*)

Gelugpa – One of the main Tibetan schools of Buddhism founded by Tsongkhapa.

Genjō-Kōan – (*Japanese*) *'Daily life is enlightenment'* by Dōgen – one of the most important writings in Sōtō School of Buddhist practice.

Genkan – (*Japanese*) *'secret gate'*, the first steps on the path of enlightenment.

Gohonzon (*Japanese*), hanging scroll kept in a *butsudan* (*see: butsudan*) that originally was inscribed by *Nichiren* and at which devotional chanting is directed.

Goi – (*Japanese*) (*see: Five degrees of enlightenment*)

Goke-shichishsū – (*Japanese*) *'five houses, seven schools'* general term for the seven lineages of Ch'an (*Japanese: Zen*) during the T'ang Dynasty, the seven schools, containing the five houses are: (1) Rinzai, (2) Igyō, (3) Sōtō, (4) Ummon, (5) Hōgen, (6) Yōgi, (7) Oryō.

Gongyo – (*Japanese*) *'assiduous practice'*, daily chanting practice taken from two chapter of the Lotus Sutra. (Nichiren Buddhism)

Gosho – (*Japanese*) collections of letters written by *Nichiren* Daishonin to his disciples which is a central study resource in Nichiren Buddhism.

Gunas – three constituent forces of the universe: *sattva, rajas* and *tamas*. By their interplay *prakriti* manifests as the universe.

Gyulü (*Tibetan*) *'illusion-body'* a subtle body that exists beyond the *skandhas* and yet at the same time within them.

H

Haiku – (*Japanese*) sixteen-syllable Japanese poem.

Hakuin – (1689 – 1769) – one of the most important Zen Masters of the Rinzai School.

Hakushi – (*Japanese*) *'white paper'* state of consciousness achieved from Zazen.

Hannya – (*Japanese*) intuitive insight mostly gained through meditation.

Hara – (*Japanese*) person's spiritual centre.

Hassu – (*Japanese*) *'Dharma successor'* a student of Zen who has reached the same level of *enlightenment* as his teacher.

Heart Sūtra – one of the most important sūtras of *Mahāyāna* practice. This *sūtra*, because of its conciseness and its teachings on *Shūnyāta,* is central both to *Zen* and *Nichiren* Buddhism.

Heijōshin kore dō – (*Japanese*) *'ordinary mind is the way'* (*see: koan 24*)

Heikan – (*Japanese*) *'closing the gate'* i.e. closing the gate on the distractions of mind in order to achieve *enlightenment.*

Henkū – (*Japanese*) a one-sided view of *Shūnyāta* that is common to *Hīnāyāna* practice that primarily emphasises the unsubstantiality of all phenomena.

Hīnāyāna – (*Sanskrit*) *'lesser vehicle'* – this is primarily a form of Buddhist practice that focusses on the enlightenment of the individual and is also known as *Theravāda Buddhism.* It predates *Mahāyāna* Buddhism which is more concerned with the liberation and *enlightenment* of all sentient beings. However, the *Hīnāyāna* Buddhists would argue that when the one individual is enlightened then that *enlightenment* pervades all, and so, similar to the English poet William Blake, adherents to *Hīnāyāna* Buddhism tend to see the whole *'world in a grain of sand'.* (*see also: Mahayāna* and *Vajrayāna*)

Hi-shiryo – (*Japanese*) *'that which is immeasurable'* i.e. enlightenment

Hōgen Bun'eki – (*Japanese for Chinese Zenmaster: Fa-yen Wen-i*) (885 – 958 CE), founder of the Hōgen School of Buddhism.

Honshi – (*Japanese*) *'root-master'* i.e. *Shākyamuni* (*see also: Shākyamuni*)

Hoshin – a Zen Master who lived in China for many years but eventually returned to Northeastern Japan where he continued to teach until he died.

Hossen – (*Japanese*) *'dharma contest'* exchange of questions and answers between two Zen practitioners or two enlightened teachers.

Hosshin – resolve to attain enlightenment.

Hui-neng – (*Chinese; Japanese: Enō*) also known as We-lang (638 – 713 CE), 6th patriarch of Ch'an (*Japanese: Zen; see: Ch'an*). Hui-neng is considered one of the most important Zen-masters in the history of Zen. (*see: Enō*)

Hungry Ghosts – same as *preta* or *gaki* and one of the ten worlds. (*see: Ten Worlds*)

Hung-jen – (601-674) Fifth patriarch of Ch'an (*Japanese Zen*) in China.

I

Ichiji Zen – (*Japanese*) *'one-word Zen'* where one single word of a master is taken as a koan, e.g. *'Mu'* koan.

I-Ching – (635 – 713 CE), renowned translator of Sanskrit Buddhist texts into Chinese. He travelled to India in 671 CE and when he returned home, he took with him some 400 Buddhist texts.

Ignorance – (*see: delusion, Avidya*)

Igyo School – one of the *'five houses – seven schools'*, i.e. one of the authentic Chinese Zen traditions that eventually merged with the Rinzai school in the 10th century.

Ikebana – *'pond flower'*, the arranging of flowers to help actualise a non-dualistic state of being in the practitioner. This practice is also called *kadō*.

Ikkyū Sōjun – (1394 – 1481), Japanese Zen Master of the Rinzai school.

Impermanence – the realisation that everything is constantly changing in the *saha world*. This is encapsulated in the Zen-like expression that says *'it is impossible to put one's hand into the same stream twice'*.

J

Jakuhitsu Genko – (1290 – 1367), Japanese Zen Master of the Rinzai school.

Jisho – (*Japanese*) *'self-nature'* another way of expressing Buddha-Nature.

Jñāna – (*Sanskrit*) knowledge about what really exists.

Jōdō – (*Japanese*) *'realisation of the way'*

Jōriki – (*Japanese*) *'power of mind'* a force or a power of mind that arises from *zazen*.

Joshu – (778 – 897 CE) (*Chinese: Chao-chou Ts'ung-shen*) important Zen-Master in China. It is said that he achieved enlightenment at the age of 18. He is also reputed to have spoken very softly, almost in a whisper.

K

Kadō – (*see: Ikebana*)

Kagyüpa – (*Tibetan*) one of principle schools of Tibetan Buddhism.

Kaigen – (*Japanese*) *'opening of eye'* receiving an insight into the world of true reality.

Kailāsa – (*Sanskrit*) *'silver mountain'* mountain in the Himalayas where one of the principle deities of Hinduism, Shiva, lives. For all Hindus this is a most sacred mountain.

Kakushin – (1207 – 1298), Japanese Zen Master who brought *The Gateless Gate* to Japan from China and one of the most significant figures in the development of koan-practice in Japan.

Kālachakra – *'wheel of time'* the last and most complex Buddhist *tantra*, said to have been written down by the mythical king, Suchandra of *Shambhala*.

Kalpa – (*Sanskrit*) *'world cycle'* – term for an almost inconceivably long period of time.

Kalyānamitra – (*Sanskrit*) *'noble friend'* a good friend who is well-versed in Buddhist teaching who selflessly helps you and others to achieve enlightenment.

Kangyur-Tenguur – (*Tibetan*) the canon of Tibetan teachings in some 300 volumes.

Kanna Zen – *'Zen by contemplating words'* a teaching method that considered the koan as the most effective means to awakening and *enlightenment*. This, in Rinzai school, is regarded as the definitive way of conducting the transmission of Zen Buddhism.

Kannō-Dōkō – (*Japanese*) exchange between teacher and student that is no longer an exchange between two, but a non-dualistic unitary event.

Kanzan Egen – (1277 – 1360), Japanese Zen Master of the Rinzai school.

Kapilavastu – (*Sanskrit*) home of *Shākyamuni*.

Karma – (*Sanskrit*) the universal law of cause and effect; all actions have their consequences both positive and negative.

Karma Kagyü – (*Tibetan*) a subdivision of the Kagyüpa school.

Karmapa – (*Sanskrit*) *'man of Buddha actions'* the spiritual leader of the Karma Kagyü school.

Kenshō – (*Japanese*) insight into one's own true nature, experiencing awakening.

Klesha – (*Sanskrit*) *'defilement'* all the thinking, passions and unwholesome intentions that prevent the attainment of *enlightenment* and being freed from *samsara,* the cycle of rebirth.

Koan – (*Japanese*) *'public notice'* a short anecdote or riddle that often has no particular solution, or any answer that can be deduced logically. Koans are frequently a paradox or seem to be absurd. The koan is used as a teaching tool in Zen Buddhism, predominantly in the Rinzai school.

Kosen rufu – (*Japanese*) *'widely declare'* a term taken from the *Lotus Sutra* and widely used in *Nichiren Buddhism* to express the desire for world peace through individual happiness.

Krishna – Hindu god of compassion, love and tenderness, one of the most venerated of all Hindu deities. In the Bhagavad Gita Lord Krishna gives advice to Arjuna.

Kundalinī – form of primal energy that is coiled like a snake at the base of the spine.

L

Lama – (*Tibetan*) 'none above' in Tibetan Buddhism a religious master or guru.

Lotus Sūtra – one of the most important *sūtras* of the Mahāyāna Buddhist tradition. It was written down about 200 CE. It is believed to have been expounded by the Buddha towards the end of his life. Mahāyāna practitioners believe this sūtra contains the most comprehensive and complete teaching of the Buddha.

M

Mahākāśyapa – one of *Shākyamuni's* principle disciples. *Mahākāśyapa* was appointed by *Shākyamuni* to be his successor. He is therefore considered to be the first patriarch in a number of Mahāyāna schools or *dharma* lineages.

Mahāmudrā – (*Sanskrit*) *'the great seal'* one of the highest teachings of *Vajrayāna* Tibetan Buddhism that is predominantly transmitted in the Kagyüpa school.

Mahāsiddha – (*Sanskrit*) *'Great master of perfect abilities'*, one who has mastered the teachings of the *Tantras*.

Mahāyāna – (*Sanskrit*) *'the Greater Vehicle'* one of the three schools of Buddhism. This school arose in the first century CE. Its express intention is to liberate all sentient beings. *Mahāyāna* is the most widespread school today and, unlike *Hīnayāna*, is more open to developing Buddhist teachings in the greater society, rather than in secluded monasteries. (*see also: Hīnayāna* and *Vajrayāna*)

Maitreya – (*Sanskrit*) *'the loving one'.* This is considered to be the Buddha who will appear in the distant future. *Maitreya* is also a sage that appears in the Bhagavad Gita.

Manas – discursive function of mind.

Mandala – (*Sanskrit*) *'circle, arch'* a pictorial representation of the forces of the universe that has special significance in the Tantric Buddhism of Tibet. The sand-mandalas are particularly well-known, are often extremely intricate and very beautiful. These sand-mandalas that are ritualistically dismantled represent the transience of this world.

Mañjusrī – *'Gentle Glory'* bodhisattva of *prajñā, i.e.* wisdom, in *Mahāyāna Buddhism.*

Mantra – (*Sanskrit*) *'sacred message or text'* a repeated syllable, or word or set of words that have spiritual significance to the practitioner

Mara – (*Sanskrit*) *'devilish destruction, killing'* the demon lord who visited the Buddha as he sat under the Bodhi tree in search of *enlightenment*. It is *Mara* who sends his three daughters to tempt the Buddha *Shākyamuni*. However, *Shākyamuni* is not distracted or seduced by them, and when *Mara* turns them into ugly hags, neither does *Shākyamuni* feel repelled or experience any sense of repugnance for them either, which demonstrates his total mastery over his inner passions.

Marigpa – (*Tibetan*) *'ignorance',* specifically not knowing the true nature of mind. *See: Rigpa.*

Marpa – (1012 – 1097 CE) renowned Tibetan master. He exchanged all his possessions for gold dust and went to India to receive teachings from *Nāropa* (*see: Nāropa*). At first *Marpa* hid some of his gold in his boot but *Nāropa* demanded all the gold before he would teach *Marpa* anything. When *Nāropa* received all of *Marpa's* gold, he threw the gold dust into the air laughing: *'What need do I have of gold when the whole world is mine?'* Later, *Marpa* made another journey to India where he took on a student of his own: *Milarepa.* (*see: Milarepa*)

Maya – (*Sanskrit*) *'deception, illusion'* the continuously changing phenomenal world.

Mazu – (*also known as Ma-tsu Tao-i*) (709 – 788 CE) known for knocking his students to the ground and punching their noses with the aim of freeing them from their habitual thinking and feelings and by so doing, bring them to an experience of *enlightenment*. Perhaps one of the earliest forms of shock-treatment.

Meditation – quieting of the mind in order to bring consciousness to a state of awakening.

Middle Way – the way that avoids all extremes. One day, *Shākyamuni* sees a musician playing a zither. *Shākyamuni* notices that if a string is too loose there is no sound but, if it is too tight, it snaps. Each string had to be at just the right tension – not too loose nor too taut – in order to produce the desired note. Thus, the Buddha discovered that the way to *enlightenment* was neither overindulgence, nor asceticism, but the middle path.

Milarepa – (*1025 – 1135*) a black-arts magician who learned how to use the destructive forces of nature against his enemies, and who eventually turns to *Marpa* (*see: Marpa*) to atone for his evil actions. After many cruel years of training, where *Marpa* demands a seemingly endless cycle of building, demolishing and rebuilding until *Milarepa* is left in absolute deep despair, (indeed, close to suicide), *Marpa* finally passes on to him the teachings he has so patiently waited to receive. In the end, *Milarepa* becomes one of the most renowned Tibetan teachers of all time.

Mindfulness – presence of mind, the ability to perform all the activities we undertake fully consciously.

Mind seal – mind-to-mind transmission between Master and disciple. What is said to be transmitted in the mind seal is 'the true dharma eye, the marvellous mind of nirvana, the true form of the formless and the subtle dharma gate, independent of words and transmitted beyond doctrine'. (*cf. Koan 31*)

Mokurai Takeda – (1854 – 1930), a greatly respected Zen teacher, born on the island of Kyushu and who became a monk at the age of 10.

Mu (*Chinese*) 'nothing', 'not', 'without' 'pure awareness prior to experience and knowledge' (*see: koan 38*)

Mudra (*Sanskrit*) *'seal, sign'* hand gestures that refer to some aspect of Buddhist teaching.

Mumon Ekai – (1183 – 1260), Zen Master of the Rinzai Lineage, primarily known today for writing the *Wu-men-kuan.* (*see: Wu-men-kuan*). He also wrote a famous five-syllable verse that is a repetition of the word *Mu,* reminiscent of the poem 'Boom, boom, boom…' recited by private Baldrick from 'Blackadder Goes Forth'.[112]

N

Namu – (*Japanese*) *'venerate, praise'*
Namu Myōhō Renge Kyō – (*Devotion to the Mystic Law of the Lotus Sūtra*) is the Nichirin Buddhist mantra referred to as daimoku.

---

112 C.f. Black Adder TV series, season 4, episode 6.

Nan-in – (*Chinese: Nan-yüan Hui – yung*) was a Chinese Zen Master who died in 930 CE.

Nansen – (748 – 835 CE), Chinese Zen Master from the T'ang dynasty.

Nanyue – (677 – 744 CE), teacher and Zen Master. He received his name by choosing to settle on Mount Nanyue.

Nāro Chödrug – (*Tibetan*) *'Six Teachings of Nāropa'* – these are secret Vajrayāna teachings: (a) production of inner heat; (b) experiencing the illusory nature of the body; (c) dream state; (d) seeing the clear light; (e) teachings about the *Bardos*.

Nāropa – (1016 – 1100 CE), an Indian master of the teachings of the *Tantras* of *Vajrayāna* practice; a *Mahasiddha* who distinguished himself with certain magical powers. The student of *Tilopa*. (*see: Tilopa*)

Nempyo sambakyo soku – (*Japanese*) *'Three Hundred Koans with Commentary'* a collection of koans compiled by Dōgen Zenji.

Nichiren – (1222 – 1282 CE), founder of the Nichiren School of Buddhism.

Nirguna – beyond the *gunas*.

Nirvana – (*Sanskrit*) *'extinction'* – an end of craving, frustration and *ignorance*. Being in a state of bliss. Departure from *samsara* by having overcome desire, hatred and delusion.

O

OM – (*Sanskrit*) a sacred sound that represent all knowledge and also the manifestation of all spiritual power. In Hinduism, it also represents *Brahman*.

OM MANI PADME HUM – (*Sanskrit*) *'Om, jewel of the lotus hum'* one of the oldest mantras of Tibetan Buddhism.

Oneness – the understanding that everything is interdependent with everything else, that there are no independent objects, only relationships within the whole.

P

Padma (*Sanskrit*) *'lotus'*

Pagoda – Building used to hold sacred relics. In miniature it is often used as a central piece in a shrine. They are considered to be like *Stupas* and certain structural aspects symbolically represent the Buddha.

Paramārtha – (499 – 569 CE), an Indian translator of Chinese Buddhist writings. He translated over 278 volumes.

Pāramitā – (*Sanskrit*) '*that which reached the other shore*' also known as the 'perfections'. These are: (a) generosity, (b) discipline, (c) patience, (d) exertion, (e) meditation, (f) wisdom.

Parikalpita – (*Sanskrit*) '*that which is imagined*' this is the illusory or what people believe to be the '*objective*' world but is, in reality, only an appearance.

Patriarch – the founder of a Buddhist school or the successor of such a person.

Prajñā – (*Sanskrit*) '*consciousness*' and also often translated as '*wisdom*' – an intuitive knowing that cannot be conveyed by concepts.

Prajñāpāramitā-sūtra – (*Sanskrit*) '*Great Sūtras of Wisdom*' Around 40 *Mahāyāna* sūtras gathered together under this name because they all focus on the realisation of *Prajñā*.

Prakriti – (*Sanskrit*) nature in both its potential and manifest forms.

Prāna – (*Sanskrit*) '*life-force*' or '*vital energy*' that permeates everything in the universe.

Prayer – (*from Irish: Paidir*) a term created by Seán Ó Ríordáin that describes an intimate oneness with any experience or sentient being.

Preta – (*Sanskrit*) '*departed person*' are also known as '*hungry ghosts*' and they represent those who are never satisfied. They are often depicted as having a large belly and a very thin neck and they are associated with greed, envy and jealousy.

Pugala – (*Sanskrit*) '*the illusory self*' the part with which awareness identifies and experiences the cycle of rebirth, *Samara*.

Punya – (*Sanskrit*) '*merit*' The karmic reward believed to be gained from good actions and wholesome behaviour.

Pure land school – a *Mahāyāna* school founded in 402 CE by a Chinese monk. This is a school of thought that believes that people can be reborn into different pure lands that are ruled over by different buddhas.

Pu-tai – (*Chinese*) '*hempen bag*' 10th century Chinese monk. His eccentric behaviour and actions reveal Zen mind. It is said that when he slept in the snow, no snow would land on him. Some believed he was the incarnation of *Maitreya*.

R

Rāhula – the son of the Buddha Siddhārtha Gautama. (*see*: *Shākyamuni*).

Rajas – (*Sanskrit*) *guna* of movement, activity and passion.

Ratnakūta-sūtra – (*Sanskrit*) '*Sūtra of the Heap of Jewels*' one of the oldest sutras of the *Mahāyāna* tradition.

Ratnasambhava – (*Sanskrit*) '*Jewel-born one*' one of five transcendent buddhas.

Ri-bi – (*Japanese*) '*Subject-object*' 'ri-' represents absolute truth (i.e. *emptiness*).

Rigpa – (*Tibetan*) '*The knowledge of the ground*' is the same as the *vidyā* (*Sanskrit*). It is part of *Dzogchen* teaching and roughly can be understood as knowing the original nature of the mind. Its opposite is *marigpa* or *avidyā* (*Sanskrit*) '*ignorance*' or not knowing the true nature of mind.

Riddipāda – (*Sanskrit*) '*ways of power*' having four properties that will develop *samādhi* (*i.e.* concentration) – (a) chanda 'intention', (b) vīrya 'exertion', (c) chitta 'mind' (d) mīmāmsā 'daring'.

Rinzai – (*Japanese*) Zen Master's date of birth unknown – died c. 866 CE. Founder of the Rinzai School of Zen Buddhism. When Rinzai Zen came to Japan, it appealed to the samurai because it was hard, spontaneous and required no books. It is probably thanks to their keen interest that this form of Zen survived in Japan. (*see also: Eisai*)

Rinzai School – one of the most important Zen schools. It is mainly in the Rinzai School tradition that koans are widely used as a teaching tool.

Rishis – (*Sanskrit*) seers, wise men.

Rōshi – (*Japanese*) '*old venerated master*' Zen teaching takes place under the guidance of a *roshi* who can be either a monk or a lay-person.

Ryōkan Daigu – (1758 – 1831) Japanese Zen monk of the *Sātō school*.

S

Sādhana – (*Sanskrit*) '*completion*' In Vajrayāna practice, a particular type of liturgical text where deities are described in order to be experienced as spiritual realities by a process of visualisation.

Saha World – (*Sanskrit*) the world of endurance, because sentient beings endure here unbearable suffering.

Sakyapa – (*Tibetan*) a major school of Tibetan Buddhism.

Samādhi – (*Sanskrit*) '*establish*' gradual calming of mental activity. A non-dualistic state of consciousness where subject and object become one. This state is considered a precondition of *dhyāna*.

Sambō – (*Sanskrit*) '*Three precious Jewels*' i.e. Buddha, dharma, sangha.

Samsāra – (*Sanskrit*) '*journeying*' the succession of birth and rebirth until the eventual attainment of liberation and entering *nirvana*. *Samsāra* is often depicted as the great wheel of life.

Samsārin – (*Sanskrit*) experiencer of *samsāra* and the phenomenal world.

Samu – (*Japanese*) '*work or service*' the day-to-day physical work done by monks in a Zen monastery.

Sangha – (*Sanskrit*) *'crowd'* any Buddhist community.

Sanzen – (*Japanese*) *'going to Zen'* going to a Zen Master to achieve *enlightenment*. Also understood as the right way of practising Zen.

Sat – (*Sanskrit*) *'existence, being'*

Satori – (*Japanese*) *'enlightenment/ awakening'* Zen term for the experience of spiritual awakening or the attainment of *enlightenment*.

Sattva – (*Sanskrit*) *guna* of goodness clarity and peace.

Sekishu – (*Japanese*) *'one hand'* reference to the koan *'What is the sound of one hand clapping?'* (*see: koan 8*)

Self – (a) the illusory 'self', (written with a small 's'), the identification with the finite body and (b) the true 'Self' (written with a capital 'S'), that which is not born and does not die, that sees but is not seen, that hears but is not heard, feels but is not felt, knows but it not knowable.

Self-realisation(*also: kensho*) the attainment of *rigpa* or *vidyā*.

Sentient being – any living thing, animal or person.

Sesshin – (*Japanese*) *'collecting the heart-mind'* extended and uninterrupted periods of *zazen*.

Sesshiu – (1420 – 1506), a monk and one of the most important Zen painters.

Shākyamuni – (c. 563 – 483 BCE), *'Sage of the Shākya Clan'* one of the many names for The Buddha. Other names include: Siddhārtha Gautama, Tathāgata, The Thus Come One. Shākyamuni was born a prince whose father was concerned that his son might become a holy man, because of a prophecy made at his birth. So, the father saw to it that the young prince was protected from all unwholesome sights in the palace. Growing up, the young prince proves himself excellent in all skills, gets married and has a son, *Rāhula*. His father eventually agrees to let the young prince out beyond the walls of the palace. With Channa, his servant, the prince sets off and on his journey, he encounters an old man, a sick man and a dead man. The prince suddenly realises in his heart that these things come to everyone, and will eventually come to him too. In view of this, the Prince decides to give up his life of luxury in the Palace, in order to discover how to solve the problem of suffering. Finally, one day, sitting under a bodhi-tree, Shākyamuni is enlightened and reveals the *Four Noble Truths* and the *Eightfold Path*. (*see: Four Noble Truths* and *Eightfold Path*)

Shamatha – (*Sanskrit*) *'dwelling in tranquillity'* it is the practice of calming the mind. This is done by practising single-pointed meditation which is most commonly achieved by pursuing mindfulness of breathing.

Shambhala (*Sanskrit*) has two meanings. First, it is the name of a mythical kingdom, similar to Tír na nÓg in Irish folklore. It is said to be situated somewhere in the mountains of Northeast India and is better known as Shangri-La in Western literature. Secondly, it is the name of the International Buddhist Organisation that was established by Chōgyam Trungpa.

Shankara (788 – 820 CE), died at the age of 32, but despite his very young age, this 8th century Indian philosopher is generally acknowledged as having consolidated the teachings of *Advaita Vedanta.*

Shao-lin Monastery – Buddhist monastery built in 477 CE, today famous in the west for the teaching of Kung-fu and other martial art disciplines.

Shen-hsiu – (605 – 706 CE), one of the principle students of Hung-jen, the Fifth Patriarch of Ch'an (i.e. Zen). He was defeated by Hui-neng (*Japanese Enō*) for the position of Sixth Patriarch.

Shih-tou (700-790 CE), early master of Ch'an who was renowned for his gentleness.

Shikantaza – an advanced form of zazen where there are no supporting techniques such as focusing on one's breath or using a koan. It is considered to be the purest form of zazen.

Shingon School – *'School of True Word'* founded by Kobo Daishi sometime between 744-835.

Shintō – (*Sanskrit*) *'The Way of the Gods'* Original religion of Japan.

Shūnyatā – (*Sanskrit*) *'emptiness'* the essence of reality is empty of any self-nature. In the *Heart Sutra*, Avalokiteshvara, the Bodhisattva of Compassion, saw clearly that existence is empty. In his answer to *Sariputra*, he famously describes it as follows: *'In emptiness, there is no body, no feeling, no thought, no will... no eyes, no ears, no nose, no tongue, no body, no mind.'* Shūnyatā is, however, not nothingness – this is how Daisetsu Teitaro Suzuki puts it: *'Emptiness which is conceptually liable to be mistaken for nothingness is in fact the resevoir of infinite possibilities.'*

Siddhārtha Gautama – the name of the Buddha. (*see: Shākyamuni*)

Sin (*from Irish: Peaca*) A term used by Seán Ó Ríordáin to describe any conceptual impediment, any mental habituation, distraction, view or cloudiness that distracts from an authentic experience.

Skandhas – (*Sanskrit*) *'aggregates'* also often referred to as the five aggregates that constitute the entirety of a personality: form (*rūpa*), sensation (*vedanā*), perception (*samjñā*), mental formations (*samskāra*), consciousness (*vijñāna*). These five aggregates are often called 'the aggregates of attachment' as craving and desire attach themselves to them. And because they are objects of attachment, they bring about suffering. The fruits of the *skandhas* are: birth, old age, sickness, duration and change.

Skillful Means – (*see: Upāya*)

Sleeping state – one of the changing states of consciousness. In the *sleeping state* attention is a state of potential manifestation. (*cf. Introduction 'emptiness' and see also: waking state* and *dreaming state*)

Soka Gakkai International (SGI) – (*Value Creation Association International*) is a Nichiren Buddhist organization. Founded by Tsunesaburō Makiguchi and Josei Toda in 1930. After Toda's death in 1958, Daisaku Ikeda took over its leadership. It is estimated that by 2018, SGI had c. 12 million practitioners in approximately 192 countries around the world.

Sōka Gakkai – (*Japanese*) '*Scientific Society for the Creation of Value*' A *Mahāyāna* school of Buddhism based on the teachings of *Nichiren* which was established by Makiguchi Tsunesaburō in 1930.

Sōtō School – one of two schools that had a decisive influence on the course of the history of Zen. In Sōtō Zen, the practice of dokusan is one of the most important means in the transmission of the practice.

Sruti – (*Sanskrit*) '*revealed knowledge*'

Stūpa – (*Sanskrit*) '*hair knot*' sacred constructions, on which can be depicted events in the Buddha's life. They also can be used as memorials that hold the remains of some important teacher or Buddhist master.

Suiwo – disciple of Hakuin and was a renowned to be a teacher of Zen.

Sūtra – (*Sanskrit*) Buddhist scripture.

T

Tamas – (*Sanskrit*) *guna* of inertia and darkness.

Tantra – (*Sanskrit*) '*continuum*' In Vajrayāna practice in Tibet, *tantra* is often referred to as Tantric Buddhism where secret mantras are used to facilitate certain magical powers. These practices were originally imported from India.

Tanzan – (1819 – 1892), a *Sōtō* monk, head of the Saijoli temple in Odawara and professor of philosophy at the University of Tokyo.

Tathāgata – (*see: Shākyamuni*)

Ten Worlds – these represent the ten different worlds into which a person can be born. They also represent the continuous changes in our moods, behaviour and our intent. The ten worlds being: (1) **Hell** – world of suffering and despair; (2) **Hunger** – world of insatiable desire, also known as the world of the *Preta;* (3)

Animality – world without reason or any moral understanding; (4) **Anger** – world of grudges, threatening enemies, selfishness and greed; (5) **Humanity** – world of conscious moral choices; (6) **Heaven** – world of intense joy and rapture, sense of contentment; (7) **Realisation** – world of realising the nature of impermanence and emptiness; (8) **Learning** – world of studying the teachings and the experience of others; (9) **Bodhisattva** – world of enabling others to achieve Buddhahood, a world filled with the intent to alleviate others' sufferings; (10) **Buddhahood** – world of the fully awakened and *enlightened.*

Theravāda Buddhism – Hīnāyāna school of Buddhism. It is mainly a monastic form of Buddhism which is generally located in Southeast Asia, in countries such as Myanmar, Sri Lanka and Laos.

Three Treasures – Buddha, Dharma and Sangha. Buddha being the ultimate truth; Dharma the teachings; and the Sangha, the community or group practising the teachings.

Tilopa – (988 – 1069 CE) tantric practitioner of whom Naropa is considered to be his principle student. He is best known for the *'six words of advice'* which can be interpreted into the following phrases: (1) let go of the past; (2) don't cling to hope; (3) don't cling to what is happening now; (4) don't be judgmental; (5) don't be controlling; (6) be cool.

Trikāya – *'three bodies'* In this teaching the Buddha has three bodies: (1) Dharmakāya – the body that knows no limits or boundaries – absolute reality; (2) Sambhogakāya – the body of mutual enjoyment which is a body of bliss; (3) Nirmānakāya – the body that appears in time-space, the human body.

Tripitaka – *'three baskets' i.e.* three baskets of Buddhist scriptures.

Trishnā – (*Sanskrit*) *'thirst, desire, craving'* which is the cause of *dukkha.*

Trungpa, Chögyam – (1940 – 1987), one of the most influential teachers of Tibetan Buddhism in the West.

Turiya – *'the fourth'* the aspect out of which all three states of consciousness arise, namely: *the waking state, the dreaming state* and *the sleeping state.* (*cf. Introduction 'emptiness' and see also: waking state, dreaming state and sleeping state*)

U

Unsho – (1827 – 1909), highly esteemed Shingon master in the Meiji period who kept all the precepts of Buddha scrupulously. He never drank intoxicants and he never consumed food after 11:00 am.

Upādana – (*Sanskrit*) all attachments that bond us to *Samsara*, the cycle of rebirth.

Upadhi – (*Sanskrit*) limitations that the mind imposes on the *'Self'*

Upanishad – (*Sanskrit*) *'sit down near'* probably compiled between 800 BCE and 500 BCE, *Shankara* describes the Upanishads as *'the knowledge of Brahman by which ignorance is destroyed.'* The Upanishads are also often referred to as *Vedanta*. Brahman and Ātman are the central theme of all the Upanishads.

Upāya – (*Sanskrit*) 'Skillful Means' a method of achieving positive outcomes by using wisdom and a trained Buddhist mind.

V

Vajrayāna (*Sanskrit*) *'diamond vehicle'* a form of Buddhism that arose primarily in Northeast India around c 500 CE. It developed from Mahāyāna and at first was only orally transmitted from *guru* to disciple. Vajra or *'diamond'* refers to the elimination of all duality and the realisation of the fundamental unity of all that is. (*see also: Hīnayāna* and *Mahāyāna*)

Veda – (*Sanskrit*) ancient writings, taken from a very ancient oral tradition. Some of the *Vedas* are also known as *sruti* literature. It is believed that they originate from as far back as 1700 – 1100 BCE.

Vedanta – (*Sanskrit*) philosophical essence of the *Vedas*. The *Vedanta* are also referred to as Upanishads and have been interpreted as *'the last chapters of the Vedas'* or as *'the highest purpose of the Vedas'.*

Vishnu – (*Sanskrit*) one of the principle deities of Hinduism – 'The Preserver God'

W

Waking state – one of the changing states of consciousness. In the *waking state* attention is focused outwards into the phenomenal world. (*cf. Introduction 'emptiness'* and see also: *dreaming state and sleeping state*)

Wu-men-kuan – *'The Gateless Gate'* a collection of 48 koans written by Wumen Huikai in 1228. One of the two central sources of classical koans. (*see also: Blue Cliff Record*)

Y

Yāna – (*Sanskrit*) *'vehicle', i.e.* a means of travelling to *enlightenment*.

Yoga – (*Sanskrit*) *'joining or union'* practices designed to bring union with *Brahman.*

Z

Zazen – (*Japanese*) *'sitting'* meditation practice.

Zen – (*Japanese*) the Japanese way of reading the Chinese *Ch'an.* This in turn comes from the Sanskrit *dhyāna.*

Zendō – (*Japanese*) meditation hall

Zenji – (*Japanese*) honorific title that can be roughly translated as: 'greatly renowned Zen Master.'

Zenke – (*Japanese*) *'Zen family'* or *'Zen house'.*

Gluais

Soláthraítear sa ghluais ghairid seo foirmeacha Gaeilge de na hainmneacha agus de na téarmaí a úsáidtear sa leabhar mar aon le míniú d'aon fhoclóir speisialta lena mbuailfí le linn léamh foinsí a bhainfeadh le bunphrionsabail ghinearálta an Bhúdachais.

A

Advaita – seanteagasc Hiondúch a mhúineann nach bhfuil ach *glanfheasacht* amháin ann agus ní bhíonn i saol na bhfoirmeacha nó sa *saol saha* ach *dealraimh* a éiríonn amach as an aon *ghlanfheasacht* amháin. Tugtar *turaíea* agus *neamhdhéachas* ar an teagasc seo freisin.

Aham – an *"Táim"* – fíoreisint na feasachta, an *Mise*.

Aineolas – easpa eolais ar fhíornádúr na réaltachta, ar *Advaita*.

Aireachas – Staid fheasachta iomláine sa nóiméad anois i láthair *(B. mindfulness) (cf. machnamhacht)*

Ānanda – sonas, eisint *Nirbheána* agus ceann de na trí ghné den *turaíea*.

Anicca – *(fch. Neamhbhuaine)*

Aontacht – an tuiscint go mbíonn nithe an tsaoil ag brath ar a chéile, nach mbíonn feiniméin neamhspleácha ar bith le fáil agus nach bhfuil sa saol seo ach caidrimh spleácha a bhíonn á nochtadh san iomlán uile.

Arjuna – gaiscíoch cróga sa Bhagavad Gita. Ní theastaíonn ó Arjuna troid a dhéanamh a thuilleadh agus déantar cur síos ar an chomhrá idir é féin agus an Tiarna Krishna sa Bhagavad Gita.

Ātman – *"eisint, anáil"* an t-anam inmheánach sa duine agus an prionsabal uileghabhálach. Is ionann ātman agus *Brámain*

Avidya – *(fch. aineolas agus neamhdhéachas)*

B

Baincé (Hóiseacú) – (1622 – 1693 CR), Máistir Zen iomráiteach sa scoil Rinzai

Banzan – (720 – 814 CR) Máistir Zen Síneach a raibh cónaí air i dtuaisceart na Síne

Barántúlacht – cur i láthair fírinneach, macántacht nádúrtha gan aon chur i gcéill *(B.authenticity)*.

Bardó – áit a dtéann anam an duine tar éis an bháis

Basó – *(Sínis: Mazú* nó Ma-tsú*)* (709 -788 CR) duine de na máistrí Síneacha Zen is tábhachtaí. Bhí anáil mhór aige ar an Zen sna blianta tosaigh.

Bassúí – *(*1327 – 1387*)* Zen-Mháistir den Scoil Rinzai ar a bhfuil cáil agus clú fós.

Bealach Meánach – *(B. 'The Middle Way')* fanacht i mbun na measarthachta. Lá amháin chonaic *Seacamúnaí* fear ag seinm ceoil ar shiotar. Nuair a bhí an téad ró-dhocht, bhris an téad agus nuair a bhí sí ró-scaoilte, níor chualathas fuaim ar bith. Níor mhór don téad a bheith *"go measartha"* rite agus ansin bheadh an ceoltóir in ann ceol álainn a chruthú. Thug *Seacamúnaí An Bealach Meánach* air seo.

Bhagavad Gita – *"Amhrán an Tiarna"* – scrioptúir Hiondúch

Blue Cliff Record – cnuasach de chóáin Zen a cumadh timpeall na bliana 1125 CR.

Bodhi – léargas *(fch. Léargas)*

Bodhichitta – intinn dhúisithe

Bodhidharma – an 28ú Patrarc tar éis *Seacamúnaí* agus an chéad Phatrarc sa tSín den Ch'an *(sa tSeapáinis: Zen)*

Bodhisattva – duine a gheallann gan Nirbheána a bhaint amach dó/ di féin sula mbeidh gach neach mothaitheach saortha. *(fch. Deich nDomhan)*

Braistint – dearcadh áirithe ar fheiniméin *(perception)*

Brámain – sna *Véidí* is é an prionsabal uileghabhálach - *turaíea* nó an *ghlanfheasacht* é as a n-éiríonn saol na bhfoirmeacha uile. Is é an réaltacht dheiridh faoina labhraítear sna hÚpainiseadaí: *sat-cit-ānanda (fírinne – feasacht – sonas)*. Is ionann Brámain agus ātman.

Bráimín – sagart Hiondúch

Búda – duine ar bith atá dúisithe go hiomlán *(fch. freisin: Seacamúnaí)*

Búdachas – teagasc an *Bhúda (fch. Seacamúnaí)*

Búdaí – leanúnach theagasc an *Bhúda*

C

Ceinseó – *léargas* nó tuiscint dhomhan nuair a dhúisítear fírinne spioradálta éigin i gcroí cleachtóra Zen

Ceithre Fhírinne Thriathacha – (1) Fírinne na fulaingthe; (2) Fírinne fhoinse na fulaingthe; (3) Fírinne faoi scor na fulaingthe; (4) Fírinne faoin chonair go dtí scor na fulaingthe. *(fch. Conair na nOcht Rian)*

Ch'an – *fch.* Zen

Chit – eolas, *glanfheasacht*

Chögyam Trungpa – 1940 – 1987 duine de na hoidí móra a scaip teagasc an Bhúdachais san Iarthar, agus bunaitheoir na heagraíochta spioradálta *Seambhala Idirnáisiúnta.*

Claontagairt – tagairt indíreach a dhéantar do rud éigin (*B. allusion*)

Cognaíocht – gníomhaíocht mheabhrach, smaointeoireacht (*B. cognition*)

Comhbhá – mothú bá, taise agus muintearas (*B. compassion*)

Conair na nOcht Rian – ábhar na gCeithre Fhírinne Thriathacha *(fch. Ceithre Fhírinne Thriathacha)* a sholáthraíonn leigheas ar an *dukkha.* Is iad na hocht rian ná: (1) dearcadh ceart; (2) rún ceart; (3) caint cheart; (4) iompar ceart; (5) obair cheart; (6) iarracht cheart; (7) aireachas ceart *(nó machnamhacht cheart)*; (8) aird cheart.

Cóán – *("fógra poiblí")* scéal gairid nó tomhas nach mbíonn réiteach soiléir air go minic. Ní hannamh ach oiread nach féidir réiteach a chuardach sa réasún ná sa loighic agus bíonn imirt an pharadacsa in úsáid go forleathan ann freisin. Bíonn cuid mhór díobh imeallach leis an éigiall agus baintear feidhm mhór astu sa teagasc Zen.

CR – Comh-Ré *(CE – Common Era)*

Creideamh caoch – creideamh nach mbíonn aon bhunús sa réasún ná loighic leis *(blind faith)*

D

Dalai Lama – ceannaire Búdaíoch na Tibéide

Déantóir – an té a bhíonn i mbun gnímh *(doer)*

Dealraimh – cruthanna, foirmeacha nó dreacha a éiríonn san fheasacht *(appearances)*

Deich nDomhan – Ciallaíonn seo na domhain éagsúla ina mbeirtear an neach mothaitheach. Ciallaíonn siad freisin gnéithe difriúla intinne agus giúmair éagsúla an duine a chuireann faoi deara gníomhaíocht ilchineálach an duine ó lá go lá agus ó nóiméad go nóiméad. Is iad: (1) **Ifreann** – domhan éadóchais agus fulaingthe; (2) **Ocras** *(domhan an ocrais)* – *(Preta, Gaki, nó domhan na dtaibhsí ocracha)* domhan lán d'éilimh nach féidir a shásamh; (3) **Ainmhíocht** – domhan gan réasún ná tuiscint mhorálta ar bith; (4) **Fearg** – domhan an oilc, na seanfhala, agus na drochfhola, domhan an leithleachais agus sainte; (5) **Duine** – *(Domhan an Duine)* – domhan inar féidir roghanna morálta a dhéanamh; (6) **Neamh** – domhan an aitis agus an aoibhnis; (7) **Tuiscint** *(Domhan na Tuisceana)* – nuair a thuigtear nádúr na *neamhbhuaine* agus na *foilmhe;* (8) **Foghlaim** *(Domhan na Foghlama)* – domhan ina bhfoghlaimítear ó thaithí agus ó theagasc dhaoine eile; (9) **Bodhisattva** – domhan atá tugtha do ghníomhartha a laghdaíonn an fhulaingt neach mothaitheach eile; (10) **Búda** – *(Domhan Nádúr an Bhúda)* domhan ina mbítear lán-dúisithe agus eolach ar an uile ní i staid *lánléargais.*

Dharma – *(nó Darma)* teagasc *Sheacamúnaí (fch. Seacamúnaí)*

Do-athraithe – nach féidir a athrú, neamhathraitheach *(B.unchangeable)*

Dochhlaochlaitheach – atá buan gan athrú choíche *(B.immutable)*

Dochluinte – nach féidir a chloisteáil

Dodhealaithe – nach féidir a bhriseadh i gcodanna, doroinnte *(B.indivisible)*

Dofheicthe – nach féidir a fheiceáil ná a thabhairt faoi deara *(B.invisible, unseeable)*

Dōgen – Máistir Zen Seapánach (1200 – 1253) a thug an traidisiún Sótó go dtí an tSeapáin.

Dukkha – fulaingt, *"an roth nach gcasann i gcothromaíocht",* míshásamh, easpa suaimhnis sa *saol saha.*

E

Eiseach – bainteach le heiseadh nó le beith *(B.existential)*

Eiseadh – beith, beocht fheasach i láthair sa bheatha *(B.existence)*

Eisint – nádúr intreach, saineithne *(B.essence)*

Enō – *(ainm Seapáinise ar* Hui-neng) (638 – 713 CR) – an 6ú Patrarc den Ch'an *(Seapáinis Zen)* Glactar leis go bhfuil Enō ar cheann de na Zen-Mháistrí is tábhachtaí riamh i stair an Zen. Bhí Enō go beo bocht, ag tabhairt aire dá mháthair agus ag bailiú brosna chun teacht i dtír nuair a chuala sé an *Diamant-Sútra.* Bhuail *lánléargas* láithreach é. Thuig an Cúigiú Patrarc é sin agus ghlac sé le hEnō ina mhainistir. Nuair a bhí an Cúigiú Patrarc ina sheanfhear, d'iarr sé ar na manaigh véarsa a scríobh a thaispeánfadh cé acu a bheadh oiriúnach dá oifig nuair a gheobhadh sé bás. Scríobh an príomhmhanach, Shen-hsiu, véarsa ina ndearna sé comparáid idir intinn an duine agus scáthán. Mhol Shen-hsiu sa véarsa seo, an scáthán a choimeád glan sa chaoi go mbeadh sé saor i gcónaí ón deannach.

Is colainn é an Bodhi-chrann,
An intinn ina scáthán breá,
Glan go rialta é gach lá,
Go bhfeicfimis an solas ann.

Ansin scríobh Enō véarsa atá an-cháiliúil fós i measc Búdaithe ar fud an domhain ina míníonn sé eisint na *foilmhe* agus croí an teagaisc Zen go beacht:

Más fíor, níl Bodhi-chrann, ar ndó'
Ná scáthán léir a loiteann,
Níl ann ach foilmhe go deo,
Níl áit don deannach titim.

F

Faoi cheilt os comhair an dá shúil – I bhfolach os comhair an dá shúil s'againne

Féin – *(firinscneach: g.u. féin; iol. Fé*inte*)* ego - an coincheap bréagach go bhfuil 'mise' ar leith ann, déantóir na ngníomhartha - an tuiscint mhícheart go bhfuil "mise" agus "ní mise" ann. *(fch. Mise)*

Feiniméan – tarlú eachtra nó imeachtaí, mothú dealraimh, braistint nó smao-ineamh. Foirm ar bith a airítear sa *saol saha.*

Foilmhe – *(nó - Siúiniata)* teagasc ina ndeirtear go bhfuil an réaltacht bhunúsach de gach uile ní gan féin-nádúr ar bith. Sa *Sútra* Croí deir Avalokiteshvara, Bodhisattva na Comhbhá, go bhfuil eisint an eisidh folamh. Ina fhreagra ar cheist atá curtha ag Sariputra, dearbhaíonn sé: *"San fhoilmhe níl aon cholainn ann, níl mothúchán, níl smaoineamh, ná toil… tá an fhoilmhe gan súile, gan chluasa, gan srón, gan teanga, gan chorp, gan intinn…"* Seo mar a mhíníonn Daisetsu Teitaro Suzuki an fhoilmhe: *"Is féidir an fhoilmhe a thuiscint go mícheart mar "tada" nó "faic" ach i ndáiríre is taiscumar féidear-thachtaí gan teorainn é."*

G

Gaki – *"taibhsí ocracha",* ceann de na deich ndomhan *(fch. Deich nDomhan* agus *Preta)*

Glanfheasacht – feasacht gan athrú as a n-éiríonn gach a bhfuil ann

Gnásanna – nósanna agus cleachtaí rialta *neach mothaitheach (B.habituations)*

Gnáthintinn – intinn nádúrtha laethúil an duine *(B.ordinary mind)*

Gunas – trí fhórsa na cruinne: *sattva, rajas* and *tamas*. Comhoibríonn siad le chéile chun *prakriti* a chruthú

H

Haiku – genre d'fhilíocht sa tSeapáin ina mbíonn 16 siolla sa dán.

Hacúin – (1689–1769), duine de na máistrí móra sa Zen-scoil Rinzai.

Hināyāna – *"feithicil bheag"* – foirm den *Bhúdachas* dírithe ar *lánléargas* na hindibhide. Tagann an Hināyāna ar an saol roimh an *Mahāyāna* nó *Vajrayāna.*

Hógan – (885 – 958 CR), bunaitheoir na Scoile Búdaíche de Hógan

Hóisin – Zen-Mháistir a chónaigh sa tSín le blianta fada sular fhill sé go dtí an tSeapáin; áit ar lean sé ag teagasc go lá a bháis.

Hóissin – socrú ar léargas a aimsiú.

Hui-neng – (638 – 713 CR) *(Seapáinis: Enō)* tá an t-ainm We-lang air freisin. *(fch. Enō)*

I

Icciu Sójun – (1394 – 1481), Zen-Mháistir den Scoil Rinzai.

Idirdhealaitheach – bainteach le *hIdirdhealú*

Idirdhealú – cur chuige nó dearcadh a dhealaíonn foirmeacha óna chéile lena rangú i gcatagóirí de réir a sainchomharthaí *(B.differentiation)*

Ilghnéitheacht – éagsúlacht, ilchineálacht

inlightinmint – *(fch. léargas)*

Intinn idirdhealaitheach – intinn a roinneann an réaltacht i ndeighleoga *(B.differentiated mind)*

Intinn Thosaitheora – cumas na hintinne breathnú ar eachtraí, eispéiris, agus fheiniméin na beatha gan réamhchlaonadh de dheasca karma nó tuirse na seantaithí

Ióga – "teacht le chéile" – cleachtaí a chothaíonn tuiscint na haontachta iomláine le *Brámain.*

J

Jideam – cineál dé a bhaineann le scoil Vajrayāna den Bhúdachas.

Joisiú – (778 – 897*) (Sínis: Chao-chou Ts'ung -shen),* Zen-mháistir tábhachtach sa tSín. Deirtear gur tháinig an *lánléargas* chuige ag 18 mbliana d'aois. Labhair sé go ciúin i gcónaí, beagnach i gcogar.

Jóiricí – *"cumhacht na hintinne"* cumas agus cumhacht na hintinne a éiríonn as *zazen*

K

Karma – an dlí uileghabhálach de chúis agus éifeacht.

Krishna – Dia Hiondúch na Comhbhá, an Ghrá agus na Tláithe. Dia de na déithe a bhfuil ard-urraim ag Hiondúigh uile air. Sa Bhagavad Gita tugann an Tiarna Krishna comhairle don ghaiscíoch uasal, Arjuna.

L

Lama – máistir/ sagart nó oide an *Bhúdachais* sa Tibéid

Lánléargas – *(fch. Léargas)*

Léargas – staid dúisithe na hintinne *(Seapáinis: satóirí, ceinseó)* ina dtuigeann an dalta *foilmhe* agus fíornádúr na réaltachta bunúsaí: *Advaita.* Uaireanta tugtar *lánléargas* ar an tuiscint atá ina dúiseacht iomlán, mar a bheadh ag *Búda* agus tugtar *léargas* ar chéim de na céimeanna tuisceana a bhíonn ar an mbealach chun na dúiseachta iomláine.

M

Machnamh – *meditation,* ciúnú na hintinne chun éirí feasach ar ár bhfíornádúr

Machnamhacht – *(B. mindfulness)* gach rud a dhéanamh go coinsiasach, d'aire dírithe go hiomlán ar an ghnó a bhíonn idir lámha agat agus gan ligean do d'intinn dul ar strae.

Mahacaiseapa – comharba an Chéad Bhúda agus glactar leis i líon mór de na traidisiúin Mahāyāna mar an chéad phatrarc freisin.

Mahāyāna – *(Sanskrit) "Feithicil Mhór"* ceann de na trí scoileanna den Bhúdachas. Bunaíodh an scoil seo sa chéad aois, i dtosach na Comh-Ré. Is í aidhm na scoile *Mahāyāna* neacha uile an tsaoil a shaoradh ón *aineolas* agus ón bhfulaingt. *(fch. freisin: Hīnayāna agus Vajrayāna.)*

Mandala – *"ciorcal, stua"* léiriú i bhfoirm phictiúir d'fhórsaí na cruinne. Déantar *Mandalaí gainimh* freisin den ghaineamh ildaite. Nuair a bhíonn siad críochnaithe, scuabtar suas i gcarn iad, agus déantar sin i ndeasghnátha speisialta le taispeáint nach mbíonn in aon rud sa saol seo ach seal. *(fch. neamhbhuaine)*

Manjúsraí – *"Glóir Lách"* bodhisattva na saíochta sa traidisiún *Mahāyāna*.

Mantra – *"teachtaireacht naofa"* frása speisialta a ndéantar athrá air i gcantaireacht ag a mbíonn brí faoi leith dá chleachtóirí.

Marpa – (1012 – 1097), Máistir cáiliúil na Tibéide. Mhalartaigh sé a raibh de mhaoin a tsaoil aige go deannach óir agus d'imigh sé leis chun na hInde le teagasc rúnda *Narópa* a fhoghlaim. Ar dtús, chuir Marpa cuid dá ór i bhfolach ach bhí a fhios ag *Narópa* faoi sin. D'éiligh *Narópa* an t-ór go léir a bhí i bhfolach ag Marpa sula mbeadh sé sásta an teagasc a roinnt leis. Thug Marpa a raibh fágtha den ór do *Narópa* agus chomh luath agus a fuair *Narópa* an t-ór, chaith sé le gaoth é, á rá: *"Cén fáth go mbeadh ór uaim nuair is liomsa and domhan go léir."* Níos déanaí d'fhill *Marpa* ar an Ind agus ghlac sé le dalta dá chuid féin darbh ainm *Milarepa. (fch. Milarepa)*

Mat-tsú – *(fch. Basó)*

Maya – *(Sanskrit) "mearbhall, seachmall"* domhan na bhfoirmeacha a bhíonn ag síorathrú nach bhfuil ann *dealraimh.*

Mazú – *(fch. Basó)*

Milarepa – (1025 – 1135), Asarlaí na healaíne duibhe ea ba *Milarepa* ar éirigh leis máistreacht a fháil ar fhórsaí diúltacha an oilc chun a naimhde féin a dhíothú. Nuair a d'éirigh sé as an ealaín dhubh, d'iarr sé ar *Mharpa* cabhrú leis chun leorghníomh a dhéanamh ina chuid coireanna. Tar éis na mblianta fada de thraenáil chruálach nuair a d'ordaigh *Marpa* go dtógfadh *Milarepa* teach mór agus ansin go leagfadh sé a raibh tógtha aige arís agus arís eile, agus nuair a bhí *Milarepa* bocht i ndeireadh na preibe ar fad agus réidh fiú lámh a chur ina bhás féin, thug *Marpa* faoi dheireadh thiar thall, an teagasc dó. I ndeireadh na dála, d'éirigh *Milarepa* ina mháistir mór ar a raibh clú agus cáil air sa Tibéid. Deirtear go raibh sé ar dhuine de na hoidí ab fhearr riamh i stair na Tibéide.

Mise – *(B. Self, the Self)* nuair litrítear an focal seo le túslitir mhór: **Mise**, ansin ciallaíonn an téarma: *glanfheasacht, turaíea, Brámain,* más le túslitir bheag é: **mise**, ansin tuigtear é mar choincheap lochtach d'fheasacht scoite amach nó *féin* deighilte an duine. *(fch. féin)*

Modhanna Oilte – cumas déileáil go críonna le fadhbanna an tsaoil seo ionas is go n-athraíonn ár bhfocail agus ár ngníomhartha nimh chun leighis *(fch. freisin:Upaya)*.

Mú – *(Sínis)* 'faic', 'tada', 'gan', 'glanfheasacht roimh an eispéireas agus eolas' (fch. cóán 38)

Múdra – *'séala, comhartha'* comharthaí láimhe a thagraíonn do ghné éigin den teagasc Búdaíoch.

Mumon Eka – (1183 – 1260) Zen-Mháistir ón scoil Rinzai

N

Nan-in – *(Sínis: Nan-yan Hui -yung)* Zen Mháistir a fuair bás i 930 CR

Nainiu – (677 – 744 CR), oide agus máistir Zen. Fuair sé a ainm ó bhí cónaí air ar Shliabh Nainiu.

Nainsean – (748 – 835 CR), Zen-Mháistir Síneach ó ré T'ang

Neach mothaitheach – aon chréatúr nó beith atá beo *(sentient being)*

Neamhbhuaine – *(anicca)* ceann de na trí rian den eiseadh – *dukkha (fulaingt), anattā (neamh-fhéin)* agus *anicca (neamhbhuaine)*. Ciallaíonn an *neamhbhuaine* go dtagann athrú ar gach rud sa saol seo *(Saol Saha)*. Bíonn breith, beatha agus bás ag gach uile ní agus bíonn sin i gcodarsnacht iomlán le *turaíea* nó le *Brámain*.

Neamhcheangal – meon intinne nach gcloíonn le feiminéin an tsaoil

Neamhdhéachas – an t-aon rud gan an dara - an tuiscint nach bhfuil *'mise'* agus *'ní mise'* ann *(fch. Advaita)*

Nárópa – (1016 – 1100), Máistir Indiach sa chleachtadh *Vajrayāna* a bhí ina dhalta ag *Tilopa*.

Nichiren – (1222 – 1282 CR), manach agus bunaitheoir na scoile Nichiren

Nirbheána – *"díothú"* deireadh le cíocras, le frustrachas, le haineolas; i staid an tsonais iomláin. Deireadh le *samsara (an timthriall ó bheatha go bás, ó bhás go beatha)*

Núiméan – an rud atá ann féin ina eisiúint ní an dealramh a airítear *(B.noumenon)*

Núiméanúil – bainteach le *núiméan (B.noumenal)*

O

Oibiacht – an fhoirm, an mothúchán nó an smaoineamh ar a mbreathnaítear

Oibiachtúil – bainteach le *hoibiacht*

OM – glór naofa a léiríonn an uile eolas agus sonrú na gcumhachtaí spioradálta uile. San Hiondúchas seasann OM do *Bhrámain*.

P

Patrarc – bunaitheoir scoile Búdaíche nó comharba an bhunaitheora.

Prajñā – *"feasacht, aithne"* is minic a chiallaíonn sé "gaois" nó eolas iomasach nach féidir a chur in iúl trí choincheap.

Prakriti – an dúlra ina fhoirm phoitéinsiúil agus fhollasach

Proiceaptaí – rialacha nó nósmhaireacht áirithe *(precepts)*

Paidir – téarma a úsáidtear sa leabhar seo a bhí múnlaithe ag an bhfile Seán Ó Ríordáin a chiallaíonn cumas an duine bheith faoi ghné eile. Is meon barántúil fírinneach é idir feiniméin an tsaoil agus an breathnóir.

Peaca – téarma a úsáidtear sa leabhar seo mar a bhí múnlaithe ag an bhfile Seán Ó Ríordáin agus a chiallaíonn caill an chumais caidreamh fírinneach barántúil bheith ag an duine leis an saol mórthimpeall.

Poitéinseal – acmhainneacht nó cumas gur féidir a fhorbairt

Preta – *'duine atá imithe ar shlí na fírinne'* Glactar le *Preta* mar thaibhse ocrach nach féidir a shásamh mar bíonn ocras de shíor ar an *bPreta*. De ghnáth, léirítear an créatúr neamhshaolta seo le bolg mór agus muineál fada tanaí.

R

RCR – Roimh Chomh-Ré (*B. BCE – Before Common Era*)

Rinzai – *(Japanese)* Zen-Mháistir nach fios a dháta breithe ach glactar leis go bhfuair sé bás timpeall na bliana 866 CR.   Bunaitheoir na scoile Rinzai ea ba é.

Róisí – *(Seapáinis)* *"seanmháistir measúil"* Déantar an Zen a mhúineadh faoi threoir *róisí*. Is féidir le *róisí* bheith ina mhanach nó ina ghnáthdhuine.

Reocan Daigú – (1758 – 1831, manach Zen a bhunaigh an scoil *Sat*ó

S

Saol saha – saol na bhfoirmeacha agus na buanseasmhachta mar bíonn ar na *neacha mothaitheacha* uile cur suas le fulaingt as cuimse sa saol seo.

Samsāra – *'taisteal'* timthriall ó bhreith go bás agus ó bhás go breith nua.

Sat – 'eiseadh'

Satóirí – *(Seapáinis)* 'léargas/ dúiseacht' téarma Zen ina bhfaightear tuiscint áirithe maidir le ceist nó fadhb spioradálta éigin.

Seacamúnaí – *"Saoi na Clainne Seacia"* (c. 563 RCR – 483 RCR), An Chéad Bhúda. Aithnítear *Seacamúnaí* faoi ainmneacha eile freisin amhail: Siddhārtha

Gautama agus Tathāgata. Rugadh *Seacamúnaí* ina phrionsa óg agus bhí imní ar a athair go bhféadfadh a mhac óg dul le sagartóireacht de dheasca tairngreachta ag breith an linbh. Phós an prionsa óg agus bhí mac aige ach nuair a chuaigh an prionsa amach taobh amuigh de bhallaí a pháláis lena sheirbhíseach, Channa, chonaic sé seandaoine, daoine breoite agus sochraid dhuine a fuair bás. Go tobann, thuig Siddhārtha ina chroí go dtiocfadh an tseanaois, an tinneas agus an bás chuige féin freisin. Mar sin tugann an prionsa a shaol compordach suas agus imíonn sé leis ar lorg réiteach na faidhbe móire seo – fadhb na fulaingthe. Lá amháin faoi chrann bodhi, éiríonn Siddhārtha in Bhúda agus fógraíonn sé na *Ceithre Fhírinne Thriathacha* agus *Conair na nOcht Rian*. *(fch. Ceithre Fhírinne Thriathacha agus Conair na nOcht Rian)*

Seachmall – ciméara nó breall - dul amú agus seachrán céille

Seanghnásanna – sean-nósanna agus modhanna smaointe nó iompar a bhíonn á gcleachtadh le fada

Shen-hsiu – (605 – 706 CR) an príomhmhanach sa mhainistir ina raibh *Enó* (Hui-neng) ina manach *(fch. Enó)*

Sin-gon (scoil) – *"Scoil an Fhocail Fhírinnigh"* bunaithe ag Kobó Daishí am éigin idir 744-835 CR

Siúiniata – *"foilmhe" (fch. foilmhe)*

Siddhārtha Gautama – ainm an Chéad Bhúda, *(fch. Seacamúnaí)*

Smaointeoireacht – an próiseas smaointe

Sonas – áthas gan smál, an lúcháir is foirfe *(fch, ānanda)*

Sonraigh – léirigh, nocht *(B.manifest)*

Sonrú – taispeánadh, nochtadh *(B.manifestation)*

Sothuigtheacht – soiléire céille nó brí

Sótó (scoil) – ceann de na scoileanna Zen sa tSeapáin

Staid dúiseachta – riocht múscailte

Staid chodlata – riocht suain, easpa múscailte

Staid taibhrimh – riocht ina bhfeictear brionglóidí

Staid thromchodlata – codladh domhain sámh gan taibhreamh ar bith

Suibiacht – bunphointe na breathnóireachta, an breathnóir síoraí

Suibiachtúil – bainteach le *suibiacht*

Suíveo – Leanúnach *Hacúin*. Bhí cáil ar *Suíveo* as a chumas i dteagasc an Zen.

Sútra – scrioptúr Búdaíoch

Sútra Croí – ceann de na sútraí is tábhachtaí sa chleachtadh *Mahāyāna*. Bíonn an sútra seo lárnach do theagasc Zen agus do *Bhúdachas* Nichiren.

Sútra Diamaint – *'foirfeacht na Saíochta'* – Léiríonn an sútra seo nach bhfuil i ndomhan na bhfoirmeacha ach dealraimh mhearbhlacha agus teilgin intinne. Bíonn tionchar mór ag an Sútra Diamaint in Oirthear na hÁise agus glacann Zen leis mar phríomhfhoinse an teagaisc Bhúdaíoch.

Suzuki, Shunryu – (1904 – 1971) oide Zen a mhúin an Zen-Bhúdachas go príomha sna Stáit Aontaithe

T

Taibhsí Ocracha – *(fch. Deich nDomhan)*

Táim – *(an "Táim")* the *"I am" (fch. Aham)*

Tairseach – leac an dorais, doras chuig eispéireas éigin, oscailt bhealaigh *(B.portal)*

Tamas – *guna* of inertia and darkness

Tanzan – (1819 – 1892), manach *Sótó* agus i gceannas ar an teampall Saijo in Odawara. Bhí sé ina ollamh le fealsúnacht freisin san Ollscoil i dTóiceo.

Tathāgata – *(fch. Seacamúnaí)*

Teach taiscí – *treasure house* - an mhaoin as cuimse atá ar fáil i ngach duine buíochas le fíornádúr an duine – *glanfheasacht, ātman, nádúr an Bhúda*.

Trí Thaisce – An Búda, An Dharma agus An Sangha. An Búda - an fhírinne is airde; An Dharma – na teagaisc uile; agus an Sangha, an chuideachta, nó a pobal Búdaíoch a bhíonn i mbun an chleachtaidh.

Trishnā – *"tart, cíocras"* a chúisíonn *dukkha*

Trungpa, Chögyam – (1940 – 1987), duine de na hoidí is tábhachtaí i scaipeadh an teagaisc Bhúdaíoch san Iarthar. Bunaitheoir na heagraíochta - Seambhala Idirnáisiúnta.

Tuiscint – léiriú céille agus brí

Turaíea – *"an ceathrú"* an ceathrú chuid óna bhfuil na staideanna uile eile déanta *(an staid dúiseachta, an staid taibhrimh agus an staid chodlata)*. Is téarma comhchiallach é d'fhíoreisint an eisidh: *"glanfheasacht" ātman, Brámain* nó an *Mise*.

U

Uileghabhálach – a chuimsíonn gach rud, uilíoch nó uilechoiteann *(B. universal)*.

Unseó – (1827 – 1909), Máistir mór den scoil Sin-gon san aimsir Meiji. Chloígh sé le rialacha daingne smachtúla an tSin-gon – gan alcól a ól, gan bia ar bith a ithe tar éis 11:00 ar maidin, etc..

Úpainiseadaí – *"suigh-in-aice"* Scríbhinní naofa ina mínítear fíornádúr na réaltachta. Sna hÚpainiseadaí tugtar eolas ar *Bhrámain agus Átman*. Téann an chuid is mó de na hÚpainiseadaí siar go dtí aimsir idir 800 RCR agus 500 RCR.

Upāya – *"modhanna oilte"* modhanna chun torthaí dearfacha a bhaint amach trí shaíocht agus trí prionsabail an Bhúdachais a chur i bhfeidhm *(fch. freisin: Modhanna Oilte).*

V

Vajrayāna – *"feithicil dhiamaint "* tháinig an scoil seo den Bhúdachas ón Ind timpeall na bliana 500 CR *(fch. freisin: Hīnayāna* agus *Mahāyāna)*

Véide – seansaíocht Hiondúch a théann siar go dtí 1700 – 1100 RCR. Sna véidí tugtar cur síos ar dheasghnátha crábhaidh agus astu a mbláthnaíonn na *hUpainiseadaí.*

Vedanta – tráchtanna fealsúnachta na Véidí. Tagraíonn *Vedanta* do na *hUpainiseadaí* a léiríonn an aidhm is airde de na *Véidí.* Tugtar *"na caibidlí deireanach na Véidí"* orthu. *(fch. Úpainiseadaí)*

Vishnu – príomhdhia an Hionúchais – 'An Caomhnóir'

Y

Yāna – "feithicil", i. bothar chun an *lánléargais*

Z

Zazen – *"suí"* cleachtadh machnaimh

Zen – an téarma Seapánach den tSínis *Ch'an.* Sa leabhar seo glactar chomh fada agus is féidir leis na téarmaí agus ainmneacha Seapáinise.

Zendō – halla i gcomhair *zazen*

Zenji – teideal oinigh do Mháistir Zen

References
Tagairtí

After the Ecstasy, the Laundry, Jack Kornfield, Bantam Books, New York (2001).

Art of Peace and Happiness, Volume I, Rupert Spira, Non-Duality Press, Salsbury UK (2011).

Being Aware of Being Aware, Rupert Spira, Newharbinger Publications, Oakland(2017).

Bhagavad Gita (The) translated by Eknath Easwaran, Nilgiri Press, Tomales, California (2007).

Bláth an Fhéir, le Seán Ó Leocháin, An Clóchomhar TTA, Baile Átha Cliath (1968).

Blue Cliff Record (The) translated by Thomas Cleary & J. C. Cleary, Shambhala Publications, Boston, Massachusetts (1977).

Bring Me The Rhinoceros, John Tarrant, Shambhala Publications, Boulder, Colorado (2008).

Buddhism Plain and Simple, Steve Hagen, Penguin Books Ltd., London (1999).

Buddhist Wisdom, The Path to Enlightenment, an anthology of Buddhist wisdom selected by Gerald Benedict, Watkin's Publishing, London (2009).

Crazy Wisdom, Chögyam Trungpa, Shambhala Publications, Boston, Massachusetts (1991).

Duanaire Nuafhilíochta, faoi eag. Frank O'Brien, An Clóchomhair, Baile Atha Cliath (1969).

Dúiseacht Súl, Howard Lawn, ForSai Publications, Dublin (2002).

Eireaball Spideoige, le Seán Ó Ríordáin, Sáirséal . Ó Marcaigh, Baile Átha Cliath (1986).

Essence of Vedanta (The), Brian Hodgkinson, Arcturus Publishing, London (2006).

Finger And The Moon (The) Alejandro Jodorowsky, translated by Alberto Tiburcio Urquiola, Inner Traditions, Vermont (1997).

Four Immeasurables (The) Cultivating a Boundless Heart, Alan Wallace, Snow Lion Publications, Ithaca, New York (2004).

Fragrance of Dust (The), James Norton, Alba Publishing, Uxbridge, UK (2012).

Gateless Gate (The) translated by Koun Yamada, Wisdom Publications, Somerville, USA (2004).

Great Eastern Sun, The Wisdom of Shambhala, Chögyam Trungpa, Shambhala Publications, Boston, Massachusetts (1999).

Parabolas, Stories & Fables, Alan Titley, Lagan Press, Belfast (2005).

Journey in Search of the Way, The spiritual autobiography of Satomi Myodo – translated and annotated by Sallie B. King, New York Press, (1993).

No Boundary, Ken Wilber, Shambala Publications, Boston, Massachusetts (1979).

Orderly Chaos, Chögyam Trungpa, Shambhala Publications, Boston and London (1991).

Rogha Dánta / Selected Poems, Gabriel Rosenstock, Translations by Paddy Bushe, Cló Iar-Chonnachta, Conamara, (2005).

Shambhala Dictionary of Buddhism and Zen, Ingrid Fischer-Schreiber, Franz-Karl Ehrhard, Michael S. Diener, Shambhala Publications, Boston, Massachusetts (1991).

Teachings of Zen edited by Thomas Cleary, Shambhala Publications, Boston, Massachusetts (1998).

Tóraíocht Dhiarmada agus Ghráinne, faoi eagarthóireacht ag Nessa Ní Shé, Longman, Brún agus Nualláin, Poblacht na hÉireann (1971).

Upanishads (The) Vernon Katz and Thomas Egenes, Jeremy P. Tarcher, Penguin Random House, New York (2015).

Wisdom of no escape, Pema Chödrön, Harper Collins, London, (2003).

When things fall apart, Pema Chödrön, Shambhala Publications, Boston, Massachusetts (1997).

Zen and the Art of Falling in Love, Brenda Shoshanna, Simon & Schuster, New York (2003).

Zen meditation plain and simple, Albert Low, Tuttle Publishing, North Clarendon, USA (1989).

Zen Mind, Beginner's Mind, Shunryū Suzuki, edited by Trudy Dixon, Weatherhill, Shambhala Publications, Boston, Massachusetts (2005).

Zen Echoes, translated by Beata Grant, Wisdom Publications, Somerville, Massachusetts (2017).

Acknowledgements

This book has been some time in the making and I would like to express my sincere and profound thanks to Edwin Higel, without whose inestimable support and trust, this publication would not have been possible.

Clearly, the two persons to whom I owe the greatest debt of appreciation for their commitment and creative contributions during the compilation of the book are Dan Bolger, Senior Editor at New Island, and Stephen Reid, the Copy-Editor, whose invaluable advice and encouragement throughout have been a constant source of inspiration and support. Indeed, I am very grateful to all the team at New Island and would especially like to thank Mariel Deegan and Hannah Shorten for all their tireless work on my behalf in publicising and promoting this publication.

Also, my sincere appreciation goes to the poet, Seán Ó Leocháin, for giving his kind permission to quote, in full, his poem 'Nuacht' taken from his collection of poems *Bláth an Fhéir* (Dublin, 1968). And of course, I am also extremely grateful to the esteemed author and scholar, Professor Alan Titley, for his very erudite and captivating foreword and for his endlessly generous attitude and interest in this book. With regard to the proofing of the final copy, I would like to say a special thank you to my old friend and colleague, Láns Ó Baoill, who like many other great Irish writers and artists is living in a self-imposed exile in France. His deep understanding of Buddhism and *Advaita Vedanta* have helped enormously in providing a meticulous final proofing of the full text. I am also grateful to Maggie de Búrca for her help in the initial proofing of the Irish and to Karen Vaughan for her wonderfully impressive work on the design of the book's cover.

Last but by no means least, I would like to express my profound gratitude to the artist, Tania Stokes, who not only provided the brilliantly imaginative and intriguing ink-sketches for the koans, and the cover-illustration, but also made numerous artistic contributions during the book's production. There is no doubt in my mind that, thanks to Tania's extraordinary talent, the book's presentation and general appeal has been considerably augmented.

Needless to say, all errors, infelicities and omissions are mine and mine alone but I do hope that any such imperfections will not in any way deflect from the book's overall aim: to entertain and, to some small degree, elucidate the magic, the joy and wonder of the classic Zen koan.

Garry Bannister was born in Sligo in 1953 and has been a Buddhist for over 35 years but never an orthodox one. Although today an enthusiastic practitioner of Nichiren Buddhism, he has studied and practised many other forms of Buddhism throughout his life. He sees the whole Buddhist tradition, outlook and philosophies in their much wider historical context, i.e. in the ancient tradition of the Vedic Hindu wisdom literature, in particular, that of the Upanishads.

Rugadh Garry Bannister i Sligeach sa bhliain 1953 agus tá sé ina Bhúdaíoch le breis agus 35 de bhlianta ach ní Búdaíoch coitianta é in aon chor. Cé go gcleachtann sé an Búdachas Nichiren inniu, tá a lán cleachtaí eile triallta agus blasta ag an údar seo. Dealraíonn an creideamh Búdaíoch iomlán dó mar chleachtadh atá fréamhaithe i gcomhthéacs fairsing litríocht saíochta an traidisiúin Hiondúigh Véidigh agus go háirithe, i dteagaisc na nÚpainiseadaí.

Tania Stokes is a sixteen-year-old transition-year student at St Columba's College. Her previously published work includes the illustrations for 'Proverbs in Irish' by Garry Bannister, published by New Island Books in 2017. As well as being a committed student of art, Tania is a part-time student of piano and cello at the Royal Irish Academy of Music and has won prizes for her poetry.

Dalta 16 bliana déag na hidirbhliana is ea Tania Stokes atá ag freastal ar Choláiste Choilm i mBaile Átha Cliath. Tá saothar ealaíne foilsithe aici cheana ag New Island Books 'Irish Proverbs' a tháinig amach sa bhliain 2017. Seachas a cuid oibre mar ealaíontóir, is neach léinn páirtaimseartha í freisin in Acadamh Ríoga an Cheoil ina ndéanann sí staidéar ar an bpianó agus ar an dordveidhil. Scríobhann Tania filíocht agus tá duaiseanna buaite aice ar a cuid dánta.